Kjell Johansson

Gogols Welt

Kjell Johansson

Gogols Welt

Roman

Aus dem Schwedischen
von Alken Bruns

Claassen

Die Originalausgabe erschien 1989 unter dem Titel Gogols ansikte *im Norstedts Verlag, Stockholm.*

Der Claassen Verlag ist ein Unternehmen der Econ Ullstein List Verlag GmbH & Co. KG

ISBN 3-546-00199-0

Gesetzt aus der Sabon bei franzis print & media, München
Druck und Bindung: GGP Media GmbH

Hinaus in die Welt

Der Anfang der Geschichte

Ich stand draußen auf dem Hof und betrachtete das trockene, braune Eichenlaub. Als ich es fangen wollte, flog es plötzlich davon, unerklärlich. Ich lief ihm nach. Wieder wirbelte es davon. Wieder und wieder, bis ich es schließlich festhalten konnte, ganz fest in der Hand, um zu entdecken, als ich sie öffnete, dass es nicht mehr da war!

Das ist der Anfang der Geschichte ... Ich benutze diese Worte gern. Mit ihnen pflegte Mutter ihre Geschichte von der wundertätigen Ikone in Dikanka und von meiner Geburt zu beginnen. »Das ist der Anfang der Geschichte.« Mein Leben hängt zusammen mit der Erzählung meines Lebens.

Das Laub hatte sich in meiner Hand in viele kleine, dünne Krumen verwandelt. Einige schwebten langsam zur Erde, andere blieben an der Haut hängen. Ich betrachtete sie und rieb die kleinen Teilchen mit seltsamer Erregung zwischen den Händen. Sie zerbröselten, wurden immer kleiner. Schließlich waren sie nicht mehr da. Nichts war übrig geblieben!

Meine frühen Erinnerungen sind voller Schrecken über plötzliche Veränderungen und rätselhaftes Verschwinden. Wie dieses Laub, das verschwand, oder die Pfütze, die nicht mehr da war, als ich nach dem Essen zurückkam. Auch die Wandlungen der Natur stellten für mich ein Verschwinden dar. Nicht die Nacht folgte auf den Abend, sondern der Tag verschwand. So auch Licht und Dunkel, Wärme und Kälte.

Eines Abends ging Pjotr Andrejewitsch hinaus und kehrte nicht wieder zurück. Er sei tot, hieß es. Das sei der Lauf der Natur, sagte man, vermutlich, um mich zu beruhigen. Doch der Schrecken blieb, er war etwas Beständiges in diesem Chaos des Verschwindens, das eigentlich unerklärlich war. Dieser Schrecken sollte nie vergehen, obwohl er nach und nach geringer wurde, je mehr sich die Wirklichkeit ordnete und die Erscheinungen und Dinge Namen bekamen, wie die Menschen.

Der Name meiner Mutter war Maria, der meines Vaters Wassili. Ich selbst hieß Nikolai, und mein Bruder, der ein Jahr jünger war, Iwan. Im Laufe der Zeit kamen meine Schwestern zur Welt, Anna, Elizaveta, Maria und Olga. Es wurden noch mehr geboren, aber sie überlebten nicht.

Unser Gut Wassiljewka war seiner Größe nach unbedeutend, aber wir, die wir dort wohnten, waren es nicht. Wir waren Nachfahren des Ostap Gogol, jenes berühmten Kosakenobersten, der im siebzehnten Jahrhundert vom polnischen König für seine mutigen Taten mit Land belohnt worden war.

Zweihundert Seelen gehörten zu uns: die Leibeigenen im Dorf Sorotschinzy. Es lag im Gouvernement Poltava, das zur riesigen Ukraine gehörte, die wiederum Teil eines noch riesigeren Reiches war, das regiert wurde von unserem hochgeehrten Zaren Alexander I., Kaiser von Gottes Gnaden und Alleinherrscher über das gesamte Russland, Moskau, Kiew, Wladimir, Nowgorod; Zar von Kasan, von Astrachan, von Polen, Zar von Sibirien, von Taurien, von Georgien; Großfürst von Finnland ...

Eines Tages machte ich eine wichtige Entdeckung: Ich

selbst war ein Herrscher! »Komm mit raus, Iwan«, befahl ich meinem Bruder. Und er kam! Er folgte mir, weil ich gesagt hatte, dass er es tun soll! Eine wilde, triumphierende Freude überkam mich, als ich merkte, wie meine Worte auf ihn wirkten.

Es folgte eine Zeit äußersten Entzückens. Mit meinen Worten regierte ich ein unendliches Reich von Möglichkeiten! Das ist der Anfang der Geschichte, sagte ich zu mir selbst mit den Worten, die nie aufgehört haben, mich zu faszinieren.

Ich sollte bald enttäuscht werden. Über die Kräfte der Natur konnte ich nicht bestimmen. Nicht einmal die Menschen taten immer das, was ich sagte, nicht einmal Iwan.

Irgendetwas stimmte nicht. Manchmal zeigten meine Worte Wirkung, sehr oft aber taten sie es nicht. Ich versuchte es mit anderen Worten, veränderte meine Stimme in Stärke und Tonfall. Es nützte nichts. »So sei es«, sagte ich. Dies war die magische Formel, mit der der Zar seinen Beschlüssen Gültigkeit verlieh. Ich wiederholte die Worte, aber sie hatten keine Wirkung. Meine Worte waren unzulänglich.

Ich ahnte, dass ich mich mit etwas Verbotenem beschäftigt hatte. Dass ich diese Worte irgendwie missbraucht hatte. Dafür würde ich bestraft werden. Ich allein, denn kein anderer als ich war schuldig. Ich!

In diesem Augenblick wurde ich mir meines Ichs zum ersten Mal auf einer tieferen Ebene bewusst. Es war eine zweite Geburt, und sie geschah aus einem komplizierten Gefühl der Unzulänglichkeit heraus, der Einsamkeit, Angst und der Schuld.

Kurz danach wurde ich krank, hatte Schmerzen und hohes Fieber. Der Schmerz konzentrierte sich mal hier, mal dort, mal im Kopf, mal in der Brust, mal im Magen. Lange lag ich krank im Bett.

Krank zu sein war öde. Doch eines Tages bekam ich eine Puppe, die Vater von einem umherziehenden Händler gekauft hatte, und entdeckte, dass sich in der Puppe eine zweite befand, die aber kleiner war. Und in dieser noch eine. Und noch eine und noch eine ... Ich spielte mit den Puppen. Die größte mußte immer außen sein, im übrigen aber konnte ich bestimmen, welche außen und welche innen war. Die Größte tat mir Leid. Dann tat mir die Kleinste Leid, die nie eine andere Puppe in sich haben konnte. Um nicht ungerecht zu sein, taten mir dann auch die anderen Leid. Schließlich war ich es müde, setzte die Puppen zusammen und stellte sie ans Fenster.

Der Winter verging und der Frühling kam. Die Tage wurden länger, die Schatten kürzer. Ich lag in meinem Bett und sah den Fliegen zu, die jetzt erwachten. Sie versuchten, ins Freie zu kommen. Flogen gegen die Scheibe und surrten wild, als wollten sie sich hindurchbohren. Schließlich fielen sie herab, blieben auf dem Rücken liegen, mit den Beinen strampelnd. Manchmal bewegten sie die Flügel und rasten auf der Fensterbank im Kreis herum. Dann starben sie. Die großen Fliegen starben schneller als die kleinen.

Mir lief die Nase, die Augen tränten. Mein linkes Ohr füllte sich mit Eiter. Als ich später gesund wurde, hatte ich das Gehör auf dem linken Ohr teilweise verloren. Das machte mich nicht traurig. Was ich nicht hören wollte, konnte ich jetzt auf meine Taubheit schieben. Es war wie mit meiner Kurzsichtigkeit, was ich nicht sehen wollte, das sah ich nicht. Die Dinge waren nur weiche Schatten, eingehüllt in einen behaglichen Dunst.

Ich war lange krank. Blutegel wurden angesetzt. Ich lag vollkommen still, aus Angst, sie würden mir ins Ohr, in die Nase oder in den Mund kriechen. Aber ich bewegte ständig die Augen, damit nur ja niemand glaubte, ich sei tot.

Eines Tages erzählte Iwan, jemand habe mich gesucht, ein Mädchen habe nach mir gerufen. Mutter fragte ihn aus, und ich wusste, weshalb sie das tat. Der Tod rief nach einem Menschen, bevor er kam.

»Wer war es?«, fragte Mutter.

»Sie hatte keinen Namen«, antwortete Iwan. »Und auch kein Gesicht.«

Mutter wurde bleich. Iwan blieb bei dem, was er gesagt hatte, selbst als er von Vater Prügel bekam.

»Wir wollen zusammen beten, Nikolai«, sagte Mutter. Wir knieten vor der Ikone nieder. Mutter betete, schluchzend, lange und inständig. Sie weinte. Auch ich weinte, aber nicht richtig, sondern vermutlich nur, weil meine geliebte Mutter es tat.

»Du brauchst keine Angst zu haben«, erklärte Mutter. »Du bist kränklich, wie Vater, aber du wirst nicht sterben. Kinder kommen manchmal tot zur Welt. Sie können im Laufe der ersten Tage oder der ersten Wochen oder Monate ihres Lebens sterben. Doch sie sterben selten, wenn sie so alt sind wie du. Du brauchst keine Angst zu haben.«

Obwohl ich so jung war, war ich zu alt, um zu sterben!

Mutter lächelte mir zu. Sie hatte ein schmales Gesicht, langgezogene Augenbrauen und dunkle, schöne Augen. Ihr Lächeln war breit und warm. »Wenn du einmal älter bist, wirst du hier auf Wassiljewka sein, vielleicht auf der Bank am Teich sitzen, oder bei der Eiche, oder auf der Veranda. Und dein Sohn wird hier sitzen und irgendwann auch sein Sohn ... Und du und deine Frau, ihr werdet die Kinder und die Enkelkinder im Garten spielen sehen, so wie ihr jetzt hier spielt, du und Iwan. Aber dann bin ich nicht mehr hier, und Vater auch nicht.«

»Nein!«, schrie ich.

»Aber was ist denn, Nikoscha?«

Ich antwortete nicht. Ich wußte es nicht.

»Gottes Wille geschehe!«, sagte Mutter und bekreuzigte sich.

Sie legte ihre Hand auf meine Stirn, streichelte und küsste mich heftig.

»Du wirst nicht sterben«, wiederholte sie. Doch damit machte sie mir nur Angst.

»Erzähle, wie ich geboren wurde«, bat ich.

Mutter blickte zum Fenster, saß eine Weile still da, wandte sich dann wieder zu mir und begann ihre Erzählung so, wie sie es immer tat: »Eine Mutter hatte zwei Kinder verloren, unmittelbar bevor sie zur Welt kommen sollten. Als sie wieder schwanger wurde, begab sie sich in die Kirche des Nachbardorfs, das Dikanka hieß. Vor der wundertätigen Ikone des heiligen Nikolaus betete sie lange und inständig. Sie gelobte, ihr ungeborenes Kind, wenn es ein Junge war, auf den Namen des Heiligen taufen zu lassen. Das ist der Anfang der Geschichte …

Nun höre! Als es so weit war, wurde sie von ihrem Mann zum besten Arzt der ganzen Ukraine gebracht. Die Entbindung verlief glücklich, aber es war ein kleiner und schwacher Junge. Erst nach sechs Wochen hatte er sich so weit erholt, dass sie ihn mit nach Hause nehmen konnte.

Die Mutter des Jungen war zu dieser Zeit achtzehn Jahre alt, der Vater zweiunddreißig. Ihr erstgeborener Sohn wurde dem Gelöbnis gemäß nach dem Schutzheiligen benannt. Er erhielt den Namen Nikolai.«

Es gefiel mir sehr, wenn Mutter in dieser Art und Weise erzählte, so als beträfe es nicht uns. Und ich liebte ihren Blick, der nach innen gerichtet war wie der einer Heiligen.

Vom Bett aus betrachtete ich das Porträt Zar Alexanders. Er hatte eine hohe Stirn und glatt rasierte Wangen mit Grübchen. Die Nase war klein, die Lippen waren schmal. Sein Blick war freundlich, voller Unschuld, fast wehmütig. Den gleichen Blick hatte Iwan. Er war wie der Zar. Vater war auch wie der Zar, aber ich fand nicht, dass Iwan und Vater sich glichen. »Sie haben unterschiedliche Züge«, meinte Mutter.

Neben dem Porträt hing ein Spiegel. Darin sah ich ein schmales Knabengesicht mit fieberglänzenden Augen. Um auch den Körper anschauen zu können, musste ich zurücktreten. Aber den ganzen Jungen hatte ich erst im Blick, wenn ich mich auf einen Stuhl stellte, in die Knie ging und den Kopf zwischen die Schultern zog. Das bist du, sagte ich zu mir. Nikolai Wassiljewitsch Gogol.

Wenn ich mich aufrichtete, hatte ich keinen Kopf mehr. Streckte ich einen Arm aus, war ich einarmig. In Wirklichkeit hatte ich einen Kopf; dennoch fehlte er. Ich hatte zwei Arme und war trotzdem einarmig. Je nach Bewegung und Blickwinkel konnte ich mich verwandeln. Für einen Moment verspürte ich das gleiche triumphale Gefühl wie damals, als ich entdeckte, welche Wirkung meine Worte haben konnten. Die Möglichkeiten waren fast unbegrenzt. Seht, jetzt war ich ein kleiner Finger, jetzt eine Nasenspitze!

Ich betrachtete wieder den ganzen Jungen im Spiegel. Beobachtete ihn lange und aufmerksam, diese Person, die ich war, auf merkwürdige Weise. Ich verharrte so lange in der Hocke, dass meine Beine einschliefen. Nun war ich beinlos, obwohl ich Beine hatte, in Wirklichkeit und im Spiegel! He, sagte ich zu mir, jetzt kannst du dich nicht mehr verstecken.

Ich streckte das eine Bein aus, um es zu reiben und wieder zu beleben. Plötzlich hörte ich ein Lachen. Es war eine der Mägde, die in der Tür stand und mich beobachtete. »Wie ein kleiner Storch!«, rief Warwara.

Einen Augenblick lang sah ich mich mit ihren Augen, auf einem Bein hockend, wie ein kleiner Storch …

Warwara verschwand, laut lachend.

Ich hasste Warwara, ihr Lachen und ihren Blick – den

ich obendrein zu meinem gemacht hatte. Ich war etwas Bedeutungsvollem auf der Spur gewesen, war nahe daran gewesen, ein rätselhaftes Geheimnis zu entschleiern.

Viele Jahre später. Ich stehe vor einem anderen Spiegel in einem anderen Raum. Es ist Abend und dunkel. Ich halte ein Licht in der Hand.

Auf der schwarzen Tafel, die der Spiegel ist, sehe ich ein bleiches Gesicht. Die Augen sind wachsam. Es ist erschreckend, einem Menschen, der Angst hat, ins Gesicht zu starren und zu sehen, was die Augen ausdrücken. Trauer, Wut, Hass. So ein Blick kann versteinern und vernichten! Ich frage: Wer bist du?

Das Gesicht ist geprägt von Unzulänglichkeit, Einsamkeit, Angst und Schuld. Wäre es doch die Maske eines Narren, die man abnehmen kann!

Es gibt ein anderes Gesicht, einen anderen Blick! Darin liegen Freude und Liebe, die Welt, ein großes, warmes, leuchtendes Lächeln.

Der Blick ist fragend. Er will wissen und verstehen, selbst das Schwierigste. Immer wollte ich verstehen, alles!, habe das Rätselhafte, Mystische, Verbotene gesucht.

Ich habe Angst. Die Angst wäre aber größer, wenn ich nicht suchen, nicht erzählen, wenn ich nicht verändern und Ordnung in eine chaotische Welt bringen würde.

Ich will erzählen, von dem, was war, bis zu dem, was ist, vom Anfang bis zum Ende. Dann herrscht nicht mehr nur die Erinnerung.

Im Spiegel sehe ich das einsame Gesicht eines kleinen Jungen. Das Licht flackert. Jetzt erzähle ich weiter.

Von meinem Fenster aus konnte ich Vater im Garten beobachten, wo er sich oft aufhielt, grabend, säend und jätend. Er liebte seinen Garten und alles, was er darin erschaffen hatte: die Blumenbeete, das kleine Haus, das er auf der

Insel im Teich gebaut, die schönen Steine, mit denen er die Kieswege begrenzt hatte.

Den Kieswegen hatte er Namen gegeben, Großer Rosengang, Nachtigallensteig, Sommerabendweg. War er mit einem neuen Weg fertig, versammelte er uns zu einer kleinen Zeremonie. Dann berichtete er stolz, dass ein neuer Weg angelegt worden sei, und benannte ihn mit feierlicher Stimme.

Vater stand beim roten Rosenbusch und berührte behutsam die Blütenblätter. Blumen Gottes, so nannte er die Rosen. Er beugte sich hinunter und flüsterte ihnen etwas zu. Er pflegte mit den Blumen zu sprechen, und ich ging ihm gerne im Garten nach, so nahe, dass ich sein kosendes Gemurmel hören konnte, aber nicht so, dass er mich entdeckte. Es gefiel ihm gar nicht, dabei gestört zu werden. Ich verstand, dass das zarte Geräusch, das sich mit Vaters Murmeln mischte, die Sprache der Rosen war.

Einmal hatte Vater mich zur Grenze des Gartens mitgenommen, wo er aus Zweigen und Laub eine Höhle gebaut hatte. Durch ein kleines Loch hatte man einen guten Ausblick auf das dichte Gebüsch, wo sich die Nachtigallen aufhielten.

Flüsternd hatte Vater von den Nachtigallen erzählt. Sie kamen jedes Jahr zurück, er erkannte sie alle wieder. Er konnte zeigen, welche zusammengehörten und welche am besten sangen. Das sind immer die älteren Vögel, erklärte er, denn es dauert lange, es zu lernen. Die Jungen ahmten die Älteren nach, in deren Nähe sie waren. Deshalb war der Gesang der Nachtigallen in verschiedenen Gegenden so unterschiedlich. An manchen Orten gab es nur schlechte Sänger, an anderen tüchtige und an wieder anderen wahre Meister. Zu diesen gehörte Wassiljewka.

»Sieh«, hatte Vater geflüstert, »wie stolz und würdig sie sich bewegen! Wie ruhig, obwohl wir da sind. Du glaubst vielleicht, sie haben uns nicht bemerkt. Sie sehen uns, aber sie wissen, dass wir nichts Böses im Sinn haben. Sie wissen von uns, da kannst du sicher sein!«

Ich hatte nicht verstanden, warum wir uns dann in der Laubhöhle verstecken mussten. Aber ich sagte nichts. Ich wollte nur dasitzen, dicht bei Vater. Und wir blieben lange dort, und Vater erzählte und erzählte.

Sobald ich ihn am nächsten Morgen im Garten gesehen hatte, war ich zu ihm gelaufen und hatte ihn gebeten, mich wieder zur Höhle mitzunehmen und von den Nachtigallen zu erzählen.

»Das habe ich doch gestern schon«, hatte er schlecht gelaunt erwidert. »Jetzt weißt du alles. Störe mich nicht!« Und er hatte sich dem Rosenstrauch zugewandt und nicht mehr geantwortet.

Jetzt beugte er sich über denselben Rosenstrauch. Die Sonne stand tief, und Vaters Schatten war größer als er selbst. Wie klein und dünn er aussah! Als er hustete, krümmte er sich und schrumpfte noch mehr zusammen; er hustete mehrmals. Er war nicht in meiner Nähe gewesen, ob ich ihn trotzdem angesteckt hatte? Das Schlimmste, was passieren konnte, war, dass Vater starb. Oder Mutter, oder Iwan.

Am Abend kam Iwan zu mir und leistete mir Gesellschaft. Wir lagen im Bett und plauderten. Man durfte nur flüstern. Wer sich vergaß und laut sprach, riskierte, dass ihn der Blick des Unsterblichen traf. Das war unser Spiel. Und auch wenn wir lachten. Dann tauchte er auf, Koschtschei, der Unsterbliche, der Feind aller guten Menschen, furchterregend in seiner Bösartigkeit. Der Unsterbliche, der das Lachen verabscheut, der die Freude hasst.

»Gib mir deine Hand, Iwan«, flüsterte ich. Mit einer Nadel ritzte ich Iwans Finger. »Wenn das Blut dunkel wird, stirbst du, mein lieber Bruder«, flüsterte ich. »Im Übrigen bist du nicht mein Bruder, du gehörst zu den dunklen Menschen, bist der einzige Sohn eines Leibeigenen. Und du bist krank, schrecklich krank.«

Iwan sah mich traurig an. Da bereute ich es. »Ich mache nur Spaß, Iwan«, flüsterte ich.

»Ich weiß«, antwortete er ebenso leise.

Wir flüsterten so lange, dass wir unsere Stimmen verloren und stumm wurden. Wir hörten nichts, wir waren auch ertaubt. Da sahen wir uns in die Augen. Ich wurde blind davon, so in Iwan hineinzustarren. Als ich versuchte, mich zu bewegen, entdeckte ich, dass ich gelähmt war. Der beste Arzt der ganzen Ukraine konnte mir nicht helfen. Schließlich starb ich.

Ich stellte mich so gut tot, dass Iwan Angst bekam und zu weinen begann. Da erwachte ich zum Leben, verwandelte mich in Mutter und tröstete Iwan.

Wir spielten verschiedene Rollen, waren abwechselnd Mutter und Vater, ahmten ihre Stimmen nach, nahmen ihren Tonfall an. Und wieder war ich in diesem seltsamen Niemandsland zwischen dem Wirklichen und dem Unwirklichen, wo ich gleichzeitig jemand war und nicht war.

Wir spielten lange, bis wir schließlich einschliefen.

Ich erwachte plötzlich, wie wenn man von einem lauten Schrei geweckt wird. Es war still; im Haus und im Dorf war nichts zu hören, nicht einmal ein bellender Hund. Die Stille verstärkte das Gefühl der Verlassenheit, das mich immer überkam, wenn Iwan schlief und ich wach war.

Wie still Iwan dalag! Man konnte nicht sehen, dass er atmete. Ich bekam Angst. Ich hätte ihn schütteln mögen, um mich zu überzeugen, dass er nicht tot war, aber ich wagte es nicht. Starr vor Schreck fuhr ich hoch, rannte in Mutters und Vaters Zimmer.

Sie waren nicht da. Ich suchte im ganzen Haus. Nirgends ein Mensch, nur die Katze, die mich bei meiner Suche forschend beobachtete.

Ich zog mich an und rannte in die Dunkelheit hinaus.

Jenseits des Dorfs war der Himmel hell erleuchtet, wie von einem Feuer. Ich lief die Dorfstraße entlang auf den Feuerschein zu.

Fast angekommen, fiel mir ein, dass gerade Markt war. Vater ließ in Sorotschinzy viermal im Jahr einen Markt abhalten. Natürlich hatte er mit Mutter einen Spaziergang zum Marktplatz gemacht. Ja, dort, ein Stück vom Feuer entfernt saß er gegen ein Wagenrad gelehnt! Und Mutter?

Ich sah mich um. Gut zwanzig Menschen waren da, Leute aus dem Dorf, aber die meisten Fremde. Einige dunkle, dicke Männer aßen gerade. Sie hatten Brot und Zwiebeln vor sich, Salzgurken, einen Honigtopf, einen Krug Kwass oder Wodka. Wenn sie tranken, legten sie den Kopf weit zurück. Sonst bewegten sich die meisten nicht, dösten, starrten schweigend ins Feuer oder sprachen leise mit dem Nebenmann. Einige lagen auf dem Rücken, blickten hinauf zu dem großen, tiefen Sternenhimmel.

Mutter war nicht da. Und nun erkannte ich es: Das war nicht Vater, der an dem Wagenrad lehnte, sondern einer, der sehr viel älter war, ein kleiner, dünner Mann mit schütterem Bart, ein Fremder.

Trotzdem war ich ruhiger geworden. Mutter und Vater werden irgendwo sein, dachte ich. Wenn ich nach Hause komme, sind sie zurück. Ich wollte mich auf den Weg machen, als plötzlich der kleine, dünne Mann aufstand. »Wer hat noch nie von Ilja Muromets gehört?«, sprach er ins Blaue hinein. Die Worte erregten sofort Aufmerksamkeit, und er lächelte, bückte sich und suchte etwas hinter dem Wagenrad. Es herrschte gespannte Neugier, und ich blieb stehen.

»Ich werde euch von ihm berichten«, sagte der kleine, dünne Mann mit veränderter, jetzt erstaunlich kraftvoller Stimme.

Die Müdigkeit war verschwunden, die Gesichter leuchteten vor Erwartung. Die Menschen am Feuer setzten sich zurecht. Liebevoll betrachteten sie den Mann und die Gusli, die er hervorgeholt hatte.

»Ihr alle habt von Ilja Muromets gehört, nicht wahr?« Er ließ den Blick langsam durch die Runde schweifen.

Alle nickten, auch ich, als er den Blick auf mich richtete. Meine Angst war verflogen.

»Ich werde euch von dem berichten, was gewesen ist«, sagte er leise, fast flüsternd. Dann schwieg er und schaute zu dem dunklen Wald hinüber. »Von Ilja Muromets«, fuhr er fort, lächelte, zupfte aufreizend langsam auf der Gusli.

Als er endlich begann, war ringsum ein vernehmlicher Seufzer der Erleichterung zu hören.

Er wuchs auf und wurde fünf, und er konnte nicht gehen.
Er wuchs auf und wurde zehn, und er konnte nicht gehen.
Er wuchs auf und wurde dreißig, und er konnte nicht gehen.

Das war der Anfang der Geschichte. Das auch!

Die Wege hinaus

An Frühsommerabenden singen die Nachtigallen. Tage und Nächte ertönt ihr Gesang auf Wassiljewka. Er ist sanft, fast wehmütig – und im nächsten Augenblick kraftvoll und voller Freude. Warme, jubelnde Töne erfüllen den Garten. »Lob und Dank«, tönt es, »Lob und Dank«, ganz wie eine Hymne an Gott.

Wir sitzen auf der Veranda. Vater erzählt. Von Zeit zu Zeit schweigt er, um den Nachtigallen zu lauschen.

»Wie kann man einer Nachtigall etwas Böses wollen?«, sagt er wie zu sich selbst und sieht uns an. »Der Mensch ist der größte Feind der Nachtigall«, fährt er fort. »Es gibt Menschen, die Nachtigallen fangen. Das ist nicht schwer, denn sie sind sehr zutraulich und erwarten von allen nur Gutes. Aber in der Gefangenschaft sterben sie. Nur sehr junge Männchen können überleben. Aber singen können sie nicht. Grässlich, diese jämmerlichen Töne, die sie hervorbringen! Wer eine Nachtigall fängt, ist ein sehr böser Mensch.«

Iwan und ich nickten.

»Wo war ich stehen geblieben?«, fragte Vater.

»Als Baba-Jaga ...«

»Nein, bei Koschtscheis Tod!«, unterbrach ich Iwan.

»Ihr habt das alles schon so oft gehört, Kinder«, sagte Mutter. »Es wird spät …«

Koschtschei der Unsterbliche heißt er, der böse Zauberer, der fürchterliche Feind der Menschen. Er schlägt alle Guten mit Leid und Tod. Seinen eigenen Tod aber hat der Unsterbliche gut verborgen. Er liegt im springenden Tier, dieses im schwimmenden Tier, dieses im kleinen Tier, dieses im großen Tier und dieses ruht versteckt in einem Blick, der in einem Schrei im Wipfel der großen Eiche liegt.

Eine Sage berichtet, wie der Sohn des Zaren Iwan den Tod des unsterblichen Koschtschei findet.

»Hast du behalten, was Iwan Zarewitsch sagte, Iwan?«

»›Sieh, hier ist dein Tod, Koschtschei‹, sagte er. Er hatte den Blick gefangen, und in der Hand hielt er den Schrei. Da fiel der Unsterbliche auf die Knie und flehte: ›Tötet mich nicht, Iwan Zarewitsch, wir wollen fortan in Freundschaft leben. Die ganze Welt wird uns beiden gehorchen …‹

Iwan Zarewitsch aber erdrosselte den Schrei. Da starb auch der Unsterbliche.«

»Gut gemacht, Iwan!«, sagte Vater und lächelte.

Iwan sah sehr stolz aus.

Aber obwohl der Unsterbliche gestorben war, lebte er! In der nächsten Geschichte war er wieder da, bösartig wie zuvor. Anders als bei den Menschen war der Tod des Unsterblichen nicht absolut. Dass Menschen nach ihrem Tod in den Himmel kommen konnten, war eine ganz andere Sache.

Baba-Jaga heißt die böse Hexe, die Menschen frisst. Der Lattenzaun um ihr Haus besteht aus Menschenknochen. Darauf stecken Totenschädel, und deren Augen leuchten nachts heller als der hellste Mondschein. Die Tür zu Baba-Jagas Haus hängt an einem Scharnier aus Knochen, das Schloss ist ein Maul mit Zähnen so scharf wie Nadeln. In Baba-Jagas Dienst stehen drei Paar geheimnisvolle Hände und drei Reiter, schneller als der Wind. Der erste ist rot, der zweite weiß und der dritte schwarz. Das sind die Dämmerung, der Tag und die Nacht.

Ich stellte mir vor, dass der Unsterbliche und Baba-Jaga verheiratet waren. Die Hündin Helena war ihre Tochter und der Nachtigallenräuber ihr Sohn. Die Familie gehörte zu einem weit verzweigten Geschlecht, in dem einer böser war als der andere.

»Es wird spät«, sagte Mutter.

Jetzt konnte ich den schwarzen Reiter fast vor mir sehen. Seine Kleidung war schwarz wie er selbst und sein Pferd.

Vater lehnte sich zurück, nahm das Teeglas und trank. Er ließ den Blick über den Garten schweifen, betrachtete das Werk der Natur, das gleichzeitig seine eigene Schöpfung war. Sein Blick glitt weiter, über die Felder, über das Dorf. Dies alles war sein.

Iwan und ich saßen schweigend links und rechts neben ihm. Vater liebte die hellen Frühsommerabende auf der Veranda, aber auch an den frühen Herbstabenden fand er Gefallen. Dann war es feuchter, dunkler und kälter, andererseits aber waren die Düfte stark und intensiv.

Mutter bevorzugte den Morgen. Sie stand früh auf und setzte sich nicht auf die Bank, sondern auf die Treppe. Dort verharrte sie still, als wolle sie Kraft sammeln für den Tag. Sie hatte es gern, wenn Vater ihr Gesellschaft leistete, aber er war unruhig, wenn der Tag auf ihn wartete. In Gedanken war er schon unterwegs. Im Garten, um nach den Gemüsebeeten zu sehen. Auf dem Getreidefeld, um die Saat zu begutachten. Oder im Dorf, um einen Streit zwischen Bauern zu schlichten. Er war in Gedanken schon woanders. Am Abend aber ruhte er vom Tag aus. Las in der Bibel, für sich selbst, selten laut, schwieg und dachte nach oder versuchte, mit Mutter zu sprechen. Oft aber war dann sie unterwegs, um sich der Nacht, den Gebeten, dem Wort Gottes hinzugeben, und dann antwortete sie ebenso einsilbig wie am Morgen der Vater.

An manchen Abenden aber, bevor die Dämmerung anbrach und unsere Welt verwandelte, geschah es, dass Mutter die Zeit vergaß und die Nacht, die wartete. Dann sprachen sie miteinander mit ruhigen Stimmen und ohne Eile. Und sie hörten einander zu, aufmerksam und mit liebevollem Respekt. Hin und wieder schauten sie zu Iwan und mir herüber und lächelten. Ich liebte sie über alles, diese Stunden und jene, wenn Vater erzählte, von Koschtschei dem Unsterblichen, von Baba-Jaga oder von Ilja Muromets.

»Und obwohl Ilja dreißig Jahre alt war, konnte er nicht gehen... Eines Tages aber kamen einige Pilger zu dem Haus, in dem Ilja wohnte. Durchs Fenster sahen sie ihn auf dem Ofen sitzen. Dort pflegte er seine Tage hinzubringen, während sein Vater und seine Mutter auf dem Feld arbeiteten. Die Pilger baten Ilja um Bier. ›Gern würde ich euch Bier geben‹, erklärte Ilja, ›aber ich kann nicht gehen.‹ Da sagten sie, er solle es versuchen. Und er ging!

Die Pilger sagten zu ihm, er solle seinen Vater um eine Rüstung bitten. Und sein Vater gab ihm die Rüstung, ein Schwert, ein Messer, eine Peitsche und eine Lanze. Und er bekam ein Pferd, einen jungen Hengst, der über Wälder, Berge und Seen springen konnte. Ilja begab sich nach Kiew, zu Großfürst Wladimir von Kiew, der die Lehre Christi in Russland eingeführt hat, und wurde von ihm sogleich zum Anführer einer Schar mutiger Männer gemacht...«

Nur manchmal sah Vater Iwan an oder mich, sonst war sein Blick nach innen gerichtet, als habe er dort alles vor Augen, was er erzählte.

»Ihr könnt mir glauben, Iwan war stark, er war mutig und stolz, aber auch demütig. Er war gut zu den Geringen und Armen, aber im Zorn war er fürchterlich. Allein besiegte er eine ganze Armee. Und er besiegte den Nachtigallenräuber, den Unhold, der die Nachtigallen hasste und die Zerstörung liebte und der so fürchterlich heulen und brüllen konnte, dass die Rosen welkten und die Menschen starben. Ilja besiegte ihn und brachte ihn zu Großfürst Wladimir nach Kiew, wo das Ungeheuer enthauptet wurde. Sein böses Blut war gefährlich wie Schlangengift. Als es auf die Erde floss, versengte es sie wie Feuer. Der Gestank der Bosheit war so ekelhaft, dass keiner ihn ertragen konnte. Noch lange hing er in der Luft, sehr lange ...«

Wie schrecklich Vaters Erzählungen auch sein mochten, sie machten mir niemals Angst. Im Gegenteil, ich nahm seine Worte tief in mich auf, und sie erfüllten mich mit großer und heller Freude. Es war, als ob die Erzählungen mich veränderten. Ich lernte, dass es Veränderungen gab, die zu etwas Gutem führten.

»Für heute Abend ist es genug!«, sagte Vater.

»Nein, erzähl weiter!«

Es gab die klare Regel, dass es wenig nützte, Vater zu bitten, wenn er einmal nein gesagt hatte. Aber von dieser Regel gab es Ausnahmen. An verwunschenen Frühsommerabenden auf der Veranda, wenn Vater und Mutter leise und lange miteinander gesprochen hatten und Vater von Ilja Muromets oder einem anderen Helden erzählt hatte, war es möglich, ihn umzustimmen. »Ein andermal«, sagte er dann, schien aber nur zu warten. »Erzähl mehr!« Dann lächelte er, und wir wussten, dass es sich lohnte, ihn zu drängen. »Lieber Vater!«

Er lachte zufrieden. Er wollte zu dem genötigt werden, was er selbst so sehr wünschte. Es war eine Zeremonie, auf die er nicht verzichten wollte. Er lachte vor sich hin, schien zu zögern. »Nun gut, ausnahmsweise!«

Und dann erzählte er. Da gab es Hexen, Zauberer und Drachen, verzauberte Vögel und Fische, die sprechen konnten. Am lebendigsten aber standen die edlen und heldenhaften Bogatyren vor unseren Augen, solche wie Ilja Muromets oder die jungen verwegenen Burschen, die in die Welt hinauszogen, um Abenteuer und Glück zu suchen.

»Lob und Dank, Looob und Dank!«, sang die Nachtigall.

Wirklich und unwirklich zugleich war die Welt der Erzählungen, aber sie hatte immer eine Ordnung, wie sie in der Welt um mich her selten zu erkennen war. Auch in meinem Inneren herrschten Unordnung und Unsicherheit. Und Angst vor dem Leben, das vor mir lag, und vor dem Tod, der mich erwartete.

Von allen plötzlichen, rätselhaften Veränderungen, die ich fürchtete, war die Verwandlung von Leben in Tod die schrecklichste.

»Wir müssen alle sterben«, sagte Vater. »Nichts weiß der Mensch sicherer, als dass er sterben wird.«

Als ob diese Gewißheit ein Trost war ...

»Alles ist Gottes Wille und Werk«, sagte Mutter.

Ich versuchte mir vorzustellen, wie es wäre, nicht mehr zu sein. Das war etwas anderes als ein spannendes Spiel mit Iwan. Es war eine dunkle, leere, eiskalte Wirklichkeit.

»Du darfst nicht so viel grübeln«, meinte Mutter.

Ich versuchte es zu lassen, aber es gelang mir nicht. Oft grübelte ich darüber nach, wer ich war, ich, der ich sterben sollte. Nikolai Gogol ... ja, aber auch ein Auserwählter.

Einmal meinte Vater, nachdem er mich lange angesehen hatte: »Vor dir liegt eine große Aufgabe, Nikolai. Ich frage mich, wo in der Welt du sie lösen wirst. Eine große Aufgabe und ein großes Opfer ...«

Es war ungewöhnlich, dass Vater so etwas sagte. Trotzdem hätte ich seine Worte vielleicht vergessen, wenn er sie nicht eine Weile später Mutter gegenüber wiederholt hätte.

»Ja«, stimmte sie ihm zu, »er ist ein Auserwählter. Vor ihm liegt eine große Aufgabe. Und ein großes Opfer.«

»Ich frage mich, wo er sie lösen wird«, wiederholte Vater.

Zu allem Rätselhaften kamen nun noch diese merkwürdigen Worte. Lange bevor ich ihre Bedeutung erfasste, suchte ich die Lösung dieses neuen Rätsels. Ich hörte bei allen Gesprächen aufmerksam zu und beobachtete alles, was geschah.

Eines Tages würde ich etwas Großes leisten. Der Gedanke tröstete mich. Meine Gefühle der Unzulänglichkeit und Schuld, der Einsamkeit und Angst verschwanden aber nicht. Sie waren wie zuvor quälend stark. Doch irgendwann würden sie verschwinden, irgendwann, wenn ich meinen Platz in der Welt gefunden hatte, von dem Vater gesprochen hatte. Es gab einen solchen Ort, in einem bestimmten Land in einem bestimmten Reich. Dort würde ich tun, was ich zu tun hatte. Irgendwo draußen in der großen Welt. Meine Reise hatte begonnen, die ersten vorsichtigen Schritte waren getan.

Die Veranda war die erste Station auf meinem Weg, der Hof die nächste, und das hohe Gras auf der anderen Seite des Hofes die dritte.

Eines frühen Morgens stand ich dort, im hohen Gras, und betrachtete den dampfenden Kot der Tiere. Er war noch namenlos unbegreiflich, wie das Eichenlaub, das ich einmal gefangen hatte und das einen Augenblick später nicht mehr existierte.

Die Wege, die Vater angelegt hatte, führten mich weiter in die Welt hinaus. Ich wagte mich allein auf dem Großen Rosengang vor. Die Rosen dufteten, die Sonne schien, ein seltsam glänzender Stein schimmerte ein Stück vor mir auf dem Weg. Noch einen Schritt, noch einen! Aber Mutter oder Warwara mussten in Sichtweite auf der Veranda sein, weiter ging ich nicht. Ihre Blicke schützten mich vor dem Bösen, das überall drohte.

Mutter wußte viel vom Bösen und sprach oft darüber. Sie erzählte keine Sagen wie Vater, sondern das, was geschehen war. Wie Olga Fjodorowna als Strafe für ihren lasterhaften Lebenswandel von einem Alb zum Wahnsinn getrieben wurde. Oder dass der Tod den Pjotr Andrejewitsch früh auserwählt hatte. Und am Tag vor seinem Tod hatte sie in der Stille den Schrei gehört. Jemand hatte seinen Namen gerufen.

Mutter erzählte auch von Wundern und Heiligen. Der Heilige, dessen Geschichte mich am meisten fesselte, stammte aus Italien, es war der heilige Franziskus. Als Kind war er scheu und ängstlich und zweifelte sehr an seinen eigenen Fähigkeiten. Zugleich war er stolz, fast prahlerisch. Er glaubte fest daran, dass er auserwählt sei, glaubte an seine künftige Aufgabe.

Nach seiner Berufung ging er in die Welt und predigte allen, einmal sogar den Vögeln. Wenn Franziskus predigte, tanzte und lachte er wie ein Narr. Die Versammelten wunderten sich über sein Auftreten und seine Worte. Er war nicht besonders gelehrt, nicht von adliger Geburt, dazu war er recht klein und ziemlich hässlich. Seine Worte aber waren groß und schön. Sie hatten eine seltsame Kraft.

Mutter sah Vorzeichen, sie hatte Träume, die wahr wurden, wußte im Voraus, was geschehen würde. Sie nahm das geringste Zeichen ernst und traf die Maßnahmen, die sie für notwendig hielt. Auch Vater richtete sich nach ihr. Gewiss, er hielt viele ihrer Ideen für dummen Aberglauben, aber ihre Anordnungen befolgte er vorsichtshalber doch. Und Mutter wusste viel über das Verbotene.

Vor allem zwei Wege führten hinaus in die Welt. Der eine war der Weg der greifbaren Wirklichkeit. Sein Name wechselte, Großer Rosengang konnte er zum Beispiel heißen.

Der andere war der Weg der Phantasie, das Ergebnis von Mutters und Vaters Erzählungen und meiner eigenen Einbildungskraft. Auch er hatte unterschiedliche Namen: Weg der Aufgabe, Weg des Opfers, Weg der Zukunft.

Manchmal verlief der Weg der Wirklichkeit parallel zu dem der Phantasie, manchmal berührten sie sich sogar und vereinigten sich. So war es mit dem Weg zum Teich und mit der Fahrt über dessen unendliches Wasser.

Der Teich befand sich in unserem Garten, und in ihm war eine Insel. Auf der Insel stand ein kleines Haus, nicht groß genug, dass sich ein Mensch darin verstecken konnte. Ich hatte dort noch nie jemanden gesehen, nicht einmal einen Vogel. Nie hatte ich etwas gehört. Trotzdem wusste ich, dass es in dem Haus etwas gab, etwas Namenloses. Dort lauerte das, was nie ausgesprochen wurde, still und schweigend, reglos wartend.

Eines Morgens stieg Rauch von der Insel auf. Zum ersten Mal stand ich allein am Teich. Feuer hat mich immer erschreckt, und ich bekam große Angst. Ich glaubte, dass es in dem kleinen Haus brannte.

Ich versuchte mir einzubilden, das Haus sei die Schmiede eines Zwergs. Es war nur der Rauch des Feuers in der Schmiede, wie bei der Schmiede im Dorf …

Das beruhigte mich. Dann entdeckte ich, dass das Wasser rauchte, und in dem dicken grauen Rauch dieses Feuermeers erkannte ich ein weißes, angsterfülltes Gesicht!

Ich fand Mutter auf der Verandatreppe. »Es war Dunst über dem Wasser«, sagte sie, »Nebel. Den hast du doch schon mal gesehen.«

»Es war kein Nebel«, beharrte ich. »Es war kein Nebel, Mutter!«

Sie hörte nicht auf mich. Und sie sagte, ich dürfe nicht allein an den Teich gehen. Der Böse lauerte überall. Er verhexte die Tiere und nahm sie in seinen Dienst, einen Fisch oder eine Kröte, einen Hund oder eine Katze. Er konnte als Tier oder Mensch erscheinen und zeigte plötzlich seine wahre Gestalt. Er riss seine Beute in Stücke und trank ihr Blut! Der Böse liebte Blut, besonders das Blut kleiner unschuldiger Kinder.

»Hör auf!«, schrie ich.

»Aber du brauchst keine Angst zu haben«, fuhr Mutter fort. »Wer als ein wahrer Christ lebt, den beschützt Gott. Wer seine Gebete spricht und die Fastenzeiten einhält, wer die Gebote und Befehle der Kirche und des Zaren immer befolgt, der hat nichts zu befürchten. Gott ist gut zu dem, der sich vor ihm demütig zeigt. Die Sünder aber werden im ewigen Feuer brennen. In größter Angst werden sie um Gnade betteln, aber für sie gibt es keine Gnade. Keine Gnade! Bis zum Jüngsten Gericht am Jüngsten Tag.«

Mutter schwieg. Ich blickte sie an. Ihr Gesicht sah ganz fremd aus. Es war unheimlich, ein verzerrtes Gesicht, aufgelöst, wie von großem Leid verbraucht.

Mutter wollte mich beruhigen, aber sie machte mir Angst. Sie wollte mich glücklich wissen, aber sie machte mich unglücklich. »Alles ist Gottes Werk und Gottes Wille.« Es war, als gäbe sie Gott die Schuld.

Vieles von dem, was Mutter sagte, erfüllte mich mit widersprüchlichen Gefühlen. Vielleicht war ihre Liebe deshalb so groß und ihr Wunsch, mich zu trösten, grenzenlos. »Gott wacht über die Seinen. Er sieht alles!«

Gott sah mich. Ich war nicht allein … Doch! Dass Gott mich sah, vergrößerte meine Einsamkeit nur! So dachte ich, und das Gefühl der Verlassenheit, das ich empfand, wurde so übermächtig, dass ich meinen Kopf in Mutters Schoß vergrub.

Mutter nahm mich in die Arme und küsste mich, sie streichelte mich, bis ich ruhig wurde.

Aber ich war traurig. Ich hatte etwas erfahren, was ich nicht wissen wollte.

Ich dachte, das Haus auf der Insel wäre für kleine Menschen gebaut worden, für Kinder, die nie geboren wurden, oder für Kinder, die nicht leben durften.

Ich sprach nicht mehr über das, was ich am Teich erlebt

hatte. Ich sagte nicht, dass ich auf meinem Weg in die Welt hinaus Iwans Gesicht im Rauch gesehen hatte.

Es gab viel Unangenehmes. Vieles aber war lustig und spannend, vieles möglich. Ich war im Begriff, mich durch die Erde in die Welt hinaus zu arbeiten!

Ich wollte einen langen Tunnel graben, bis Poltava, bis Kiew! Ich sagte nichts von meinem Plan. Erst wenn der Tunnel fertig wäre, würde ich es verraten. Ein Stück hinter dem Teich, im Schutz einiger Weißdornsträucher, begann ich zu graben.

Am Anfang ging es sehr schnell. Ich war berauscht von Glück. In ein paar Wochen schon würde ich in Kiew sein! Was die feinen Stadtbewohner für Augen machen würden, wenn ich mitten in der allerfeinsten Straße direkt vor ihrer Nase auftauchte!

Wo ich herkam? Aus Wassiljewka. Den ganzen Weg von Wassiljewka, ist das möglich! Beeilt euch, Leute, kommt und seht! Hier ist einer, der hat von Wassiljewka bis hierher einen Tunnel gegraben! Ein kleiner Junge! Unglaublich! Wie heißt du?

Meinen Namen werdet ihr gleich erfahren, würde ich sagen. Er lautet Nikolai Wassiljewitsch Gogol! Und der Tunnel heißt Kosak-Nikolais-Tunnel!

Ich grub. Das Loch wurde größer und tiefer. Ich begnügte mich nicht mehr damit, bis Kiew zu kommen. Ich wollte mich bis in ein anderes Land graben. Geradewegs durch die Erde hindurch wollte ich mich graben!

Glücklich grub ich weiter. Die Nachtigallen sangen, und ich dachte, eine so bedeutende Person wie ich müsste auch ihren eigenen Vogel haben, so wie Vater die Nachtigall.

Ich grub. Gurr, gurr, war eine Taube im Wald zu hören. Da beschloß ich, die Taube zu meinem Vogel zu machen. »Gurr, gurr, meine Tauben«, rief ich, »kommt her und seht! Ich grabe einen Tunnel durch die Erde!«

Sie kamen nicht. Stattdessen kam Iwan, den meine lauten Rufe angelockt hatten. »Was machst du da?«, fragte er.

»Ich grabe …« Ich fühlte mich ertappt.

»Was gräbst du?«

Ich wollte mein Geheimnis nicht verraten und schwieg.

»Was gräbst du?«, beharrte er.

»Ein Grab!«, sagte ich.

Iwan erschrak und rannte fort.

Nach einer Weile kam ich nur noch langsamer voran, aber ich grub unverdrossen weiter, auch als die Dämmerung anbrach. Ich stieß auf einen großen Stein. Wie der hier in die Erde gelangt sein mochte? Ich grub an ihm vorbei.

Der Boden wurde allmählich härter. Wie kam das nur? Sollte ich die Arbeit für diesen Tag abbrechen? Der Morgen ist weiser als der Abend …

Aber ich grub weiter. Je tiefer ich kam, desto härter wurde der Boden und desto schwerer war die Arbeit. Ich schuftete verzweifelt. Wie rasend stieß ich den Spaten in die Grube, immer wieder. Ich weinte.

»Was ist los?«

Vater stand plötzlich neben mir. Hatte Iwan ihm erzählt, dass ich ein Grab grub? Ich verriet Vater, dass ich mich durch die Erde graben wollte. Er lächelte. Als er sah, dass es mich kränkte, wurde er ernst: »Nikolai, es ist unmöglich, sich durch die Erde zu graben. Hör zu! In Eden entspringt der gewaltige Strom, der einst das Paradies bewässert hat. Er teilt sich in vier weitere Flüsse. Der erste heißt Pison, das ist der, den wir Ganges nennen. Der zweite heißt Gihon, das ist der Nil. Der dritte heißt Frat, das ist der Euphrat. Der vierte heißt Hikkedel, und das ist der Fluß Tigris. Die vier Flüsse sind durch andere, unterirdische Flüsse miteinander verbunden. Überall auf der Welt ist Wasser in der Erde. Es sickert aus den unterirdischen Flüssen. Die Erde ist voller Wasser, du kannst dich nicht durch die Erde graben.«

Vater hatte sich vor mich hingehockt, während er erklärte, das Gesicht nahe vor meinem. Er nahm meine Hand. Seine Wärme und die Freundlichkeit seines Gesichts ließen meine Enttäuschung fast verschwinden.

Vater erzählte weiter von der Beschaffenheit der Erde, berichtete von verschiedenen Bodenarten und anderem, das mich weniger interessierte als die unterirdischen Flüsse. Mein Plan, einen Tunnel zur anderen Seite der Erde zu graben, würde sich nicht verwirklichen lassen. Nicht einmal bis Kiew würde ich kommen. Aber es machte mir nicht viel aus, ich dachte an die unterirdischen Flüsse. Die fremden Namen faszinierten mich. Pison, Gihon, Frat und Hikkedel. Ganges, Nil, Euphrat und Tigris.

Am Abend wiederholte ich sie immer wieder. »Pison-GihonFratundHikkedel«, murmelte ich vor mich hin. Es klang wie eine magische Beschwörung.

»Was hast du gesagt?«, fragte Iwan.

Ich schwieg. Aber die fremden Namen klangen lange in mir nach: PisonGihonFratundHikkedel, PisonGihonFratundHikkedel.

Iwan und ich spielten Verstecken. Iwan war immer leicht zu finden. Es gab nur drei, vier Plätze, an denen er sich verbarg. Aber diesmal konnte ich ihn nicht finden.

Ich suchte am Weißdorngebüsch. Die Grube, die ich gegraben hatte, war längst wieder zugeschüttet. Es raschelte in den Büschen, aber das waren nur Vögel. In der feuchten Erde unter den Büschen waren reichlich Larven und Insekten.

Ich war verwirrt. Irgendwo lag Iwan versteckt und beobachtete mich bei meiner vergeblichen Suche. Er konnte doch nicht wirklich verschwunden sein? Jedenfalls wäre das nicht meine Schuld.

Ich suchte im Haus. Dort war er nicht, es war überhaupt niemand dort. Still war es, nur die alte Wanduhr war zu hören. Das Pendel machte ein unangenehmes Geräusch. Tack ... Tack ... Es kam wieder, verschwand, kam wieder, verschwand. Ich stellte mir vor, dass dies der Klang der Zeit war, die in der Ewigkeit verschwand.

Plötzlich tauchte die Katze vor mir auf. Ich erschrak, starrte sie an und wurde noch ängstlicher. Sie streckte sich, die gespreizten Krallen kratzten über den Dielenboden, sie kam auf mich zu. Ihre Augen glühten böse. Ich kletterte aufs Sofa, drückte mich an die Wand.

Wo war Iwan. Ich war wieder draußen, ging zum Teich, blieb stehen und lauschte, hielt den Atem an, um besser hören zu können. War jemand da? Ich sah mich um. Im Garten war keine Seele.

Es war windstill, an den Bäumen bewegte sich kein Blatt. Ein klarer Tag, die Sonne schien. Es war still, eine schreckliche Stille!

Wer rief? Ich weiß es nicht! Mehr darf ich darüber nicht sagen.

Ich warf die Katze in den Teich. Sie versuchte, ans Ufer zu kommen, aber ich stieß sie immer wieder mit einem Stock zurück. Ich hatte Angst, verspürte aber gleichzeitig eine eigenartige Befriedigung. Ich tat etwas, das meine Pflicht war.

Wäre die Katze umgekehrt und zur Insel geschwommen, dann hätte sie es geschafft. So aber ertrank sie. Ich brach in heftiges Weinen aus. Es war ein Gefühl, als hätte ich einen Menschen ertränkt.

Ich hielt mir die Ohren zu, rannte hin und her ...

Vater saß auf der Bank am Teich! Ich rannte zu ihm und fiel auf die Knie, um alles zu gestehen. »Es war Gottes Wille«, sagte ich.

»Nikolai«, sagte Vater, »ich habe die ganze Zeit hier auf der Bank gesessen. Du musst mich bemerkt haben.«

Ich weinte, mein Körper bebte. Erst als Vater mich verprügelt hatte, wurde ich ruhig. Ich hatte ihn nicht bemerkt, er hatte so still gesessen, dass er unsichtbar geworden war. Aber wenn er alles gesehen hatte, warum hatte er mich nicht daran gehindert?

»Gehen wir hinein«, sagte Vater dann, und wir machten uns zusammen auf den Weg.

Ich drehte mich um. Dort lag der Teich, still jetzt. Doch, ich hatte Vater bemerkt.

»Wo ist Iwan?«, fragte ich.

»Er ist mit Mutter weggegangen«, sagte Vater.

In dem, was man die Welt nannte, gab es viele Welten. Meine Welt, meine und Iwans Welt, Vaters und Mutters Welt, die Welt der Tiere, der Bäume und der Blumen. Aber auf Wassiljewka hatte alles, was lebte, auch eine gemeinsame Welt.

Aus einer Welt außerhalb Wassiljewkas kamen Markthändler, umherziehende Krämer, vorbeiwandernde Pilger. Einmal, an einem Wintertag, kam ein Fremder barfüßig die Dorfstraße entlang. Die Bauern bekreuzigten sich, einige fielen auf die Knie.

Der Mann hatte einen großen Bart und langes, unordentliches Haar. Er war sehr schmutzig und roch schlecht. In einem Sack auf dem Rücken trug er etwas, das einen noch schlimmeren Gestank absonderte, einen verwesenden Kadaver. Er murmelte unzusammenhängendes Zeug.

»Wer seid Ihr?«, fragte Vater.

»Wer seid Ihr?«, sagte der Mann.

»Idiot!«, sagte Vater.

»Idiot!«, sagte der Mann.

Vater ging.

»Es war ein heiliger Narr«, meinte Mutter. »Ein Narr in Christus. Solche Menschen sind gesegnet. Er ist kein wirklicher Narr, sondern trägt die Narrenmaske vor dem

Gesicht. Er hat mit seiner Familie und seinen Freunden gebrochen, um allein umherzuziehen und den Menschen ihre eigenen Gebrechen vorzuführen. Er leidet um der Menschen willen, er ahmt Christus nach.«

»Ist so einer gefährlich?«, fragte ich.

»Idioten!«, schimpfte Vater. »Sie geben vor, Narren zu sein, um die Menschen glauben zu machen, sie seien klüger und besser als andere.«

Mutter bekreuzigte sich. »Sie machen sich schlimmer, als sie sind«, sagte sie. »Das ist ein großes Opfer.«

Die umherziehenden Fremden, die nach Wassiljewka kamen, erzählten von der Welt außerhalb. Jeder von ihnen führte mich in eine andere Welt. Mein Weg hinaus bestand auch aus den Begegnungen mit diesen Menschen. Immer wieder taten sich neue Welten auf.

Aber da war noch mehr!

Es gab Anzeichen, dass es noch eine weitere Welt gab, eine geheime, von der ich nichts wusste. Aber ich konnte ihre Existenz ahnen, wenn ein Wort plötzlich Licht verbreitete. In seinem Schein schlichen dunkle Schatten über die Grenze.

Woraus bestand die geheime Welt? Aus Worten, Träumen, all dem Möglichen? »Was phantasierst du da wieder zusammen?«, fragte Mutter.

Das war nichts, was man zusammenphantasierte. Es war eine Eingebung Gottes!

Mutter sah Vater an, aber er tat, als bemerke er nichts. Nach einer Weile sagte er: »Falls mir etwas zustoßen sollte ...«

»Du bist noch jung!«, unterbrach ihn Mutter.

»Ich bin kränklich«, sagte Vater. »Man kann nie wissen ...« Er sah mich an. »Wenn ich sterbe, komme ich wieder und zeige mich. Dann darfst du nicht erschrecken, Nikolai, ich tue es, damit du weißt, dass ich auch nach dem Tod bei dir bin.«

Vater lebt, dachte ich. Er wird nicht sterben. Und ich lebe. Aber warum lebte ich? Weil ich ein Auserwählter war? Weil ich eine Aufgabe hatte? Und wenn ich diese Aufgabe gelöst hatte, war dann das Rätsel meines Lebens gelöst? Was war das für ein Opfer, das ich bringen mußte?

»Geh raus zum Spielen«, sagte Mutter.

Am äußersten Rand des Gartens stand eine riesige Eiche. Ich machte mich allein auf den Weg zu ihr. Es war ein anderer Weg hinaus. Eine Leiter aus dem Geräteschuppen hatte ich mitgeschleppt. Ich stellte sie auf, kletterte hoch, langte nach dem untersten Ast, stieß die Leiter fort. Immer höher kletterte ich, immer höher, bis ich die Spitze erreichte.

Von dort oben blickte ich auf das Haus hinab, auf die Wege, das hohe Gras, den Teich. Auf alles, was im Garten war. Ich schaute über Sorotschinzy hinaus, betrachtete die Kirche, konnte weiter sehen als jemals zuvor. Ein großes Glücksgefühl erfüllte mich.

Ich blickte auf zum Himmel und zur Sonne. Ich lachte und winkte, obwohl niemand zusah.

Als ich hinunterkletterte, kam die Angst. Ich fürchtete, den Halt zu verlieren und zu fallen. Meine Beine zitterten so sehr, dass ich immer wieder ausruhen mußte. Ich hielt mich an einem Ast fest, bis das Zittern so weit nachließ, dass ich mich wieder ein Stückchen weiter hinunterhangeln konnte. Und schließlich stand ich doch auf dem untersten Ast und schaute zum Boden hinab. Dort unten konnte eine Grube verborgen sein unter dem Laub, in der scharf angespitzte Pfähle steckten. Wenn ich sprang, würden sie meinen Körper durchbohren.

Ich zögerte lange, bis ich den Sprung wagte. Der kurze Augenblick, bis ich am Boden ankam, war entsetzlich. Aber eine Falle war nicht da.

Ich betrachtete den Wipfel der Eiche und war traurig, weil mir klar wurde, dass ich es nie wieder wagen würde, dort hinaufzuklettern.

Aber ich war oben gewesen, in der Eiche des Unsterblichen!

Am Jüngsten Tag hatte sich der Mensch vor Gott zu verantworten. Dann wurde das Urteil gesprochen, Hoch und Niedrig erhielten ihr Urteil. Wenn der Mensch mit seinem gelebten Leben vor Gott stand, nützten ihm Rang und Reichtum nichts. War es da nicht merkwürdig, dass es zwischen den Menschen auf der Erde so große Unterschiede gab? Nein, denn Gott hatte es so bestimmt.

Niemand brauchte jemals zu zweifeln, welcher Platz ihm zugewiesen war. Ich, Nachfahre des Kosakenobersten Ostap Gogol, gehörte dem Adel an, der hohen Klasse. Unsere Diener, unsere Handwerker, alle unsere Leibeigenen gehörten zu den Niederen.

Gesetze und Verordnungen, geschrieben von Gottes Stellvertreter auf Erden, unserem hochgeehrten Zaren, bestimmten genau, was den verschiedenen Klassen erlaubt und was verboten war.

Zu den geschriebenen Gesetzen und Verordnungen kamen all die ungeschriebenen. Mit der gleichen Verbindlichkeit regelten sie die Tätigkeiten und Aufgaben der Menschen, auch ihr Auftreten, was sie sagten, was sie dachten.

An nichts davon ließ sich rütteln, ohne dass man gleich an allem rüttelte und alles zusammenzubrechen drohte. So war es, so würde es bleiben, und wenn ich über die vielen verschiedenen Welten in der Welt nachgedacht hatte, war mir diese, die soziale, nie in den Kopf gekommen. Erst als die ewige Ordnung der Welt herausgefordert wurde, wurde ich mir ihrer bewusst.

Eines Tages rief Vater den Schmied zu sich. Ein Wagenrad war zerbrochen und musste repariert werden. Der

Schmied von Sorotschinzy war ein großer, kräftiger Mann. Er hatte den kleinen Schrein gemacht, in dem ich eine Trillerpfeife, die ich von Vater bekommen hatte, einen glitzernden Stein und ein paar Spiegelscherben aufbewahrte. Der Schmied galt als sehr tüchtig in seinem Fach. Er trank auch nicht. Bemerkenswerter aber war, dass er sich in seiner freien Zeit der Malerei widmete. Er strich nicht nur Bretter an, sondern bemalte auch hölzerne Löffel, Suppenschalen, Schränke und dergleichen. Auch Bilder malte er. Sein Meisterwerk hing in der Kirche an der Wand des Seitenschiffs. Es stellte das Jüngste Gericht dar. Der Schmied galt als der beste Künstler der ganzen Gegend. Er war ein gottesfürchtiger Mann, sein Blick spiegelte den Ernst seiner Seele wider.

Der Schmied kam. Vater sagte, was zu tun war. Der Schmied reparierte das Rad. Als er fertig war, meldete er sich bei Vater und sagte, die Arbeit sei getan. Dann ging er.

So läßt sich das Geschehen beschreiben. Äußerlich war nichts Bemerkenswertes passiert.

Aber da war noch etwas!

Eine unbehagliche, geladene Stimmung. Ein Aufstand, bei dem der Aufständische nichts tat.

Zum ersten Mal sah ich einen Leibeigenen so auftreten, als gebe es die soziale Welt mit ihren Regeln nicht!

»Mir gefällt dieser Mann nicht«, sagte Mutter später.

Vater schwieg. »Er ist sehr tüchtig«, meinte er schließlich. Man konnte aber hören, dass auch ihm der Schmied nicht gefiel.

»Er ist zu allerlei Bösem fähig«, fuhr Mutter fort.

Einige Zeit später stand ich auf dem Hof und spähte hinüber zur Dorfstraße. Dahinten spielten die beiden Jungen des Schmieds.

Ein einziges Mal hatte ich den Garten allein verlassen. An jenem Abend, als ich zum Marktplatz auf der anderen

Seite des Dorfes gelaufen war, um Mutter und Vater zu suchen. Jetzt beobachtete ich die Jungen auf der Straße. Als ich die Eiche erobert hatte, war ich bis an den äußersten Rand unseres Gartens vorgedrungen. Der nächste Schritt in die Welt musste mich über die Grenzen des Gartens hinausführen.

Die Söhne des Schmieds waren in ihr Spiel vertieft und bemerkten meinen Blick nicht. Sie sahen nicht einmal zu mir herüber.

Ich bin nicht sicher, ob es mir verboten war, den Garten zu verlassen. Auch weiß ich nicht, ob es mir verboten war, mit den Kindern der Leibeigenen zu spielen. Vermutlich hatte sich die Frage nie gestellt.

Die Jungen ringen miteinander. Sie fallen in den Straßenstaub und lachen laut. Immer noch lachend stehen sie auf. Als sie mich sehen, verstummen sie sofort. Trotz der Entfernung nehme ich deutlich wahr, dass der Ältere den gleichen ernsten Blick hat wie der Vater. Einen Augenblick bleiben wir alle drei stehen, beobachten einander. Dann gehen sie, ohne sich umzudrehen, die Straße hinunter.

Einige Jahre später sollte ich den älteren Jungen wieder auf der Straße treffen. Wir blieben beide stehen, schweigend. Schließlich fühlte ich mich genötigt, etwas zu sagen. Als ob er es nicht wusste, erklärte ich ihm, dass das Dorf meinem Vater gehörte, alle Leibeigenen gehörten ihm. Ich sagte, ich sei Nikolai Gogol, und ... nein, ich erinnere mich nicht, was ich sagte.

Sein Schweigen, sein ernster, beobachtender Blick berührten mich unangenehm.

»Wir sind Nachkommen des großen Kosakenobersten Ostap Gogol.«

»Nein«, sagte er.

Ich starrte ihn an.

Er blickte zurück, ohne auszuweichen. »Das seid ihr nicht«, wiederholte er ruhig, drehte sich um und ging. Erst viel später erhielt ich eine Erklärung für seine merkwürdigen Worte.

Ich begegnete dem Sohn des Schmieds mit seinem ernsten Blick noch ein weiteres Mal. Wieder waren einige Jahre vergangen. Eines Tages sah ich mit an, wie Vater den Schmied züchtigte. Ich weiß nicht, was der Schmied verbrochen hatte, aber Vater schlug ihn hart mit der Knute. Der große, kräftige Schmied duckte sich unter den Schlägen. Sein Gesicht war schmerzverzerrt, aber er gab keinen Laut von sich.

Auch die beiden Jungen des Schmieds waren Zeugen der Bestrafung. Für einen winzigen Augenblick begegnete mein Blick dem des Älteren.

Ich eile den Ereignissen voraus. Jetzt will ich von einem Besuch bei Dmitri Troschtschinski erzählen, unserem Verwandten und Wohltäter, bei dem ich in eine andere neue Welt geführt wurde, einem seltsamen Menschen begegnete, neue, merkwürdige Entdeckungen machte.

Theater in Kibinzy

»Hü!«

»Und dass ihr mir nüchtern bleibt!«, rief Vater von hinten zum Kutschbock, aber so gutmütig, dass Jakim und Fedka gut verstanden, dass sie sich ruhig ein, zwei Schnäpse genehmigen konnten.

»Fedka fährt wie ein echter Kleinrusse!«, lachte Vater, und Fedka knallte mit der Peitsche.

»Hü! Hü!«

Und die Kalesche setzte sich in Bewegung.

Was für Düfte dem Proviantkorb entstiegen! Wegzehrung braucht man auch auf der kürzesten Reise, und lange kann man die Finger nicht davon lassen. Seht, schon tastet sich eine Hand unter das Tuch, in den Korb, und stibitzt eine Pirogge!

Bald ist der Schleier gelüftet, und der Vorrat wird geplündert: frisch gebackenes Brot, Wurst, Schinken, allerlei Leckereien – die eben aufgeschnittene Melone! Schon versenkt man seine Zähne hinein! Wie wunderbar sie schmeckt, herb, weich und saftig zugleich!

Auf einer Reise schmeckt alles köstlich, alles ist neu, wunderbar und spannend, selbst die eintönigste Landschaft. Dort, die Birken hinter dem Hügel, sie kommen herangesaust, als tanzten sie im Wind einen gefühlvollen Walzer. Dort der Fluß, wie eine Riesenschlange windet er sich gemächlich durch die Steppe. Und seht das Dorf, wie stolz es sich brüstet, es zeigt seine Kirche vor!

Fedka bremst die Pferde. Der Wagen holpert über den Holzdamm der Dorfstraße. Was macht das schon! Aus der offenen Wirtshaustür dringt eine heisere, melancholische Stimme: »Ach, die Liebste nahm'nen andern, nimmer wird sie deine seiiiin ...« Eine helle, glückliche Stimmung lässt sich auch durch das traurigste Lied nicht verdüstern. Nichts kommt dem Anfang einer Reise gleich, nichts, nicht einmal die Fortsetzung!

Nun ist die Bahn wieder ebener. Fedka kann die Pferde antreiben, und Iwan und ich stimmen ein: Schneller! Schneller!

Es war meine erste Reise nach Kibinzy, zu unserem Nachbarn Dmitri Troschtschinski, »unserem lieben Wohltäter«, wie er oft genannt wurde. Er war ein entfernter Verwandter von Vater.

Ich war sehr neugierig auf diesen mächtigen Mann, der Justizminister in St. Petersburg gewesen war. Er war der reichste Mann im ganzen Gouvernement Poltava, sein Besitz fast unbegreiflich groß. Zu Wassiljewka gehörten gut tausend Hektar Land, zu Kibinzy achttausend! Zu Wassiljewka gehörten zweihundert Seelen, zu Kibinzy sechstausend!

»Heute Abend dürft ihr Jungen aufbleiben, solange ihr wollt!«, sagte Vater.

Es war geplant, ein paar Tage in Kibinzy zu bleiben, doch es kam anders, aus Gründen, von denen ihr bald hören werdet.

Vater schrieb Gedichte. Er hatte auch zwei Schauspiele in ukrainischer Sprache geschrieben, die beide in Kibinzy aufgeführt worden waren. Diesmal sollte Vater als Schauspieler in einem kleinen Lustspiel auftreten.

Ich stellte ihn mir vor, wie er sich nach der Vorstellung verbeugte. Der Applaus dröhnte, laute Bravorufe ertönten, alle wollten nach vorn und Vater die Hand drücken, auch Troschtschinski. Fabelhaft, Wassili Afanasjewitsch, fabelhaft, wie Sie das machen!

Zu einer Reise gehören Erwartungen. Sie werden größer und dringlicher, je länger die Reise dauert. Die Ungeduld wächst, je näher man dem Ziel kommt. Die Zeit hat die Eigenart, schnell zu vergehen, wenn sie langsam, und langsam, wenn sie schnell vergehen soll.

Schließlich kamen wir dann doch in Kibinzy an. Wie riesig, diese Weizenfelder! Und diese Kohlfelder und Gemüseäcker, ohne Ende!

Hier hatte alles Großformat. Die breiteste aller breiten Eichenalleen führte zu dem riesigen weißen Palast, auf dessen Dach sich prächtige Türme erhoben und fast die Wolken aufspießten. Neben dem Palast standen zwei Seitengebäude, groß wie … nein, ich weiß nicht wie groß!

Wir wurden von zwei Dienern in Livree empfangen. Einer führte Fedka und die Pferde zum Stall, der andere begleitete uns in eins der Seitengebäude.

Der Diener öffnete die Tür zu einem Gästezimmer, verbeugte sich und verschwand.

Ehe wir das Zimmer betreten hatten, öffnete sich die Tür gegenüber. Ein Mann von unbestimmbarem Alter kam herausgesprungen. Unbestimmbar waren auch sein Aussehen und seine Kleidung. Er war weder klein noch groß, weder dick noch dünn, weder hässlich noch schön. Sein Anzug wirkte weder gepflegt noch ungepflegt und hatte verschiedene Farben, die allesamt unmöglich zu bestimmen waren.

»Ich habe etwas Wichtiges zu tun, verstehen Sie«, sagte der Mann. »Einen Auftrag, eine Aufgabe, aber das kann warten. Bis später, falls erforderlich bis morgen, oder übermorgen!«

Ich starrte den Mann an. In einer Hand hielt er einen Sack, aus dem der Rüssel eines toten Ferkels ragte.

Der Mann bemerkte meinen Blick und folgte ihm. Als ob er erst jetzt entdeckte, was er trug, warf er den Sack mit ungeduldiger Geste seinem Bedienten zu, einem mürrisch aussehenden Burschen von etwa fünfunddreißig Jahren mit dicken Wangen.

»Nein, mit dem Schwein hat es nichts zu tun«, lachte der Mann. »Ich komme in einer ganz anderen Angelegenheit. Aus St. Petersburg. Ist diese Stadt näher bekannt? Vielleicht sind Sie selbst von dort? Promenieren täglich auf dem Newski Prospekt und dergleichen?«

Vater sah belustigt aus. »Nein, wir wohnen nicht weit von hier entfernt. Dmitri Troschtschinski ist ein Verwandter von mir, verstehen Sie.«

»Ein Verwandter, danke bestens!«, sagte der Mann und schnalzte mit der Zunge. »Und dann bringt er Sie in diesem Rattenloch unter ...«

Mutter sah ihn erschrocken an.

»Ein Scherz«, lenkte der Mann ein. »Ich scherze natürlich. Aber hören Sie, Sie sind seine Verwandten, ist es wahr, was man sagt, dass Troschtschinski ruiniert ist und nur noch Wasser und Brot auf den Tisch bringen kann?«

»Salz gibt es auch!«, erwiderte Vater.

»Gott sei Dank! Jetzt nach dem Fasten tät's gut, was Ordentliches in den Bauch zu kriegen. Nicht wahr?«

»Absolut«, sagte Vater.

Plötzlich war der Mann verschwunden. So schnell wie er herausgesprungen war, war er auch wieder in das Zimmer gehüpft. Wir standen erstaunt da und starrten die geschlossene Tür an.

»Bekommen wir hier nichts zu essen?«, fragte Iwan.

»Sicher«, beruhigte ihn Vater. »Warte nur, du wirst schon noch dein Leibgericht vorgesetzt bekommen ... Das war ja wirklich ein fideler Bursche!«

»Was für ein garstiger Mensch«, meinte Mutter. »Sicher ein Schmarotzer. Unser lieber Verwandter ist viel zu gutmütig. Er nimmt jeden mit offenen Armen auf ... Dieser entsetzliche Mensch hatte nicht einmal den Anstand, sich vorzustellen!«

Wir gingen hinein. Jakim war dabei, sich im Vorzimmer einzurichten, das größer war als mein Schlafzimmer in Wassiljewka. Das Zimmer selbst, das wir nun betraten, war groß wie ein Ballsaal.

»Verzeihung!«, ertönte da eine Stimme vom Vorzimmer her. »Mir ist noch etwas eingefallen! Ich habe vergessen, mich vorzustellen: Pawel Iwanowitsch Drugojew!« Er schnupperte: »Was riecht hier denn so merkwürdig?«

Wir schnupperten ebenfalls. »Ach, es werden wohl meine Füße sein.« Drugojew lachte und war wieder verschwunden.

»Ich will hier nicht wohnen«, erklärte Mutter.

»Beruhige dich«, sagte Vater. »Wir haben mit diesem Kerl doch nichts zu tun.«

Ich war verwirrt. Alles war ganz anders als in Wassiljewka, auch die Menschen. Aber ich fand, das sei gut so, denn wenn ich mich einmal auf den Weg in die Welt hinaus machen würde, wäre es von Vorteil, allerlei erlebt zu haben. Und hier würde ich neue Entdeckungen machen!

Wir spazierten die Gartenwege entlang. Überall promenierten Menschen, Hunderte von Menschen mit frohen, lachenden Stimmen. Passé simple! Kinder sprangen umher und spielten auf den Rasenflächen. S'il vous plaît! Vor einem kleinen Hügel schossen ein paar Offiziere um die Wette auf eine Birne, die in der Astgabel einer Birke klemmte. Un, deux, trois!

An einem Hang, der zu einem riesigen Teich abfiel, waren einige Bänke aufgestellt worden. Hier sollte später das Schauspiel stattfinden, und Vater würde eine der

Hauptrollen spielen. An diesem Hang stand auch eine Statue, Troschtschinski auf einem Pferd reitend.

Jetzt sah ich mit eigenen Augen, wovon Vater und Mutter erzählt hatten, den Dompteur mit dem tanzenden Bären, den Affenmenschen, die drei Zwerge. Ich sah Panow, den blinden Märchenerzähler, und die beiden Narren, die Troschtschinski sich hielt wie ein mittelalterlicher Fürst, um seinen Hof zu belustigen.

Und wer tauchte auf, sobald sich eine kleine Gruppe gebildet hatte? Drugojew natürlich, er machte sich schnell zum Mittelpunkt. Jetzt scherzte er, im nächsten Augenblick war er ernst. Respekt und Verachtung, Wahrheit und Lüge vermischten sich in einer Weise, dass jeder sich unangenehm verunsichert fühlte. Er redete drauflos, so dass man am Ende nicht mehr wusste, was oben und unten, hinten und vorn, richtig und falsch war und was man selbst dachte. Er attackierte schnell, zog sich ebenso flink zurück. Griff er nicht alles an, was heilig war? Was er sagte, war natürlich das Gegenteil ... Es war ein merkwürdiges Schauspiel. »Da gibt es Leute, die ...« leitete er oft seine Bemerkungen ein, und diese Worte gestatteten offensichtlich jede beliebige Fortsetzung.

Wir betraten den Palast, wanderten durch die Säle. Da gab es Räume, deren Wände vom Boden bis zur Decke mit Bücherregalen bedeckt waren. In anderen hingen Bilder, die meistens Troschtschinski und seine Familie darstellten.

Es gab unzählige Räume und Säle und eine solche Menge schöner, wertvoller Dinge, dass eine Beschreibung sechsunddreißig Bücher füllen würde.

In einem der kleineren Räume stand eine Kommode, die, ebenso wie die Porzellanuhr darauf, Marie Antoinette gehört hatte. Vor der Kommode drängten sich die Menschen. Auch Drugojew, natürlich.

Plötzlich stand Marie Antoinettes Uhr nicht mehr an ihrem Platz. Drugojew hielt sie in der Hand. »Geheimgesellschaften, leider, so ist es«, sagte er, offenbar in einer längeren Darlegung begriffen. »Die Verschwörer sind überall«, fuhr er mit gesenkter Stimme fort. Er blickte sich um. »Ich wage ohne weiteres zu behaupten, dass hier in Kibinzy, sogar in diesem Raum, Menschen mit zumindest starken Neigungen für die Sache der Verschwörer sind. Meine Herrschaften, es steht schlimm um unser geliebtes Vaterland!«

Ich erschauerte.

»Es gibt Leute«, fuhr Drugojew fort, »die wie die französischen Revolutionäre das Recht des absoluten Kaisers in Frage stellen, sein Land zu regieren! Die Geheimgesellschaften haben fertige Pläne für einen Aufstand. Es gibt Geheimdokumente, die gefährliche Worte von so unerhörter Aussagekraft enthalten, dass ...«

Drugojew schwieg. So etwas hatte ich noch nie gehört! Drugojew sprach kaum hörbar weiter. »Von unerhörter Aussagekraft, obwohl die Buchstaben nicht größer sind als Fliegendreck. Die Geheimdokumente sind so klein, dass man sie ohne weiteres überall verstecken könnte ... zum Beispiel in der hier –« Drugojew wog die kleine Uhr in der Hand, die Marie Antoinette gehört hatte.

Wer war Drugojew? Und was verband ihn mit Troschtschinski? Als ehemaliger Justizminister hatte Troschtschinski gute Verbindungen zur Polizei des Zaren. War Drugojew ein Spion? Worin bestand seine Aufgabe? Darin, zusammen mit Troschtschinski eine Verschwörung zu entlarven? Oder war Drugojew selbst ein Verschwörer, Mitglied einer Geheimgesellschaft? Oder sowohl als auch, ein Spion und ein Verschwörer? Es hätte mich nicht gewundert. Es war etwas Doppeldeutiges an ihm, das bis in seine Augen reichte. Das eine hatte immer einen ganz anderen Ausdruck als das andere!

Drugojew hielt die Uhr höher. Es war still, nur das leise Ticken der Uhr war zu hören. Was hatte er vor?

»Gottes Wille geschehe!«, ertönte eine Stimme.

Drugojew schaute sich um, wandte sich an mich. »Wenn ich die Uhr auf den Boden werfe, ist das Gottes Wille?«

Ich blickte auf die Uhr und hielt den Atem an.

»Schluß mit diesen Dummheiten!«

Drugojew schien nichts zu hören. »Es gibt Leute, die der Meinung sind, unser hochgeehrter Zar müsse umgebracht werden!«

»Und was meinen Sie?«, Vater sah Drugojew scharf an.

»Ich?« Drugojew zögerte die Antwort hinaus. Er hob den Arm noch höher. Die Spannung stieg. Würde er die Uhr fallen lassen?

Plötzlich stand die Uhr wieder auf der Kommode. Drugojew verbeugte sich. »Ich denke natürlich wie alle rechtschaffenen Menschen, ganz wie Sie selbst!«

Der Herr von Kibinzy, unser Verwandter und Wohltäter, der ehemalige Justizminister Dmitri Troschtschinski nickte freundlich jedem zu, der vorbeidefilierte, um ihn zu grüßen und ihm seine Achtung zu erweisen. Er trug eine stattliche Uniform mit dem Schulterband des St. Andreas-Ordens, war aber nicht so groß, wie ich ihn mir vorgestellt hatte. Dafür war er erheblich dicker.

Alle verbeugten sich tief vor ihm. Am tiefsten von allen verbeugte sich Drugojew.

»Ah, da haben wir unseren Shakespeare!«, tönte Troschtschinski, als er Vater begrüßte. Und »Richtige kleine Kosaken!« sagte er zu Iwan und mir. »Ihr könnt doch reiten, Jungen? Die Kosakentänze tanzen? Das Ukrainerlied singen?«

Ich öffnete den Mund, um zu antworten, aber Troschtschinski erwartete keine Antwort. Er nickte schon dem nächsten Gast zu.

Als die Begrüßungszeremonie vorüber war, hielt Troschtschinski eine Rede. Er sprach von der Geschichte

Kibinzys, kam von dieser auf die Geschichte der Ukraine und dann auf diejenige Russlands, und von dieser kam er, Gott weiß wie, darauf, dass alle Streitigkeiten des Tages klein und unbedeutend seien gegenüber der universalen Harmonie und …

Vater nickte eifrig. Mutter ebenfalls, und alle anderen auch. Am eifrigsten nickte Drugojew. Ich betrachtete Troschtschinski. Seine Wangen füllten und leerten sich mit den Worten.

»Willkommen also! Und nehmt bitte Platz!«

Die Mittagstische waren mit gutem, mit reichlich Essen bedeckt – und das gerade zur rechten Zeit, denn hier und dort war ein ungeduldiges Magenknurren zu hören. Leckeres Essen, sehr leckeres Essen, eine so unerhörte Menge Leckereien, dass den Leuten das Wasser aus dem Munde und über Lippen und Kinn lief. Und dazu gab es die feinsten Weine und Champagnersorten. Und fünf Sorten Wodka.

Die Wangen färbten sich rot, die Stimmung stieg. Bald befand sich die ganze Gesellschaft in jenem Zustand äußerster Seligkeit, jener aufgeräumten Form von Glück, die ein Russe angesichts eines Mittagstisches empfindet, der sich unter lauter Leckereien biegt.

Das Glück sucht sich seinen Ausdruck gern im Gelächter, jener Form von Lachen, bei der man sich in einem Haus voller Tiere glaubt, einem glucksenden, gackernden, miauenden, bellenden und wiehernden Lachen. Wer lachte am lautesten? Natürlich Drugojew.

Ich sah Vater an. Er lächelte angestrengt. Vielleicht war er nervös wegen der Theatervorstellung.

Vor dem Teich ist die Bühne aufgebaut. Aller Augen sind auf sie gerichtet, auf Vater, der jetzt aus den Kulissen tritt.

Vater ist der Sohn eines schwachsinnigen Mannes. Dieser braucht nicht zu spielen, es ist offenkundig, dass er ein wirklicher Irrer ist. Der Schwachsinnige ist ein stummer, älterer Mann mit schütterem, gelblich bleichem Bart. Er starrt stumpf vor sich hin. Das ist seine Rolle, stumm an einem Tisch zu sitzen und mit leerem, totem Blick vor sich hin zu starren. Vater, im Stück also der Sohn, spielt für ihn, spricht zu ihm, gestikuliert und schneidet Grimassen. Das Publikum lacht. Bald braucht Vater den Schwachsinnigen nur noch anzuschauen, und das Publikum brüllt vor Lachen.

Dieses kurze Lustspiel war das erste Theaterstück, das ich in meinem Leben sah. Es fiel mir schwer, seinen Zusammenhang zu begreifen. Der Sohn, der in irgendeiner Behörde beschäftigt war, musste für seinen armen Vater sorgen, der früh Witwer geworden und dann aus enttäuschter Liebe verrückt geworden war. Ein kostbarer Säbel, der bei der Angelegenheit eine schicksalhafte Rolle gespielt hatte, war offenbar verkauft worden, denn der Sohn war ständig bemüht, ihn zurückzukaufen. Schließlich hatte er die Summe zusammen und konnte den Säbel zurückkaufen. Aber er verlor ihn wieder, ließ ihn auf irgendeine seltsame Weise ins Wasser fallen.

Das Publikum amüsierte sich sehr. Ich konnte nicht recht erkennen, was an dem Stück so lustig war, und mir gefiel es nicht, dass alle über den Schwachsinnigen lachten. Noch weniger gefiel mir, dass sie über Vater lachten.

Dann wurde der Sohn aus einem Anlass, den ich nicht verstand, auf den Vater böse. Er ließ Siegellack auf den Tisch tropfen und drückte den schütteren Bart des Vaters fest in den roten Lack.

Das Publikum brüllte vor Lachen, als der Schwachsinnige vergeblich versuchte, sich loszureißen. Mutter lachte, Iwan lachte, Vater vergaß für einen Augenblick seine Rolle und lachte ebenfalls. Sogar der Schwachsinnige begann zu lachen, riss an seinem Bart, stampfte auf den Boden und lachte.

Ich lachte nicht, und Drugojew auch nicht, obwohl er so tat. Er stand auf und schlich fort.

Plötzlich stand er auf der Bühne. In der Hand hielt er den nassen Säbel. Er richtete ihn auf das Publikum. »Was gibt es zu lachen«, schrie er. »Dass der Sohn Hand an den Vater legt? Ist das so lustig? Dass er den Säbel zurückkauft? Ist das etwa komisch?«

Die Zuschauer waren verwirrt. Gehörte diese Gestalt zu dem Stück? Alle sahen Troschtschinski fragend an. Er beachtete die Blicke nicht.

Drugojew hat Recht, dachte ich. Da gibt es nichts zu lachen.

»Lacht ihr, weil er seinen Säbel verliert? Ist das so lustig?«

Jetzt erhob sich ein Mann im Publikum. »Hören Sie, guter Mann!«, rief er. »Wir sind hier, um Spaß zu haben, und was uns Spaß macht, geht Sie nichts an!«

»Vielleicht, dass der Bart des Vaters am Tisch klebt?«

»Es ist nur ein Schauspiel!«, war eine andere Stimme im Publikum zu hören.

Drugojew lächelte zufrieden. Es war, als habe er auf genau diesen Einwurf gewartet. »Und deshalb darf man also ohne weiteres unseren hochgeehrten Zaren verhöhnen? Einfach so?«

Ein verwirrtes Schweigen entstand.

»Seht her«, rief Drugojew und wies mit dem Säbel auf Vater. »Seht, wie er dem Zaren ähnelt! Sogar die Grübchen hat er im Gesicht!«

Alle richteten den Blick auf Vaters glatt rasierte Wangen. Sie starrten auf seine stumpfe, kurze Nase und die schmalen Lippen, die sich jetzt zu einem angestrengten Lächeln verzogen.

Nun ja, es gab Ähnlichkeiten, aber …

»Seht den Vater an!«, rief Drugojew.

Alle fassten den Schwachsinnigen ins Auge. Er hatte

keinerlei Ähnlichkeit mit Zar Alexander. Ich schielte Iwan von der Seite an. Früher hatte ich gemeint, er sehe so ähnlich aus wie der Zar. Das tat er nicht mehr.

»Und nun seht euch wieder den Sohn an!«

Drugojew dirigierte die Blicke des Publikums mit dem Säbel. Jetzt geschah etwas Merkwürdiges. Als sich die Blicke von dem schwachsinnigen Vater abwendeten und wieder auf dem Sohn, auf meinem Vater ruhten, war es, als sähe man Zar Alexander persönlich! Vaters Gesicht spiegelte die beinahe unterwürfige Sanftmut des Zaren wider, diese wehmütige, milde Unschuld.

Die Zuschauer sogen hörbar den Atem ein. Etwas beängstigend Unerklärliches geschah vor unseren Augen. Und als Vater die Stirn in eine strenge Falte legte, hörte man Ausrufe des Erschreckens.

»Hör zu, du Schelm!«, schrie Drugojew plötzlich Vater an. »Was bildest du dir ein? Weißt du nicht, was mit Leuten geschieht, die ehrenhaften Menschen etwas vormachen wollen?«

Vater und der Schwachsinnige zuckten zusammen, Vater so heftig, dass er fast gestürzt wäre. Die unheimliche Stimmung ließ nach, vereinzelt war Lachen zu hören.

Drugojew wandte sich ans Publikum. »Soll dieser Possenreißer etwa der Zar sein? Gibt es irgendeine Ähnlichkeit? Seht ihn euch an! Seht euch alle beide genau an!«

Wir schauten hin. Es gab nicht die geringste Ähnlichkeit. Und doch hatten wir nur einen Augenblick zuvor den Zaren gesehen!

Mit bedeutungsvoller Miene hielt Drugojew Vater den Säbel hin. »Wenn du ihn tötest, wirst du Zar werden!«

Doch ehe Vater reagieren konnte, hob Drugojew den Säbel, nahm Maß und schlug Vater den Kopf ab! Troschtschinski griff sich an den Hals. Die Zuschauer schrien auf. Nein, es war nicht Vaters Kopf, den Drugojew mit einem blitzschnellen Streich abgetrennt hatte, sondern der Bart des Schwachsinnigen.

Drugojew verbeugte sich. Nach einigen Sekunden der Verwirrung brach Jubel aus. Der Beifall rauschte. Die Zuschauer lachten und schrien aufgeregt.

Drugojew verbeugte sich noch einmal. Der Schwachsinnige beobachtete ihn. Dann verbeugte auch er sich. Schließlich machte Vater ebenfalls eine Verbeugung. Sie verließen die Bühne.

Die Zuschauer standen von ihren Plätzen auf und zerstreuten sich, lautstark kommentierend, was sie soeben angeschaut, aber nicht verstanden hatten.

Ich blieb und sah mich um, dann ging ich auf die Bühne und näherte mich dem Tisch. Der Lack mit dem abgetrennten Teil des Bartes sah wie ein erstarrtes rotes Feuer mit dünnen, bleichgelben Flammen aus. Vorsichtig berührte ich ihn.

Hastig drehte ich mich um. Erschrocken bemerkte ich, dass der Schwachsinnige mich beobachtete. Sein Blick war verwandelt. Ich schaute nicht in die toten Augen eines Schwachsinnigen, sondern begegnete dem Blick eines traurigen, eines lebendigen Menschen, erfüllt von heftiger Sehnsucht nach Leben, nach mehr Leben.

Lange danach erfuhr ich, dass der Schwachsinnige die Narrenmaske angelegt und in der Gestalt des heiligen Narren in die Welt hinausgezogen war.

»Möge Gott den Einfältigen Worte der Weisheit in den Mund legen«, sagte Mutter.

»Er konnte ja nicht sprechen«, sagte ich. »Er war stumm.«

»Woher weißt du das?«, fragte Mutter.

Es war Abend. Der Himmel war dunkelgrau, das Laub der Bäume schwarz. Aber in einigen Bäumen hingen Laternen und tauchten alles, was in der Nähe war, in Licht. Auch die Statue Troschtschinskis wurde angestrahlt, und im Lichtkreis davor stand Drugojew.

»Jeder hat Peter den Großen gesehen, nicht wahr, die Bronzestatue auf dem Senatsplatz in St. Petersburg? Bäumt sich das Pferd vor dem Abgrund auf, oder will es gerade springen? Klar ist, dass es vornüber fallen würde, wenn nicht das Hinterteil aus massiver Bronze und das Vorderteil hohl wäre.«

Drugojew musterte die Zuschauer. »Es gibt Leute, die sagen, in der Bronzestatue seien geheime Dokumente versteckt worden, von dem Schmied, der sie gegossen hat. Er sei zauberkundig gewesen, wie alle Schmiede es sind, und ... Gut! Die Worte des Dokuments sind mit einer solchen Kraft zur Veränderung aufgeladen, dass ... Aber erst, wenn die rechte Zeit gekommen ist!«

Ich hörte zu und beobachtete Drugojew aufmerksam.

»Ich habe persönlich, höchstpersönlich die Statue untersucht, ohne ein Loch zu finden. Aber, meine Herrschaften, was bedeutet das? Vielleicht nur, dass ...«

Scheinbar unbekümmert plapperte Drugojew drauflos. Aber die Worte waren nicht seine Worte, und sie genügten seinen Absichten nicht. Wie ein Schauspieler hatte er sich der Worte zu bedienen, die ihm zur Verfügung gestellt waren, Worte, die er geliehen hatte, die er nicht verändern konnte. Aber er kämpfte erbittert darum.

Drugojew konnte nicht gewinnen, aber vielleicht gab ihm der Kampf die Möglichkeit, zu existieren.

Es war ein völlig aussichtsloser Kampf, die Worte anderer zu seinen eigenen zu machen. Er hätte Worte gebraucht, die es in einem anderen Reich gab. Solche Worte sind nicht für jedermann bestimmt, und sie sind nicht für irgendetwas da. Aber sie hätten zu Drugojew kommen müssen, denn sein verzweifelter Wunsch war deutlich genug: eine Vereinbarung zu erreichen, dass das Leben mit Hilfe des Erzählens ernst genommen wurde.

Als ich Drugojew zuhörte, erwachte in mir wieder der heftige Wunsch, die Welt mit Worten zu regieren.

»Vielleicht nur, dass ...« Drugojew schwieg, plötzlich wandte er sich an mich. »Was willst du?«, fragte er. »Antworte, was willst du von mir!«

Alle sahen mich an.

»Nichts«, stieß ich schließlich hervor.

Drugojew zog mich zur Seite. »Du weißt, wer ich bin?«

»Pawel Iwanowitsch Drugojew«, sagte ich.

Er lachte. »Und wie heißt du?«

»Nikolai«, antwortete ich, im Glauben, er habe mich nicht wiedererkannt. Aber das hatte er.

»Hör zu, Nikolai, du bist doch mit Troschtschinski verwandt, sag mir, was für ein Mensch er ist.«

»Er ist unser Wohltäter, er ist ein guter Mensch«, antwortete ich.

»Ja, ja«, sagte Drugojew ärgerlich. »Er ist gut. Aber ich habe gefragt, was für ein Mensch er ist.«

Ich schwieg. In der Ferne sah ich Mutter und Vater und Iwan kommen. Auch Drugojew bemerkte sie.

»Dein Vater ist ein sehr tüchtiger Schauspieler«, sagte er. »Er weiß, was es heißt, ein anderer zu sein ... Hör zu, Junge, ich will dir etwas verraten. Der Narr, den du in dem Stück gesehen hast, ist blind.«

»Aber wie ...«

»Genau, und was gibst du mir dafür? Einen Tritt in den Hintern? Erst mal eine ordentliche Medaille, ja!«

Drugojew trat einige Schritte zurück. »Vielleicht sehen wir uns in Petersburg«, sagte er und verbeugte sich vor Mutter und Vater. »Gott segne den Zaren!«

Im nächsten Augenblick war er verschwunden, als hätte ihn die Dunkelheit verschluckt.

»Wo ist er hin?«, fragte Mutter. »Was wollte er?«

»Ich weiß nicht«, antwortete ich. »Er hat gefragt, was ich von ihm will.«

Mutter war ausser sich. Drugojew sei ein Bösewicht, ein schlechter Mensch, vielleicht etwas noch Schlimmeres! Sie weigerte sich, über Nacht in Kibinzy zu bleiben.

Es wurde beschlossen, nach Hause zu fahren, sobald wir uns von Troschtschinski verabschiedet hatten.

»Zu dumm, dass ihr fahren müsst«, sagte Troschtschinski. »Zu dumm.«

Vater verbeugte sich tief.

»Eine glänzende Vorstellung, lieber Wassili Afanasjewitsch. Fabelhaft, wie Sie das machen!«

Wir waren wieder unterwegs. Die grauen Wolken waren davongezogen, die Sterne leuchteten. Aber es war ein anderes Licht als am Tag, die Landschaft war eine andere.

»War das wirklich der Teufel?«, flüsterte Iwan.

»Wer sonst?«, sagte Mutter.

Ihre Stimme klang durchaus nicht sicher.

Mutter fragte Vater, ob er gewusst habe, dass Drugojew auf der Bühne auftauchen würde. »Nein«, sagte Vater. »Aber ich vermute, Troschtschinski hat es gewusst ... Aber am Ende ist es doch gut gelungen?«

Mutter antwortete nicht. War Vater nun zu bedauern oder nicht?

Ich glaubte nicht, dass Drugojew im Auftrag Troschtschinskis gehandelt hatte. Ich war auch sicher, dass er nicht der Teufel war oder in seinem Dienst stand. Im Gegenteil, er stand im Dienst des Guten. Er konnte nicht selbst gewinnen, doch er gab anderen die Möglichkeit dazu. Und das war Drugojew bewußt gewesen.

Wir schwiegen lange. Was habe ich von Drugojew gewollt?, überlegte ich.

Die Kalesche jagte durch die ukrainische Nacht. Mutter und Vater sprachen nun ruhig miteinander. Ich saß neben Iwan, betrachtete Mutter und Vater, lauschte ihren leisen Stimmen. Wir vier waren eingeschlossen in eine behagliche warme Höhle. Ich lehnte mich an Iwan.

So wollte ich sitzen, wollte Iwans weiche Wange an meiner spüren. Lange. Diese Reise würde nicht zu Ende sein, wenn wir in Wassiljewka ankamen, denn eine neue würde folgen, und noch eine, und noch eine … Ich konnte nicht wissen, dass Iwan ein paar Jahre später tot sein würde.

Die Kalesche fährt durch die Nacht. Über uns, am schwarzen Himmel, leuchten die Sterne, Reste des Eichenlaubs, das ich einmal zerrieben hatte. Der Himmel ist unendlich. Die Nacht ist unendlich. Die Reise hat kein Ende.

Die Welt als ein Auge und Lächeln

Einmal sah ich das böse Auge.

Im Fenster des Mägdezimmers brannte ein Licht. Es war spät am Abend, ich näherte mich draußen aus dem Dunkeln.

Ich kroch an der Wand entlang zum Fenster. Langsam richtete ich mich auf, schaute hinein. Auf dem Bett wälzte sich ein Ungeheuer, das zur Hälfte glatt und fein und zur anderen Hälfte haarig und dunkel war.

Eine behaarte Hand näherte sich dem Licht. Plötzlich starrte ich in ein blutunterlaufenes, grässlich lebendiges Auge. Das Licht wurde gelöscht. Das Auge starrte mich weiter an. Jetzt war es weit geöffnet, erschrocken; es war mein eigenes Auge, das sich in der Scheibe spiegelte. Ich ging ins Haus. Dort war niemand. Ich öffnete die Tür zu meinem Zimmer. Auf meinem Bett saß Mutter mit gefalteten Händen. Ich sah zu Iwan hinüber. Er schlief. Mutter und ich blickten uns an. »Es hat vorhin so ausgesehen, als ob Iwan nicht atmet«, sagte ich. »Niemand war zu Hause. Ich bin hinausgelaufen und habe gesucht.«

»Wir haben geschlafen«, antwortete Mutter. »Deshalb hast du uns nicht gesehen.«

Ich verschwieg, was mir plötzlich klar wurde. Mutter

und Vater hatten mich gesehen, als ich zum Feuer gelaufen war. Sie hatten mich beobachtet, als ich nach der Erzählung zurückkehrte.

Mutter ging mit mir ans Fenster, und wir schauten hinaus in den schwarzen Weltraum.

Alles dies geschah, als ich sehr klein war.

Ich sitze neben Mutter auf der Veranda. Der Wagen ist vorgefahren, die Diener stehen bereit. Mutter lächelt mich matt an.

Ich will nicht fort, aber ich sage nichts. Mutter seufzt. »Es ist sicher am besten so, Nikolai. Es ist Gottes Wille.«

Alles geschieht nach Gottes Willen, und alles hat einen Sinn. Was aber hatte es für einen Sinn, dass Iwan gestorben und ich übrig geblieben war? Dass ich eine Aufgabe im Leben hatte? Hatte Iwan keine gehabt? Eines Tages sagte Vater zu Mutter: »Ich wünschte, ich könnte Iwans Platz einnehmen.« Man konnte hören, dass er es nicht meinte.

Nichts kann Iwan wieder aufwecken. Tränen ändern nichts, magische Beschwörungen nützen nichts. Wie eindringlich meine Gebete auch waren, sie richteten nichts aus. Ich hatte ein starkes Schuldgefühl und wartete auf die Strafe. Oft wünschte ich, ich wäre tot. Dann wäre ich nicht mehr auf der Welt. Nikolai ist tot, er liegt neben seinem Bruder im Grab …

Ich bin elf Jahre alt. Iwan ist seit einem knappen Jahr tot. Ich schaue in den Garten, wo meine Wege in die Welt begonnen haben. Mehr und mehr hat sich die Welt erweitert, ich bin aus Wassiljewka herausgekommen, bin ein Jahr in Poltava zur Schule gegangen. Aber das war zusammen mit Iwan.

Einmal hatte ich Iwan vorgeschlagen, dass wir versuchen sollten, unseren Tod zu verstecken, wie der Unsterbliche. Er antwortete, dass wir ihm dazu erst begegnen müssten.

Vater und Mutter schicken mich in die Schule nach Neschin, damit ich über meine Trauer hinwegkomme. Sie sagen, ich müsse wieder anfangen zu leben. Wird meine Schuld in Neschin geringer werden?

Vater spricht feierlich mit mir. Er spricht davon, wie man in der Welt leben soll, und er nimmt mir das Gelöbnis ab, mich immer an die Wahrheit zu halten und im übrigen ein guter Christ zu sein. »Und nun geht's in die Welt hinaus, Nikolai!«

Anders als der Junge im Märchen verlasse ich mein Heim nicht freiwillig. Ich soll in Neschin zur Schule gehen, um zu vergessen, das ist meine Aufgabe!

Es ist unmöglich. Ich bin ein Verdammter. Vater bestätigt es, ohne sich dessen bewusst zu sein. Seine Segnungen sind wie eine Verwünschung. Mutter weint, sie küsst mich heftig. Ich weine, meine Schwestern weinen, auch die Diener weinen.

Ich klettere in den Wagen. Fedka treibt die Pferde an. Wir fahren.

Aus dem Beutel, den Mutter mir mitgegeben hat, nehme ich ein Bonbon. Ich drehe mich nicht um. Ich schaue hinaus, sehe eine Schar Bauern übers Feld gehen. Vorweg werden die Ikonen getragen, zum Schutz gegen die Dürre. Es sieht aus, als schwebten sie frei durch die Luft. Ich bekreuzige mich.

Ich falte die Hände.

Gott, gib uns eine gute Ernte
Gott, gib uns eine gute Ernte
Gott, gib uns eine gute Ernte.

Wassiljewka war ein geheimnisvoll schimmernder Traum, erfüllt von Leben, Neschin war banale, triste Wirklichkeit. Die Schule in Neschin hatte einen guten Ruf, die Lehrer hatten einen guten Ruf. Sie sprachen viel von Wahrheit,

Gerechtigkeit und von hohen Idealen, aber dabei heuchelten sie und logen.

Ich fühlte mich von Anfang an unwohl. War bei Lehrern und Schülern unbeliebt. Meistens ließ man mich in Ruhe, doch es kam vor, dass jemand mir heimlich einen Stoß versetzte. War ein Lehrer in der Nähe, schrie ich. Ich genoss es, den Lehrer ratlos zu sehen. Der Ordnung halber war er gezwungen einzugreifen, aber da er mir nicht gewogen war, hätte er es lieber gelassen. Manchmal tat er, als höre er es nicht. Dann schrie ich noch einmal, auf dass der Gerechtigkeit Genüge getan werde.

Eines Tages bekam ich einen Brief, den ich nicht öffnete. Ich sagte zu meinen Klassenkameraden, dass ich ihn nicht zu öffnen brauche, da ich die Handschrift wieder erkenne und wisse, von wem er sei. »Du weißt doch nicht, was drin steht«, sagten sie. »Doch«, erwiderte ich.

Sie fanden mich seltsam. Sie mochten mich nicht. Ich verstand sie: Ich war klein und ängstlich, hässlich, böse und seltsam. Sie nannten mich »mystischer Zwerg«.

Eines Tages würde ich es ihnen zeigen! Eines Tages würde ich berühmt werden! Der mystische Zwerg berühmt? Ja, genau, der berühmte Nikolai Wassiljewitsch Gogol!

Auf Dauer war es schwer, für die Mitmenschen nur Einsamkeit und Verachtung zu empfinden. Aber wenn ich die Nähe anderer suchte, schwoll meine Zunge an und wurde ganz steif. Meine Augen füllten sich mit Tränen, ich wurde rot und rannte weg. Sie lachten hinter mir her.

Ich war oft krank. Morgens sah ich die Eiterflecken auf dem Laken, das tuberkulöse Gift, das Iwan wahrscheinlich getötet hatte.

Das Jahr in Neschin war nichts als ein langes Warten. Ich zählte die Minuten bis zum Ende der Unterrichtsstunden, zählte die Tage, Wochen und Monate bis zu den Ferien. Aber zu Hause angekommen, zählte ich wieder, rechnete die Zeit bis zur Abreise aus. Nur auf der Heimreise und an den allerersten Tagen auf Wassiljewka war ich fähig, mich zu freuen.

Sieben Jahre sollte meine Schulzeit dauern. Vor mir lag eine unendliche Zahl von Tagen, ich würde erst 1828 fertig sein. Einmal berechnete ich, wie viele Tage es noch waren, und war entsetzt über die große Zahl.

Eines Tages geschah etwas, das meine Situation teilweise veränderte. Einer meiner Klassenkameraden hieß Alexander Danilewski. Wir waren schon in Poltava in eine Klasse gegangen. Danilewski war ein freundlicher, etwas phantasieloser Junge, der selten jemanden herausforderte.

Ein anderer meiner Klassenkameraden hieß Konstantin Basili. Er kam aus Griechenland, seine Familie war vor den Türken geflohen.

Zufällig schlenderte ich zusammen mit Danilewski über den Schulhof. Plötzlich begann ich wie Basili zu reden, ahmte seinen Akzent nach. Danilewski lachte wie wahnsinnig. Das machte mich nachdenklich.

Am nächsten Tag fasste ich mir ein Herz und ging zu Basili. Bei ihm ahmte ich Danilewski nach, seine nachdenkliche Sprechweise und seine vorsichtigen Gesten. Basili brüllte vor Lachen.

Durch Zufall hatte ich ein Talent entdeckt, aus dem ich Nutzen ziehen wollte. Die Unterrichtsstunden erschienen nicht mehr völlig sinnlos. Ich studierte systematisch, nicht die Fächer, sondern die Schüler und Lehrer. Nicht, was sie sagten, sondern wie sie es sagten.

Ich bemerkte bald, dass der Schüler, den ich nachahmte, zu lachen oder zumindest zu lächeln versuchte wie die anderen. Aber das Lächeln war falsch, es war eine verzerrte Grimasse. Die Blicke irrten umher, der Schüler hatte Angst. Der mystische Zwerg machte ihm Angst!

Nach wie vor war ich nicht beliebt in Neschin, aber meine Schauspielerei war es, beliebt und gefürchtet. Ein Kamerad unter Kameraden wurde ich nicht, aber ich wurde nicht ausgeschlossen. So verging die Zeit.

Auf dem Marktplatz hatte sich eine Menschenmenge um einen großen, mageren Mann versammelt. Er war barfüßig, sehr schmutzig, hatte langes Haar und einen mächtigen Bart. Eine der Marktfrauen beschimpfte ihn wütend; er hatte ein wenig Brot gestohlen.

Der Mann beachtete sie nicht, er bückte sich und trank, oder tat als trinke er aus einer Wasserpfütze. Die Marktfrau schimpfte, aber jemand forderte sie auf, den Mund zu halten, da der Mann offenbar ein heiliger Narr sei.

Der Narr bespritzte die Marktfrau mit Wasser, spuckte sie an, fluchte, kratzte sich im Schritt. Er wiegte den Körper vor und zurück. »Die alte Schlampe«, sagte er. »Sie hat versucht, Zar Peter zu ermorden. Aber er lebt!«

Der Narr begann, die Füße in einer Art von rhythmischem Tanz zu bewegen. Seine Rede wurde immer wirrer. »Die Welt ist schlecht, die Menschen sind schlecht, die Körper sind des Teufels, ihr seid das Böse der Welt!«

Er schwieg, sah uns an und spuckte aus.

Einige lachten. Die meisten fühlten sich unwohl.

»Ich sage euch, ihr Hurenböcke, wer das Böse der Welt vor Augen hat und stillschweigt, trägt die größte Schuld!«

Er begann wieder zu tanzen. Seine Füße bewegten sich immer schneller, sein durchdringender Blick glitt über die Zuschauer. »Der Erlöser hat mich auserwählt! Ich zeige euch den Weg, ihr Gottlosen, ich werde euch führen! Schaut mich an, den Auserwählten!«

Er blieb stehen und schwieg. Ruhig, als wolle er sich kratzen, führte er die Hand zum Auge, drückte den Finger in die Höhle und riss ein Auge heraus. Er warf es auf die Erde.

Er schrie nicht mehr, schnitt aber heftige Grimassen. Die Zuschauer wichen zurück. Danilewski wandte sich ab und erbrach sich. Ich wollte den Narren nicht ansehen, aber mein Blick wurde unwiderstehlich von dem blicklosen, blutigen Auge angezogen, das auf der lehmigen Erde lag.

Schwankend ging ich fort. Auf der anderen Seite des Platzes blieb ich stehen. Ein junges Mädchen stand vor mir, sie hatte lange, leicht geschwungene Augenbrauen, große, dunkle Augen, und sie sah mich an und lächelte.

Der Schrecken verging. Ihr großes, warmes Lächeln erfüllte mich mit Freude.

Sie musste das Mädchen sein, von dem Iwan erzählt hatte, dachte ich, das Mädchen, das mich in Wassiljewka gesucht hatte.

Ich blieb stehen und sah ihr nach. Sie trug den Kopf erhoben, hatte einen stolzen Gang wie eine Zarentochter. Einmal drehte sie sich um, schaute mich an und lächelte erneut.

Die Wirklichkeit ist schrecklich, aber der Mensch kann sie ertragen. Der Schrecken kann überwunden, das Böse besiegt werden. So groß ist die Erfindungskraft des Menschen. So wunderbar ist die Welt!

Als ich später von dem Lächeln dieses Mädchens erzählte, sahen mich viele skeptisch an. Manche meinten, das Mädchen sei ein Phantasiegeschöpf.

Was soll ich dagegen sagen? Sie war nicht wirklich, wie Mutter wirklich ist. Das bedeutet nicht, dass es sie nicht gab. Sie kam zu mir mit Liebe. Es gab sie, und sie war Teil dieser Welt, mit der allergrößten Berechtigung!

Die Erinnerung an diese Begegnung verdunkelte sich mit der Zeit, füllte sich mit Wehmut. Aber immer, wenn das Mädchen wieder kam, wurde der Glaube an die göttliche Liebe in mir wieder erweckt und die Welt ein großes, warmes, leuchtendes Lächeln.

Es gibt Jahre, die sich durch eine besondere Intensität auszeichnen. In der Geschichte Russlands ist 1825 ein solches Jahr. Es hatte auch für mich große Bedeutung, denn ich erlebte in diesem Jahr Dinge, die mein Leben veränderten.

1825 starb Vater. Gerade sechzehn Jahre alt, war ich nun das männliche Oberhaupt der Familie. Das machte mir Angst, ich dachte, beim nächsten Mal sei ich an der Reihe.

Ich trauerte um Vater, hatte aber Schwierigkeiten, meine Trauer zu zeigen. Ich schämte mich deswegen, schämte mich auch meiner Gedanken. Bei Mutter hatte ich meinen Willen immer durchsetzen können, aber nicht bei Vater. Jetzt brauchte ich mir darüber keine Sorgen mehr zu machen.

Ich dachte an Vaters Nachtigallen. Sie mussten ohne ihn leben und weitersingen. Ich dachte an das Versprechen, das ich Vater gegeben hatte. Sein Tod konnte mich davon nicht entbinden. Ich dachte auch an Vaters Worte, er hätte Iwans Platz einnehmen wollen. So war es nicht, er wünschte, dass ich das Opfer brächte.

Vater starb im April. Im Mai kam ein neuer Lehrer an die Schule. Er hieß Beloussow.

Zum ersten Mal, seit ich in Neschin war, ging ich voller Erwartung in eine Schulstunde. Beloussow war ein ungewöhnlicher Mensch, ein Mann ohne Prestigedenken. Er hörte sogar auf das, was wir Schüler zu sagen hatten.

Ich lernte viel von ihm. Er machte mich zu einem anderen Menschen. Ich, der ich immer über mich selbst nachgegrübelt hatte, begann auch über andere Menschen nachzudenken. Beloussow führte mich in die Welt hinaus. Er erzählte von Ideen, die gelehrte Männer in Deutschland und Frankreich vertraten. Er erzählte von den beiden Anschauungen, die das geistige Leben in St. Petersburg und Moskau beherrschten. Die eine ging vom deutschen Idealismus aus, demzufolge sich der Mensch in einer Welt ständiger Gegensätze und Kämpfe nach innen, der eigenen Seele zuwenden müsse, um Harmonie zu finden. Die Kunst sei ein wichtiges Mittel, mehr Vergeistigung zu erlangen, sie sei »die irdische Schwester der himmlischen Religion«, wie Wassili Schukowski, einer der Poeten der Bewegung, es ausdrückte.

Die andere Denkart verdankte ihre Ideale der Französischen Revolution, den Schriften Voltaires und Rousseaus. Sie befasste sich mit dem Naturrecht, sprach von den Rechten des Individuums gegenüber Kirche und Staat. Sie verurteilte jede Form von Despotie und Sklaverei. Ihr zufolge war die Kunst ein Mittel des politischen und sozialen Kampfes.

Beloussow erzählte auch von den Geheimgesellschaften, von denen schon Drugojew in Kibinzy gesprochen hatte. »Sie sind bereit, das Zarentum mit Gewalt zu stürzen«, sagte er. »Alle wissen von ihnen, auch Zar Alexander, aber niemand scheint etwas tun zu wollen. Oder vielleicht hält niemand sie für eine echte Bedrohung. Aber der Aufstand kann jederzeit ausbrechen. Die Pläne dazu, heißt es, und die neue Verfassung seien längst schriftlich niedergelegt. Alles sei vorbereitet, sie warten nur auf eine passende Gelegenheit.«

Wir hörten Beloussow gespannt zu. Viele fühlten sich von den Idealen der Französischen Revolution und den Geheimgesellschaften und ihren Plänen angezogen.

Aber in Neschin bildeten wir andere Gesellschaften. Wir gründeten eine Theatergruppe und spielten den »Landjunker« von Fonwisin. Basili war der alte, weise Starodum, Danilewski die schöne Heldin und ich die böse Mutter.

Wir riefen eine Literaturgruppe ins Leben und deklamierten aus Schukowskis letzter Gedichtsammlung:

Getrost, mein Freund! Nichts Großes schwindet,
und wisse, du hast treu Geleit,
ein jeder Blick, Gedanke, Seufzer findet
sein Echo in der Ewigkeit.

Mehr als Schukowski liebte ich Puschkin. »Ruslan und Ljudmila«, die »Ode an die Freiheit« und andere Werke von ihm las ich immer wieder.

Wir schrieben selbst kleine Stücke, die wir anschließend kritisierten. Ich lobte und hoffte, selbst gelobt zu werden. Wir gaben Schülerzeitungen heraus, organisierten Diskussionen, Gott weiß, was wir alles taten. 1825 war Neschin wie verwandelt, und das war zum großen Teil Beloussows Verdienst.

Während der ganzen Schulzeit in Neschin hatte ich Schwierigkeiten zu schlafen. Abends lag ich lange wach und dachte darüber nach, was aus mir werden solle. Ich hörte den ruhigen Atemzügen der anderen Jungen zu.

Die Geräusche des Abends und der Nacht waren ganz anders als die des Tages. So auch die Erinnerungen und die fremdartigen Geschichten, die mir in den Sinn kamen:

Nikolai, erinnerst du dich an Wanja, den lieben Kleinen? So wurde er genannt, der gute, vaterlose Junge, der allen Menschen eine große Freude war. Er dachte von allen nur Gutes und erwartete immer, dass die Menschen taten, was sie sagten.

Einmal wurde Wanja, der liebe Kleine, auf ein Fest mitgenommen. Es war Herbst und die Luft war kühl, doch das Fest fand trotzdem im Freien statt. Es gab jemanden, den Wanja gern treffen wollte. »Setz dich hier an den Baum und warte, lieber Kleiner, ich werde ihn holen.«

Der das sagte, vergaß, was er versprochen hatte. Erst ein paar Tage später fand man Wanja, den lieben Kleinen.

Er wartete an dem Baum, wie es ihm gesagt worden war, aber jetzt war er tot.

Ein Lachen vor dem Schlafsaal vermischte sich mit Warwaras schadenfroher Stimme: Der, den der liebe Kleine so gern treffen wollte, das warst du!

Ich lauschte. Draußen sang jemand! Ich stand auf und schaute hinaus. Im Dunkeln erkannte ich einige düstere Gestalten. Das Lied ertönte lauter, es war ein revolutionäres Lied!

Wirkliche Aufrührer würden kaum draußen vor einem Schlafsaal in Neschin stehen und singen. Es mussten Schüler sein. Wer war es? Würden sie entdeckt, dann würde man sie relegieren.

»Erschießt den Zaren!«, rief jemand.

»Die ganze Mörderfamilie!«, ertönte eine andere Stimme.

Das war Danilewski! Der freundliche, vorsichtige Danilewski, der nie jemanden herausforderte. War das möglich? Ich schlich zu Danilewskis Bett. Es war leer.

An diesem Tag hatte Danilewski mich gefragt, ob ich am Abend mit ihm ausgehen wolle. Was wäre geschehen, wenn ich es getan hätte? Was bringt einen Menschen dazu, zu handeln, als sei er ein anderer?

Am nächsten Tag rief der Rektor alle Schüler zusammen. »Die Schuldigen treten vor!«, forderte er.

Niemand rührte sich. Ich schielte zu Danilewski hinüber. Er war bleich und stand reglos und steif da wie alle anderen. Sollte ich sagen, was ich wusste? Ich hatte Vater versprochen, mich immer an die Wahrheit zu halten. Ich log zwar nicht, wenn ich nichts sagte. Aber hielt ich mich dann an die Wahrheit?

Es war schwer zu begreifen, dass Danilewski einer der Schuldigen war. Wenn er es war, konnte es auch jeder andere sein.

Die Zeit verging quälend langsam. Mehr als alles andere fürchtete ich, dass der Rektor uns einzeln vornehmen würde. Er würde vor mir stehen, mächtig wie der Zar, mich fixieren und fragen: »Warst du es?«

»Ja!«, würde ich antworten und unschuldig meine Schuld bekennen.

Wir standen stundenlang da, so kam es mir vor. Bevor wir gehen durften, wurde Schukowskis Zarenhymne angestimmt, Bozje, tsarja, chrani!

Gott schütze den Zaren!
Stark und mächtig
Möge er herrschen
Uns zur Ehre
Den Feinden zur Furcht!
Gott schütze den Zaren!

Die Qual war vorbei, wir sangen befreit. Danilewski sang am lautesten. »Den Feinden zur Furcht! Gott schütze den Zaren!«

Auf Danilewskis tränennassem Gesicht leuchtete ein warmes, unschuldiges Lächeln!

1824 trat die Newa über die Ufer. Zar Alexander war prophezeit worden, dass er ein Jahr nach der Überschwemmung sterben würde. Er starb im November 1825.

Er erkrankte in Taganrog. Die deutschen Ärzte gaben ihm Medizin, verabreichten ihm Klistiere, setzten Blutegel. Nichts half. Priester wurden herbeigerufen. Auch Gebete halfen nicht.

Die vielen Kerzen heizten das Zimmer auf. Der Körper verweste. Das freundliche Gesicht wurde unkenntlich. Bald kam das Gerücht auf: Es sei nicht der Zar, der im Sarg liege, er sei nicht tot. Er habe, als heiliger Narr verkleidet, Taganrog verlassen und wandere jetzt in seinem Reich umher, sehe alles.

Zar Alexanders Nachfolger Konstantin verzichtete auf

den Thron zugunsten seines Bruders Nikolaus. Die Gelegenheit für die Aufrührer war gekommen. Sie erklärten, Konstantin und kein anderer sei der legitime Erbe.

Am vierzehnten Dezember 1825 wollte Nikolaus sich im Senat zum Zaren ausrufen lassen. Am frühen Morgen stellten sich Soldaten der Leibwache des Moskauer Regiments in Schlachtordnung auf dem Senatsplatz auf. Der Aufstand hatte begonnen.

»Ihr versteht«, berichtete Beloussow, »sie hatten geplant, dass sich jetzt andere Regimenter anschlössen. Aber die Zeit verging, und sie schienen nicht einmal bemerkt zu werden! Sie standen still da, abwartend. Warum griffen sie den Winterpalast nicht an?

›Es lebe Konstantin, der legitime Zar!‹, riefen die Soldaten.

›Es lebe Konstantin!‹, wurde aus der Menschenmenge geantwortet, die sich bei der Isaak-Kathedrale versammelt hatte.

Die Stunden vergingen. Es war sehr kalt. Die Soldaten froren. Andere Regimenter erschienen auf dem Senatsplatz. Einige schlossen sich den Aufrührern an, die meisten aber hielten zu Nikolaus. Einige Schüsse wurden in die Luft gefeuert, sonst geschah nichts.

Bei der Isaak-Kathedrale hatten sich inzwischen Tausende von Menschen versammelt. Bauern und Bedienstete und Handwerker und Bürger. Einige waren mit Messern und Äxten bewaffnet, andere mit Knüppeln und Eispickeln. ›Es lebe Konstantin!‹ riefen sie.

Plötzlich marschierten mehrere Kompanien der Equipage der Marinegarde auf. Sie schlossen sich den Aufständischen an. Sollte dieser seltsam reglose Aufstand doch noch glücken?

Zehntausende Menschen drängten sich auf dem Platz und in den Straßen ringsum. Sie saßen auf Bäumen, auf Laternenpfählen, kletterten Dachrinnen hoch, auf Baugerüste. Die meisten unterstützten den Aufstand. Die Bauarbeiter an der Isaak-Kathedrale begannen, Bretter und Steine auf die Soldaten zu werfen, die zu Nikolaus hielten. Aber mehr geschah nicht.

Die Kälte nahm zu. Der Tag verging. Alle warteten.

Dann wurden Kanonen herangerollt, und man gab den Befehl, auf die Aufständischen zu feuern. Aber die Soldaten weigerten sich. ›Es lebe Konstantin! Es lebe die Revolution!‹, wurde gerufen.

Dann fielen doch noch Schüsse. Ein Offizier erteilte Feuerbefehl. Sieben Salven, dann war der Senatsplatz leer. Nur die Reiterstatue Peters des Großen stand unbeschädigt da. So, ihr Jungen, endete der Dekabristenaufstand.«

Fünf Anführer wurden gehängt, mehrere hundert Aufständische mit Degradierung, Gefängnis oder Verbannung bestraft. Unter den Dekabristen waren viele hohe Offiziere, die zu den vornehmsten Familien des Hochadels gehörten. Etwas Unerhörtes war geschehen.

»Du sollst nicht lügen.«

Wenn ich sagte, Beloussow habe sich im Unterricht immer an das Buch gehalten, würde er nicht bestraft werden. Sagte ich, er habe es nicht getan, würde er entlassen werden.

Ich war einer der neun, die zum Verhör bestellt worden waren. Wir saßen im Warteraum des Rektors. Zwei Lehrer passten auf, dass wir nicht miteinander sprachen. Ein paar Jahre waren vergangen. Es war 1827, ein Jahr, bevor ich Neschin verließ.

Was sollte ich antworten, wenn der Rektor fragte? Dass ich immer in freudiger Erwartung in Beloussows Stunden gegangen war. Dass ich viel von ihm gelernt hatte. Das war keine Antwort auf die Frage! Wäre Beloussow so gewesen wie die anderen Lehrer, wäre die Antwort leicht gewesen: Er hat sich ans Buch gehalten.

Einer nach dem anderen wurde hineingerufen.

Was ich dem Rektor sagte, würde über Beloussows Schicksal entscheiden. Ich wünschte nichts mehr, als ihn zu entlasten. Aber wenn die anderen acht sagten, Beloussow habe sich nicht ans Buch gehalten, wäre mein Zeugnis bedeutungslos ... So durfte ich nicht denken! Ich musste meine Aussage unabhängig von den anderen machen. Die Verantwortung lag bei mir.

Eine Erinnerung kam mir in den Sinn. Vater hatte mir einmal eine Trillerpfeife geschenkt, die er aus einer Nachtigallenfeder geschnitten hatte. »Wenn du mich brauchst, musst du nur hineinblasen«, sagte er.

Ich war stolz. »Blas hinein!«, sagte Vater. »Blase, damit ich den Ton wiedererkenne.« Ich tat es. »Aha«, sagte Vater. »Jetzt kenne ich's. Aber denk dran, dass du sie nicht unnötig benutzt, sondern nur, wenn du mich wirklich brauchst.«

Vater war tot, und ich konnte ihn nicht herbeirufen. Außerdem lag die Pfeife in meinem Zimmer auf Wassiljewka.

Ich betrachtete das Porträt von Zar Nikolaus. Er hatte kein mildes Gesicht wie Alexander. Sein Blick war streng. Ich dachte an das Versprechen, das ich Vater gegeben hatte: Ich würde ein guter Christ sein und immer die Wahrheit sagen. Vater konnte nicht lebendig werden, aber vielleicht sah er mich. Lügen würde bedeuten, Vater zu verraten. Vielleicht würde eine Lüge zur Folge haben, dass er nicht zurückkommen und sich mir zeigen und damit beweisen konnte, dass er auch nach dem Tod bei mir war.

Es war kalt im Warteraum. Trotzdem schwitzte ich. Bald würde ich als letzter übrig sein. Wäre Beloussow in meiner Situation gewesen, ihm wäre eine Lösung eingefallen. Wo war er? Ich hatte ihn den ganzen Tag nicht gesehen.

Ich dachte an all die Gespräche, die Beloussow und ich

geführt hatten. Er nahm gern einen Schüler auf seine Spaziergänge mit, und oft war ich der Auserwählte. Manchmal plauderte er über alltägliche Dinge. Dann wieder sprach er über Literatur. Oder über Moral. Vor wenigen Wochen erst hatte er erzählt, dass sein Bruder am Dekabristenaufstand teilgenommen hatte. »Er schrieb mir nach dem Aufstand«, sagte Beloussow. »Ich besuchte ihn in der Peter-Pauls-Festung, bevor er verbannt wurde. Unglaublich! Mein weicher, phlegmatischer Bruder hatte einer geheimen revolutionären Vereinigung angehört!«

Beloussow schwieg eine Weile; auch ich sagte nichts. »Mein Bruder«, fuhr er dann fort, »erzählte mir, er habe gewusst, dass der Aufstand fehlschlagen werde. Er sagte auch, sie hätten Konstantin gar nicht als Zar haben wollen. Es sei nur ein Vorwand gewesen, um so viele wie möglich hinter sich zu bringen. Sie wollten die Republik einführen, das Zarentum stürzen, den Zar töten. Dafür war mein Bruder bereit zu sterben …«

Ich sah Beloussow von der Seite an. Sein Blick verlor sich in weiter Ferne. Ich hatte nie bezweifelt, was er sagte, aber jetzt kam mir plötzlich der Gedanke: Beloussow lügt, er hat keinen Bruder!

Vielleicht log er nicht direkt, vielleicht träumte er davon, einen Bruder zu haben. Vielleicht hatte er einen Bruder gehabt, der aber schon lange tot war. Er hätte gewiss keiner geheimen revolutionären Vereinigung angehört und noch weniger an dem Aufstand teilgenommen. Aber wie gern wäre Beloussow selbst dabei gewesen! Was reizte ihn daran?

Außer den beiden Lehrern war nur noch ich im Wartezimmer. Hatten die anderen Lehrer nicht gelogen? Alle logen, Beloussow aber wurde mit Entlassung gedroht. War es nicht meine Pflicht, das zu verhindern? Bezog Gott nicht die guten Absichten des Menschen in seine Rechnung ein?

Doch, aber er hatte das Gesetz nicht gestiftet, damit die Menschen es brachen.

Was ich auch sagte, einen würde ich verraten.

»Nikolai Gogol!«

Der Rektor saß an seinem Schreibtisch. Vor ihm auf einer braunen Schreibunterlage ruhten seine gefalteten Hände. Hinter ihm standen zwei Bücherregale, links und rechts neben einer halb geöffneten Tür. Der Rektor gab mir das Zeichen, näher zu treten. »Was gegen Magister Beloussow vorgebracht wird, ist dir bekannt. Was hast du zu sagen?«

Was sollte ich ihm antworten? Ich schwieg.

»Antworte!«, sagte der Rektor in schärferem Ton. »Antworte!«

Wie immer, wenn jemand mich streng ansprach, hatte ich das Gefühl, selbst der Angeklagte zu sein. Nicht nur der Angeklagte, sondern auch schuldig, irgendwie immer schuldig.

»Magister Beloussow hat sich ans Buch gehalten«, sagte ich.

»Überlege, was du sagst!« Der Rektor sah mich scharf an.

»Er ist nie davon abgewichen.«

»Du lügst!«, sagte der Rektor.

Ich wich seinem Blick aus. »Ich lüge nicht!«

Er schüttelte den Kopf. Mit einer ungeduldigen Geste schickte er mich hinaus. »Für deine Lüge wirst du bestraft werden«, sagte er.

Ich suchte überall nach Beloussow, fand ihn aber erst am Abend. Wir gingen die Landstraße entlang. Ich erzählte ihm, was ich gesagt hatte. Er dankte mir. Schweigend gingen wir weiter.

»Ich muss dir etwas sagen, Nikolai«, sagte er nach einer langen Weile. »Ich habe gehört, was du gesagt hast. Ich habe auch gehört, was die anderen sagten. Ich hatte die Anweisung, da zu sein, im Hinterzimmer, ohne dass man mich sehen konnte. Leider konnte ich nichts tun, um dich zurückzuhalten.«

Beloussow hatte alles gehört!

»Ich musste ein Geständnis ablegen«, fuhr Beloussow fort. »Deinetwegen hätte ich gern geleugnet, aber das hätte nichts genützt ... Nikolai, du hättest meinetwegen nicht lügen sollen.«

»Ich habe nicht gelogen.«

»Du brauchst dich mir gegenüber nicht zu verteidigen.«

»Ich habe nicht gelogen!«

Beloussow blieb stehen. Er sah mich an. »Ich weiß nicht, ob ich dich richtig verstehe«, sagte er. »Weißt du selbst, was du meinst?«

»Was ich weiß, ist, dass alle mich seltsam finden«, sagte ich. »Aber ich bin nicht seltsam, die Welt ist es.«

Beloussow stand ernst vor mir, er sah mich lange an. Dann lächelte er ein warmes, helles Lächeln. Er küsste mich heftig.

»Ich liebe dich«, sagte er.

Seltsamerweise blieb Beloussow an der Schule, solange ich dort war. Er wurde erst später entlassen und zur Verbannung verurteilt. Ich habe ihn nie wieder gesehen.

Im Juni 1828 bestand ich das Abschlussexamen. Mein Abgangszeugnis war schlecht, aber ich war glücklich. Meine Verbannung hatte ein Ende, ich verließ Neschin.

Später wurde mir erzählt, ein einäugiger, barfüßiger Mann sei eines Tages auf den Marktplatz von Neschin gekommen. Er habe behauptet, der tote Zar Alexander zu sein, habe das Land verflucht, in dem er umherwanderte, und die Menschen, denen er begegnet war. Er habe lange gesprochen, am Ende aber sei er auf die Knie gefallen und habe sich das verbliebene Auge ausgerissen. Er habe die

Welt der Menschen nicht mehr sehen wollen. Kennt ihr den Sinn … eures Lebens?, habe er ausgestoßen, mit schmerzverzerrtem Gesicht.

Ich fuhr nach Wassiljewka, wusste aber, dass ich Vaters Nachfolge nicht antreten konnte. Mein Schicksal war ein anderes. Die große Aufgabe, die vor mir lag, war auf einem Landgut in der Ukraine nicht zu vollbringen. In St. Petersburg, dort würde ich etwas Bedeutendes für mein Land ausrichten können.

Ein halbes Jahr später befand ich mich in St. Petersburg. Ich glaubte, ein völlig neues Leben habe begonnen.

Lachen unter Tränen

Das Petersburger Lachen

Es gibt diese Geschichte von einem Schmied. Einem großen und kräftigen Mann, sehr tüchtig in seinem Beruf, und in seiner freien Zeit widmete er sich dem Malen. Er galt als der beste Künstler der ganzen Gegend.

Er war gottesfürchtig und malte oft Ikonen, Sankt Nikolaus, die Mutter Gottes und andere. Sein bestes Werk aber war ein Gemälde vom Jüngsten Gericht, das zeigte, wie Sankt Peter den Bösen aus der Hölle vertreibt, um ihn zu vernichten.

Der Böse aber schwor, sich für diese Darstellung des Schmieds zu rächen.

Der Schmied war in das schönste aller schönen Kosakenmädchen verliebt. »Bring mir die schönsten Stiefel der Zarentochter, dann heiraten wir«, sagte sie.

Der Schmied grübelte und grübelte, wie er das anfangen sollte. In seiner Verzweiflung beschloss er, den Bösen um Hilfe zu bitten.

»Das Kosakenmädchen soll dir gehören, wenn du mir gehörst«, sagte der Böse und rieb sich die Hände. Jetzt bekam er seine Rache. »Wollen wir den Vertrag gleich aufsetzen?«

Der Schmied aber packte den Bösen am Schwanz und

bekreuzigte sich, und der Böse wurde fromm wie ein Lamm.

»Flieg mit mir nach St. Petersburg«, sagte der Schmied. »Zum Palast des Zaren!«

Im Nu waren sie da, und eins, zwei, drei konnte der Schmied mit der Zarentochter sprechen, und eins, zwei, drei bekam er ein Paar ihrer allerschönsten Stiefel!

Nun ging es heimwärts durch die Luft, auf dem Rücken des Bösen. Zu Hause angekommen, verabreichte der Schmied dem Bösen eine ordentliche Tracht Prügel, und dann ließ er ihn laufen.

So machte sich der Schmied den Bösen für die Sache des Guten dienstbar. Und der Schmied heiratete das schönste aller schönen Kosakenmädchen. Und sie bekamen Kinder und lebten glücklich, und alle, die von der Heldentat des Schmieds hörten, lachten herzlich über den Bösen.

Das Bild aber hing da, an der Seitenwand der Kirche, ohne dass der Böse etwas dagegen tun konnte. Er sah so abscheulich darauf aus, dass alle, die vorbeigingen, ausspuckten.

»Das ist Kunst, junger Herr«, sagte Warwara, denn sie war es, die mir die Geschichte damals erzählte, vermutlich um mir zu sagen, dass ein einfacher Schmied tüchtiger sei als ein Kosaken-Edelmann wie ich.

Dazu hatte ich einiges zu sagen.

Dazu und zu manch anderem hatte der zwanzigjährige junge Mann, der gerade in St. Petersburg angekommen war, eine Menge zu sagen!

Sein ganzes Gerede ist mir manchmal richtig zuwider! Was wusste er denn vom Bösen? Was wusste er von der Kunst, oder vom Leben? Nichts! Bin ich ungerecht? Seinerzeit war es ja noch möglich, den Bösen auszulachen.

Vielleicht sah er das Elend. Aber er überzuckerte die eklige Grütze namens Wirklichkeit, versüßte etwas ganz und gar Unglaubliches! Überzuckerte es mit kindlichen

Träumen und jugendlich leichtsinnigen Worten. Und doch war er seiner Sache weniger sicher, als es klang, wenn er drauflos plapperte. Seine Zweifel waren groß, und groß war seine Angst, sehr groß!

Trotz allem aber war es seine Zeit, diese Jahre in St. Petersburg. Also ziehe ich mich zurück und lasse den Zwanzigjährigen sprechen!

Den Zwanzigjährigen? Ich war nicht älter als neunzehn! Neunzehn war ich, als ich zum ersten Mal die Winterluft St. Petersburgs einatmete. Das Resultat war ein prächtiger Schnupfen.

Mit hohem Fieber und triefender Nase lag ich zu Bett, in der Wohnung, die ich zusammen mit Danilewski gemietet hatte. Ja, genau, mit Danilewski, meinem Schulkameraden aus Neschin!

Ich hatte mich aus dem Fenster gelehnt, als wir nach St. Petersburg kamen, hatte gelacht und gejubelt. Den schneidenden Nordwind hatte ich nicht bemerkt. Danilewski hatte drinnen im Wagen gejubelt.

Es war im Dezember 1828. Damals war ich jung, und wie jung! Und die ersten wirklichen Schritte in die Welt waren getan!

»Machen wir einen Spaziergang?«, fragte Danilewski. »Wir könnten nachsehen, ob es ein Bordell gibt.«

»Hör endlich auf mit deinen Bordellen!«

Danilewski machte eine erstaunte Miene. »Ich spreche zum ersten Mal davon.«

Davon sprechen, ja, aber während der gesamten Reise hatte er nichts anderes im Sinn gehabt als von ihnen zu träumen und nach ihnen zu gieren! Ich hatte einen anderen Traum, den, meinem Land zu dienen, die Ungerechtigkeiten der Welt abzuschaffen. Aber wie das anzufangen war, wusste ich nicht.

Wie auch immer, wir wollten St. Petersburg erobern,

darin waren wir uns einig. Aber im Augenblick ging es nicht, denn ich war sehr krank.

Hätte ich ausgehen können, ich hätte, anstatt ins Bordell zu gehen, Schukowski aufgesucht, den Poeten, den Übersetzer, den Schöpfer der Zarenhymne. Oder Puschkin, lieber noch Puschkin. Puschkin, den Mann der Wahrheit, den Liebhaber der Schönheit!

»Du bist doch nicht nach St. Petersburg gekommen, um krank im Bett zu liegen«, sagte Danilewski.

»Aber auch nicht, um ins Bordell zu gehen.«

Danilewski ging aus.

Ich lag im Bett und rieb meine Nase. Es war einsam und langweilig, und es war kalt, furchtbar kalt. Ich sehnte mich nach Hause, nach der warmen, sonnigen Ukraine, nach Wassiljewka.

Die feuchte, schneidende Kälte St. Petersburgs durchdrang alles, drang durch Wände, Decken, Kleidung, drang in den Körper ein, tief in die Seele, und drohte, auch die Seele erkalten zu lassen.

Schließlich stand ich auf, stolperte hinaus, lief umher. Wo war ich?

Ich stehe vor Puschkins Haus! Drinnen ist es sicher warm und schön. Dort sitzt Puschkin ... Ich schlüpfe in die Konditorei in der Nebenstraße und kippe acht Gläser Likör herunter.

Ich läute an der Tür. Ein Diener öffnet, mustert mich.

»Puschkin«, stoße ich schließlich hervor. »Ich suche Puschkin.«

»Er empfängt niemanden. Er schläft.«

»Um diese Tageszeit?«

»Er ist die ganze Nacht wach gewesen.«

»Ich verstehe!«

Die ganze Nacht ist Puschkin wach gewesen und hat geschrieben, hat unsterbliche Gedichte geschaffen. Gedichte von unaussprechlicher Schönheit, durchgeistigt wie ...

»Verzeihung, ich verstehe«, wiederhole ich. »Ich verstehe!«

»Sonst noch was?«, fragt der Diener und sieht mich verächtlich an.

Ich schüttle den Kopf. Der Diener schließt die Tür. Und zum ersten Mal höre ich das widerwärtige Petersburger Lachen.

Die Zeit verging. Mehr als einmal fand ich bestätigt, dass die Menschen in St. Petersburg hinterhältig und ungastlich sind. War es möglich zu lügen, so taten sie es. War es möglich, jemanden übers Ohr zu hauen, dann taten sie es auch. Soll ich sagen, was Danilewski und ich für unsere Dachkammer bezahlten? Jeder vierzig Rubel! Vierzig Rubel für eisige Kälte, eingewachsenen Dreck und Katzenpisse im Tor! Für den Qualm und Ruß der Werkstätten im Erdgeschoss. Für unfreundliche und herablassende Behandlung.

Wie traurig war es, immer an Geld denken, mit jeder Kopeke rechnen zu müssen. Nirgends ließ sich etwas einsparen. Die Miete betrug vierzig Rubel, wie gesagt, fünfundzwanzig rechnete ich für Essen, zwanzig für Tee, Zucker und Brot, zehn für Holz und Licht, fünf für Wäsche und zwei bekam der Wasserträger. Selbst dies, das Notwendigste, war schon zu viel. Ein Jackett zu kaufen war undenkbar. Ein Halstuch kostete so viel wie ein Kosakenhemd.

Ich war ständig gezwungen, mir von Mutter Geld schicken zu lassen. Sie hatte weiß Gott nicht viel, aber ich hatte nichts.

Danilewski gelang es nach einiger Zeit, eine Anstellung bei einer Behörde zu finden. Ich selbst hatte keinen Erfolg. Das Empfehlungsschreiben, das ich von unserem Verwandten und Wohltäter Troschtschinski mitbekommen hatte, beeindruckte niemanden. Troschtschinski war immerhin Justizminister gewesen. Das war lange her, zu lange. Und niemand ist unersetzlich, am wenigsten in Petersburg.

Ich erfuhr, dass es spezielle Agenten gab, die die Aufgabe hatten, den Leuten eine Anstellung zu verschaffen. Ich wendete mich an einige von ihnen, gab ihnen Geld. Sie betrogen mich.

Alle betrogen mich. Fragte ich nach einer Straße, wurde ich in die entgegengesetzte Richtung geschickt. Kaufte ich nach langem Zögern ein Paar gebrauchte Stiefel, ragte noch am selben Tag der große Zeh aus dem Loch, das der Verkäufer mit Stiefelwichse zugedeckt hatte. Als ich mich beschwerte, tat er, als erkenne er mich nicht wieder. Bei der Polizei lachten sie mich aus.

Es kommen viele junge Männer nach Petersburg, um ihre Träume zu verwirklichen. Wie glücklich sie waren, als die Träume noch Träume waren! Sie funkelten in all den strahlenden Farben des Möglichen. Petersburg aber ist die Stadt der Wirklichkeit, kalt und windig, leer und trist.

Schon in Neschin hatte ich an einem längeren Poem zu schreiben begonnen, »Hanz Küchelgarten«. In der traurigen Wirklichkeit Petersburgs wurde es mir ein Trost. Da ich keine Anstellung fand, hatte ich genügend Zeit zum Schreiben. Es war ein Zeitvertreib, aber auch mehr: Ich konnte träumen.

Bald träumte ich davon, das Poem zu veröffentlichen. Es gelang mir, Gott weiß wie, Geld für den Druck zurückzulegen. Ich sprach nicht darüber. Ich sprach auch nicht darüber, dass ich schrieb. Verriet ich nichts, konnte niemand über mich lachen, jedenfalls nicht aus diesem Grund.

Ich träumte von dem Geld, das ich verdienen würde, träumte, dass mein Poem Licht in die Welt bringen würde, Licht und Wärme.

Wie grauenhaft kalt war dieser Winter! Ich lag meistens im Bett, auch wenn ich nicht krank war. Von Zeit zu Zeit stand ich auf und ging schnell im Zimmer auf und ab. Ich war matt, oft war mir schwindelig.

Eines Abends stand ich am Fenster und hielt mich fest, um nicht zu fallen. Dort unten stapften die Menschen durch den Schnee. Wie einen plötzlichen Lichtschein im Dunkel sah ich das Lächeln. Ich sah das Mädchen vom Marktplatz in Neschin wieder! Ihre großen, dunklen Augen blickten mich an. Und sie lächelte mir zu, ein großes, warmes, leuchtendes Lächeln.

Ich taumelte die Treppe hinab, gelangte auf die Straße – sie war fort! Ich lief die Straße ein Stück hoch, kehrte um, lief hinunter. Meine Liebe war verschwunden.

»Liegst du so früh im Bett und schläfst!«, sagte Danilewski. »Na ja, du hast natürlich anstrengende Tage.«

Er zerrte mich aus dem Bett, zog mich mit, hinaus ins Bordell. Es befand sich in einer der kleinen Gassen hinter Sennaja.

Eine zahnlose Alte gaffte misstrauisch, ehe sie uns einließ. Ein Mädchen, das jünger war als ich, führte mich in ein kleines Zimmer. Sie war blass und sehr mager.

Irgendein Vergnügen hatte ich nicht daran. Als wir gingen, öffnete die zahnlose Alte den Mund und steckte ihren Zeigefinger in das schwarze Loch. Langsam bewegte sie ihn vor und zurück. Ich rannte hinaus. Hinter mir hörte ich das widerwärtige, zahnlose Lachen der Alten.

Wir gingen zum Newski Prospekt. Danilewski war gut gelaunt, plauderte und lachte. Viel Stadt, viel Straße, viel Mensch!

Danilewski war bemüht, schnell und unbeschwert wie die Petersburger zu gehen, die ohne den geringsten Abstand aneinander vorbeieilten. Keiner blieb stehen oder wich zur Seite aus. Der Newski Prospekt war lang und breit und trotzdem voller Menschen. Sie fanden immer einen freien Weg durch das, was mir wie ein undurchdringliches Knäuel erschien. Es war, als verhindere eine stillschweigende

Übereinkunft jeden Zusammenstoß. In ihrem schnellen Gang lag eine Art nonchalanter Eleganz, selbst bei den schmutzigen alten Bettlerinnen.

Ich selbst gab genau Acht, immer in der Angst, mit jemandem zusammenzustoßen. Es nützte nichts. Gelang es mir, einem dicken Bauch im letzten Moment auszuweichen, blieb ich dafür mit der Nase an einem eleganten Schnurrbart hängen.

Der Schnurrbart musterte mich verächtlich von oben bis unten und stieß mir dabei mehrmals mit seinem Spazierstock vor die Brust. Ich murmelte ein paar Entschuldigungen, und Danilewski beeilte sich zu sagen, dass ich neu sei in Piter – das war der Name der Petersburger für ihre Stadt – und dass ich noch nicht ..., und der hochgeehrte Herr möge ... Er war bereits verschwunden.

Jemand hat gesagt: »Es gibt nichts Schöneres als den Newski Prospekt, wenigstens nicht in Petersburg.« Er hat es nicht nur gesagt, sondern sogar geschrieben: »Hier werdet ihr wunderschönen Schnurrbärten begegnen, wie sie von keiner Feder, keinem Pinsel darzustellen sind; Schnurrbärten, denen die bessere Hälfte des Lebens geopfert wird, ein Gegenstand ständiger Sorge bei Tag und Nacht, Schnurrbärten, auf die hinreißende Düfte und Wohlgerüche geschüttet und die mit den teuersten und seltensten Pomadensorten gesalbt wurden, Schnurrbärten, die zur Nacht in feines Velinpapier gewickelt werden, Schnurrbärten, die die rührendste Anhänglichkeit ihrer Besitzer atmen und den Neid aller Vorbeigehenden erwecken ...«

Das erinnerte an den Schnurrbart, mit dem ich kollidiert war, und klang seltsam bekannt. War es möglich, dass ich selbst es geschrieben hatte? Gewiss! Obwohl – nicht damals, noch nicht, denn damals stand ich nur da und starrte einem verschwundenen Schnurrbart nach und bemerkte dabei einen anderen an meinen Beinen nicht, ein ungepflegtes Ding, das sich bei näherem Hinsehen als ein schmutzigbrauner Köter erwies.

Nichts in Petersburg war, was es zu sein schien. Alles glänzte mit trügerischem Schein. Nur manchmal sprach Piter im Klartext: »Du hast hier nichts zu suchen, fahr nach Hause aufs Land!«

Doch nach Hause fahren konnte ich nicht, noch nicht. Aber konnte ich bleiben?

Ich fand keine Anstellung. Danilewski spielte ständig auf die Ökonomie an. Jede Kopeke sollte er wiederbekommen, mit Zinsen! Irgendwann.

Insgeheim schrieb ich weiter an meinem »Hanz Küchelgarten«. Es ging langsam voran. Ich war krank, hatte Fieber, widerliche Ausschläge, mir war schwindelig, und matt war ich, hatte dauernd Magenbeschwerden. Ständige Erkältungen, ständige Geldsorgen. Dazu kam die boshafte Atmosphäre der Stadt. Manchmal dachte ich an Iwan. Er hatte nicht leben dürfen. Ich aber musste leben …

Es kam vor, dass ich bei jemandem aus dem Kreis der ehemaligen Neschinschüler, die nach Petersburg gezogen waren, zum Essen eingeladen wurde. Sie sprachen von der Schule, als hätten sie bereits vergessen, dass sie ein Ort der Qual gewesen war. Ich ging spazieren, wenn meine Gesundheit es zuließ. Gegen elf war ich zu Hause. Trank Tee, arbeitete an »Hanz Küchelgarten«, aß ein Bonbon, las ein wenig, bevor ich einschlief. Wenn ich am nächsten Morgen aufwachte, tat ich wieder so, als ob ich lebte.

Ich klammerte mich an den Gedanken, dass alles, was geschah, einen Sinn hatte.

»Hanz Küchelgarten« wurde im Mai 1829 von der Zensur freigegeben. Ich war zwanzig Jahre alt, hatte gesunde Beine und konnte von Buchhändler zu Buchhändler gehen und das Buch verkaufen. Ich schickte es an bekannte Persönlichkeiten des kulturellen Lebens, versandte Rezensionsexemplare an die Zeitschriften. Jetzt brauchte ich nur noch zu warten, auf die Ehre und den Reichtum, die ganze Herrlichkeit.

Es war ein langes Warten. Die Tage vergingen. Ich versuchte, den Verkauf anzukurbeln, indem ich selbst ein paar Exemplare kaufte. Ich machte Reklame für das Buch, indem ich nebenbei bemerkte, ganz Petersburg spreche bereits von dem neuen, großartigen Poem, und jeder wolle wissen, wer der Verfasser sei.

»Davon habe ich nichts gemerkt«, sagte der Buchhändler. »Außerdem weiß ich, wer der Verfasser ist. Warum kaufen Sie Ihr eigenes Buch, Herr Alov?«

V. Alov war das Pseudonym, unter dem ich das Buch veröffentlicht hatte.

Die Zeit verging. Schließlich sah ich ein, was ich sofort hätte begreifen müssen: dass es nichts bedeutete, wie gut mein Buch war. Es sollte totgeschwiegen werden. Ich war ein Fremder, ein armer Tölpel vom Lande, um den man sich nicht zu kümmern brauchte.

In Petersburg galt Talent nichts. Geld musste man haben, dafür konnte man alles kaufen, sogar Menschen und ihre Meinungen. Hatte man kein Geld, musste man einen Namen haben. Aber um sich einen Namen zu machen, brauchte man Geld. Oder Kontakte. Aber um Kontakte zu bekommen, brauchte man Geld, oder einen Namen. Voilà!, wie die Petersburger sagen.

Ich überlegte, ob ich zu Puschkin gehen und ihn bitten sollte, das Buch zu lesen. Aber der Gedanke an den widerwärtig lachenden Diener hielt mich zurück.

Insgesamt bekam ich zwei Rezensionen, eine von Bulgarin in der Zeitschrift »Nordische Biene«, die andere von Polewoi im »Moskauer Telegraphen«. Sie waren sehr negativ, wollten Mängel finden und fanden sie. Das Schicksal meines Helden berührte sie nicht im geringsten. Ironisch und höhnisch fertigten sie das Werk ab, an dem ich so lange gearbeitet hatte. Sie riskierten nichts, und so genossen sie es, mich, den Unbekannten, zu vernichten. Ich hatte von Erfolg, von Ehre und Reichtum geträumt. Meine Niederlage war vollständig.

Ich ging von Buchhändler zu Buchhändler und kaufte alle Exemplare zurück. Ich mietete ein Hotelzimmer. Meine Brust schmerzte, und ich konnte kaum atmen. Wenn ich sterben musste, wollte ich jedenfalls noch eine letzte Aufgabe erfüllen. Ich heizte den Kamin an, zerriss die Bücher. Seite für Seite opferte ich den Flammen. Ich sah zu, wie das Papier Feuer fing und schwarz wurde. So tilgte ich aus, was besudelt worden war.

Ich verließ das Hotel, ließ mich durch die Straßen treiben. Es war spät. Wenige Menschen waren unterwegs. Auf der anderen Seite des Senatsplatzes bewegten sich einige Schatten im Schein des Feuers am Schilderhäuschen. Vor mehr als vier Jahren hatten die Dekabristen einen ganzen Tag lang reglos auf diesem Platz gestanden. Nachdem er durch Kanonenschüsse gesäubert worden war, hatte nur noch die Bronzestatue dagestanden. Vielleicht wäre der Aufstand durchführbar gewesen, wenn die Anführer ihre eigentliche Absicht aufgegeben hätten? Was wären die Folgen gewesen, wenn er gelungen wäre?

Ich schlendere an der Newa entlang, atme die feuchte Luft.

Vom Fluss dringt Gesang herüber. In der Ferne sehe ich ein Schiff langsam durch die Nacht herbeigleiten. Sind es die Matrosen, die singen?

Woher kommt das Schiff? Was hat es geladen? Getreide von den heimatlichen Ebenen der Ukraine? Hallo, wie sieht's zu Hause aus? Sind die Rosen erblüht? Singen die Nachtigallen? Tanzen und feiern die Kosaken?

Als das Schiff näher kommt, sehe ich, dass es ein Gefangenentransport ist. Die Gefangenen stehen in einem Käfig an Deck. Sie singen nicht. Sie starren mit ausdruckslosen Augen ins Leere.

Das Schiff ist verschwunden. Ich schaue auf den Fluss hinunter, der ruhig, dunkel und still vorbeiströmt. Es gibt Menschen, die sich, einem plötzlichen Impuls folgend, gegen ihren Willen ins Wasser stürzen. Ich muss wissen, was meine Aufgabe im Leben ist!

Plötzlich blicke ich in das leuchtende Lächeln meiner Liebe, in ihre dunklen Augen! Jetzt kann uns nichts mehr trennen. Wir werden heiraten ... Da sieht sie mich betrübt an und sagt, das werde niemals möglich sein.

Ihr Gesicht nähert sich, ihre Lippen berühren die meinen. Plötzlich küßt sie mich wollüstig. Ich reiße mich los, starre in ihr grinsendes Gesicht. Es ist verwandelt, ist alt geworden. Und jetzt öffnet sich ihr Mund, und heraus schrillt das scharfe, widerwärtige Lachen.

Ich muss St. Petersburg, muss das Land verlassen, dem ich dienen wollte und das sich geweigert hat, mir eine Aufgabe zu geben. Nach Amerika wollte ich fahren. Erst das wäre wirklich ein Schritt hinaus in die Welt. In Amerika galt, was man sagte und tat. Es war nicht wie bei uns, wo sich hinter jedem Wort und jeder Handlung etwas anderes verbarg. Amerika war eine junge, lebendige Nation! Bei uns war alles alt und tot. Und darüber weinten die Russen – mit Genuss!

Ich hatte meinen Entschluss gefaßt. Es fehlte nur eins: Geld für die Reise. Da geschah es, dass Mutter vierzehnhundert Rubel schickte! Sie waren freilich nicht für meine Reise gedacht, sondern ich sollte die Hypothekenzinsen für unser Gut bezahlen. Aber ich verstand es als Zeichen, dass mein Schicksal von einer höheren Macht bestimmt wurde. Gott wollte, dass ich floh.

Ich schrieb Mutter und bot ihr an, meinen Anteil am Gut zu verkaufen, als Gegenpfand für das Geld, das mir von Gott in die Hand gegeben worden war. Ich erzählte von meiner unglücklichen Liebe und dass ich das ganze Frühjahr über krank gewesen war, berichtete vom Fieber, Schwindel, den Kopfschmerzen, Magenbeschwerden, dem ekelhaften Ausschlag. Aber jetzt könne ich sie mit der Mitteilung erfreuen, dass ich auf dem Weg der Besserung sei, dank meines Entschlusses, Russland zu verlassen.

Mutter verstand alles falsch. Sie dachte, ich hätte die Syphilis. Das war nicht der Fall, aber mein ganzes Inneres war in Unordnung. Am schlimmsten war es mit dem Magen, bei dem sich das Unterste zuoberst gekehrt hatte.

Mein Fiasko als Autor erwähnte ich nicht. Es gab keinen Grund, Mutter in Aufregung zu versetzen. Wichtig war nicht, was geschehen war, sondern was hätte geschehen sollen.

Gott hatte mich nach St. Petersburg geschickt. Er hatte Elend und Not über mich gebracht, hatte mich auf die Probe gestellt und mir vergeben. Ich war zwanzig Jahre alt. Jetzt konnte mein Leben beginnen.

Ohne einen Eid zu brechen, hatte ich die Ukraine verlassen, um nach Russland und St. Petersburg zu ziehen. Jetzt musste ich die Sünde hinter mir lassen. Im August ging ich an Bord des Schiffes, das mich nach Lübeck bringen sollte, der ersten Station auf meiner langen Reise nach Amerika. Weit, weit hinaus in die Welt.

Ich begegne zwei Dichtern

»Sie sind völlig gesund, Herr Gogol.«

Ich war in einem erbärmlichen Zustand in Lübeck angekommen, musste sofort einen Arzt aufsuchen. Er behauptete, ich sei nicht krank!

Es gab keine andere Möglichkeit, als einen anderen Arzt zu konsultieren. Auch der fand nichts. Ich wandte mich an einen dritten, noch einen und noch einen. Schließlich ging ich zu einem Spezialisten, dem angesehensten Spezialisten von ganz Lübeck.

Er untersuchte mich eingehend. Ich beobachtete seine Miene genau. Ich hatte mich selbst sorgfältig beobachtet: Drei Stunden nach einer Mahlzeit stellten sich die Magenbeschwerden ein. Es war wie ein Knurren aus der Herzgegend nach unten. Ich hatte einen bitteren Geschmack auf der Zunge und hatte lange nach der Mahlzeit das Gefühl, Krümel im Mund zu haben. Ich berichtete dem Arzt von meinen Beschwerden. Er sagte nichts. Er sagte während der ganzen Untersuchung kein Wort, aber ich spürte deutlich, dass er besorgt war. Ich verstand seine Unruhe, ich war sehr krank, todkrank vielleicht.

Er bat mich, hinauszugehen und zu warten. Warum tat er das?

Ich ging hinaus. Was machte er dort drinnen? Überlegte er, wie er mir das Urteil möglichst schonend verkünden konnte? Schließlich wurde ich hineingerufen.

»Sie sind völlig gesund, Herr Gogol.«

Wie all die anderen Kurpfuscher.

»Nervosum fasculum vielleicht.«

Ich hatte es gewusst! Endlich ein Arzt, der etwas feststellen konnte. Nervosum fasculum also. Ich fühlte mich fast beruhigt.

»Aber das ist nichts, was einen beunruhigen müsste«, sagte er dann. »Sie sind völlig gesund!«

»Gesund?« fragte ich. »Das ist nicht möglich! Sind Sie sicher?«

»Absolut sicher. Ihnen fehlt nichts.«

»Aber ... Sind Sie sicher, dass es um mich geht?«

Er starrte mich an.

»Ich meine, Sie könnten mich verwechselt haben. Vielleicht ist es ein anderer, der gesund ist.«

»Immer mit der Ruhe, Herr Gogol.«

Gesund, obwohl ich krank und das Unterste in meinem Inneren zuoberst gekehrt war, besonders im Magen.

»Sie sind völlig gesund«, beharrte er.

»Aber mein Magen liegt doch verkehrt herum!«

Er lachte!

»Nicht schlimm«, sagte er. »Der von meiner Frau tut es auch.«

Obwohl er konstatiert hatte, dass mein Magen verkehrt herum lag, wiederholte er die alte Leier, ich sei völlig gesund! Und der nannte sich Spezialist! Glaubte er, ich bildete mir alles ein?

Und wenn schon, ich war Schriftsteller, ein bißchen Einbildung mochte im Spiel sein! Alle großen Schriftsteller litten an Einbildungen. Trotzdem war ich wirklich krank, ich versichere es. Was für ein Quacksalber!

Krank wie ich war, konnte ich unmöglich nach Amerika fahren. Ich musste nach Russland zurückkehren. Wie Mutter sagte: Hinter allem steckt ein Wille. Gottes Wille. Sein Wille war es, dass ich Russland verlassen und nach Amerika fahren, aber auch, dass ich zurückkehren sollte.

Kein Wort von verkehrt herum liegenden Mägen! Kein böses Wort jedenfalls! Meine Stimmung hebt sich, wenn ich nur daran denke! Ich meine nicht die Mägen, denn die können ihren Besitzern ein böses Knurren verursachen. Nein, wenn ich an das denke, was an einem gewissen Tag im Jahre 1831 geschah!

Vergessen wir Lübeck und Amerika! Vergessen wir, dass ich schließlich doch eine Anstellung fand, nämlich im Besoldungsamt! Von der Zeit im Amt will ich später erzählen. Nur soviel sei hier gesagt: Dass ich meinem Land dort nicht dienen konnte, wurde schon bald deutlich. Wegen Gesäßbeschwerden konnte ich nicht sitzen und schreiben. Das Stehen hatte schwere Krampfadern zur Folge. Liegen konnte ich, aber um davon nicht wund zu werden, musste ich von Zeit zu Zeit einen Spaziergang über die Flure der Behörde machen. Unter diesen Umständen waren es nicht viele Gehaltsauszahlungen, die ich in die Bücher schrieb.

Außerdem führten die Spaziergänge dazu, dass mein Magen in Unordnung geriet. Habe ich nicht eben von Mägen gesprochen? Gewiss – im letzten Satz! Aber vorher? Doch, ja, kein böses Wort über Mägen, sagte ich …

So sorglos konnte ich daherplappern, als ich zweiundzwanzig war und glaubte, die Verletzungen der Seele seien klein, so klein, dass ich sie mit einem Gelächter vertreiben konnte.

Sorglos? Als ob nicht Einsamkeit und Erniedrigung … Genug! Erst muss ich erzählen, wie ich Russlands größtem Dichter begegnete!

Ja, lass nur das Mundwerk gehen: Herbei, ihr Leute!

Eine wirklich prächtige Vorstellung, meine Herrschaften! Eine prächtige Versammlung!

Der große Saal wurde von Hunderten von Kerzen erleuchtet. Hunderte von Menschen waren da, mit glänzenden Augen und glühenden Ohrläppchen, in deren strahlenden Gesichtern ein Lächeln blitzte. Eine prächtige Versammlung!

Edlow und Klipski waren da. Die Gelehrten waren da, allen voran Professor Analogin von der Petersburger Universität. Und die Wielgorskis, Repnins und Balabins? Gewiss, aber ich kannte zu dieser Zeit nicht so viele mit Namen. Die Fürstin Zinaida Wolkonskaja? Nein, sie war nicht da, denn sie war zum Katholizismus übergetreten und aus Russland ausgewiesen worden. Graf Morozow war da. Und sein Schützling Iwan Andrejewitsch? Nein, er nicht, denn er hatte am Dekabristenaufstand teilgenommen und war nach Sibirien verbannt worden. Anwesend war ... ich kann sie nicht alle mit Namen aufzählen. Aber gelehrt waren sie, reich und von Stand.

Aus einer feineren Familie als die meisten war Puschkin. Er stammte aus einem sehr alten Bojarengeschlecht, und mütterlicherseits war er ein Nachkomme des Lieblingsnegers Peters des Großen, des Abessiniers General Abraham Hannibal!

Was ich dort wollte? Ich war eingeladen! Völlig abgebrannt, hatte ich, nur um zu überleben, ein paar Kleinigkeiten geschrieben, die in der Literaturzeitschrift abgedruckt worden waren. Daher die Einladung.

Ich war also da, aber leider doch außen vor. Ich fühlte mich einsam und nicht zu diesem Kreis von Glücklichen gehörig, die jeden kannten und besonders denjenigen, dem ich so gern begegnet wäre, Russlands größtem Dichter, Alexander Sergejewitsch Puschkin!

Da kam er! Und nicht nur er! An seiner Seite war Wassili Andrejewitsch Schukowski! Der unumstrittene Anführer der romantischen Schule, der Hauslehrer des Thronfolgers und – nicht zuletzt – der Schöpfer der Zarenhymne. Bozje, tsarja chrani! Die Idole meiner Jugend!

»Bozje moj!«, schrie ich und applaudierte den beiden großen Männern. Doch hörte ich schnell wieder auf, als ich entdeckte, dass ich der einzige war, der klatschte. Ich führte stattdessen die Hände rasch zum Mund und tat so, als wolle ich ein Gähnen unterdrücken. Das war vielleicht nicht viel besser, aber was spielte es für eine Rolle. Es hatte mich ohnehin niemand bemerkt.

Alle kamen und umringten Puschkin und Schukowski. Dicht, dicht drängten sie sich heran, und eng war es rings um ihre Herrlichkeit.

Als Schukowski lächelte, lächelten alle. Als Puschkin sich eine Locke aus der Stirn strich, taten sie es alle, einerlei, ob sie Locken hatten oder nicht. Und als Puschkin und Schukowski ihre Gläser erhoben und tranken, tranken alle.

Ich trank auch, obwohl ich allein war und außen vor.

Ich wollte zu ihnen, wollte mit Puschkin sprechen – oder mit Schukowski –, ihm meine Achtung bezeugen, vielleicht beiläufig erwähnen, dass ich, ja, dass auch ich von ihrem Metier war.

Ich kam nicht an sie heran, die Menschenmenge bildete eine undurchdringliche Mauer. Ob man hinüberklettern konnte?

Nikolai, Nikolai, begreif' doch, wo du bist! Begreife, woraus die Mauer besteht, aus der glänzenden Kulturelite ganz Petersburgs! Wie würde es aussehen, wenn du über ihre Köpfe klettern würdest! Was bist du nur für einer!

Ich begann zu begreifen, was ich war. Ein Nichts war ich, hier war ich nichts! Ich sank auf einen Stuhl. In meiner Einfalt hatte ich geglaubt, die Einladung, die ich bekommen hatte, bedeute, dass ich willkommen, akzeptiert, sozusagen ein vollwertiges Mitglied sei. Durchaus nicht!

Ich trank. Alles würde anders werden, wenn ich mit Puschkin oder Schukowski ins Gespräch kommen könnte. Aber das war unmöglich. Eine Mauer ragte zwischen ihnen und mir auf. Ich trank noch ein bißchen mehr.

Aber siehe da! Puschkin und Schukowski gingen plötzlich in verschiedenen Richtungen auseinander. Die Mauer war einen Augenblick unentschlossen. Ein Spalt tat sich auf, und die Mauer teilte sich wie die Wasser, als Moses die Kinder Israels durch das Rote Meer führte. Ich schoß hoch und kopfüber hinein.

Das ganze Meer in Aufruhr. Ich kämpfe wild mit den Wellen. Das Wasser, es schlägt über mir zusammen! Ich sinke, ich schwimme – sterbe ich? Aber nein, emporgeschleudert von den Wellen finde ich mich lebend am Meeresufer wieder. Nein, nicht am Meeresufer, in einem Wald bin ich. Die Mauer, die zum Meer wurde, hat sich in einen Wald verwandelt! Einen dichten Wald aus Knochen, schmalen, zierlichen Stämmen, dicken, stiefelähnlichen, aus Stämmen aller Art. Auswüchse, scharf wie Sporen, dichtes Gebüsch, Lianen.

Ich versuchte mir kriechend einen Weg durch den Dschungel zu bahnen, auf Biegen oder Brechen durchzukommen – undurchdringlich!

Schließlich gelang es mir doch, auf die Beine zu kommen. Wieder außen vor, allein. Niemand hatte mich bemerkt.

Ich nahm mein Glas, trank, verließ den Saal, trank weiter. In einem angrenzenden Raum war ein langer Tisch gedeckt. Auf einem kleineren Tisch standen eine Menge Flaschen. Hohe Champagnerflaschen, Château-Lafitte-Flaschen mit langem Hals, bullige Madeiraflaschen – Gott weiß, was alles da war –, und die Flaschen drängten sich um zwei prächtige Cognacflaschen. Dicht, dicht auf einem Haufen, so wie die feine Gesellschaft dort im Saal.

Ein Haufen dummer Schafe waren sie! Fein … Na, danke! Zum Beispiel dieser Kahlkopf da mit dem langen Schnurrbart und den langen Fingern! Wie er sich die Hosentaschen mit Leckereien aus den Silberschalen vollstopft! Seht, nun läßt er auch die Schalen mitgehen! Ein feiner Herr! Keinen Namen, aber prächtig ist er, schreibt Rezensionen in der »Nordischen Biene«.

Und wie sie alle blöken: Bäälster Alexander Sergejewitsch! Hööhren Sie, Wassili Andrejewitsch! Wie die Bettler nach dem Gottesdienst: Schaut hierher, hört her, hört mich!

Widerlich! Ich sollte glücklich sein, dass ich mit solchen Schafsköpfen nichts zu tun habe.

Das war ich aber nicht. Zumindest hätte ich gern die Hirten getroffen, Puschkin und Schukowski. So nah und doch so fern … Ich wandte mich wieder den Flaschen auf dem Tisch zu. »Wir leben in einer finsteren Welt, meine Herrschaften«, sagte ich. Niemand widersprach. »Ein kleines Schnäpschen wird doch nicht schaden.« Die Flaschen schwiegen, offenbar einverstanden damit, dass ich die Korken zog.

Ich begann, mich ein wenig besser zu fühlen. Das klang doch schon ganz anders. Nicht, dass die Flaschen etwas gesagt hätten, aber sie hörten aufmerksam zu, als ich ihnen eine Standpauke hielt, ihnen erklärte, wer ich sei, ein Mann aus der riesigen Ukraine, einer mit einer großen Aufgabe, dessen Name einmal um die Welt gehen würde. So war es Mutter prophezeit worden, und das war Gottes Wille und im übrigen, ja, wie gesagt!

Ich kippte noch einen, wurde richtig lüstern, blinzelte einer schlanken Schönheit zu, fasste sie sogar um die Taille. Sie verlor das Bewusstsein, glitt mir aus den Händen, fiel und brach in Stücke.

Rasch sah ich mich um. Niemand hatte mich bemerkt. Ich schob sie unter den Tisch und ging schnell fort. Zum langen Tisch.

Natürlich! Am gedeckten langen Tisch würden sich nach und nach alle einfinden, und sei es aus Hunger. Wenn ich mich schon jetzt hinsetzte, würde ich neben Puschkin oder Schukowski landen. Die saßen sicher an den Enden, jeder auf seinem Ehrenplatz. Ich ließ mich auf dem Stuhl direkt neben dem einen Ende nieder, sicherheitshalber mit dem Rücken zum Saal.

Ich wartete, trank, wartete. Bekam Hunger und erinnerte mich, dass ich den ganzen Tag noch nichts gegessen hatte. Nahm ein paar Spargel, schlürfte sie hinunter, trank, wartete.

Es dauerte. Ich hatte genügend Zeit, um eine Menge Frikassee, Gelee, eine Rebhuhnkeule, einen halben Stör, eine Truthahnbrust und den größeren Teil einer leckeren Wachtel zu verzehren, bis sie im Anmarsch waren.

Zuerst wurde es vollkommen still. Dann brach eine heftige Lachsalve los und traf mich in den Nacken. Ja, sie hatten mich gesehen. Der Anblick dieses einsamen Menschen am langen Tisch war offenbar sehr lustig.

Dann marschierte die Schukowski-Schar los und wanderte zum anderen Ende. Die Puschkin-Schar näherte sich meinem Platz!

Nein, falsch gedacht, Puschkin und Schukowski setzten sich nicht an die Tischenden, sondern ließen sich in der Mitte nieder. Ein Handgemenge entstand, als die anderen sich auf die Plätze daneben drängen wollten. Schimpfworte, Ellbogenstöße, faule Tricks.

Schließlich legte sich der Lärm. Schweigen, ein Augenblick friedlicher Stille. Mit feierlich tränenden Augen und wässrigen Mundwinkeln betrachtete man die Leckereien auf dem Tisch. Dann Attacke: Ran, drauf auf den Teller und hinein – die Mahlzeit hatte begonnen.

Ich hatte keinen Hunger mehr. Aber mich dürstete. Nach Gerechtigkeit, nach Gemeinschaft und, ja, ihr versteht.

Warum Puschkin oder Schukowski nicht einfach über den Tisch hinweg ansprechen? Unmöglich, sie waren zu weit weg, der Lärm war zu groß, meine Worte würden nicht zu ihnen dringen.

Es hatte sich seltsamerweise aber doch eine wohlige kleine Wollust eingestellt, nicht unähnlich derjenigen, die einen überkommt, wenn einem der Rücken gekrault wird. Ich saß ja trotz allem mit der ganzen prächtigen Kulturelite St. Petersburgs an einem gedeckten Tisch. Die größten Geis-ter, scharfsinnigsten Köpfe, unbestechlichsten Verkünder der Wahrheit! Ich verbeuge mich, meine Herrschaften, Ihr untertänigster Diener …

Ich bemerkte zu meiner Zufriedenheit, dass meine Tischnachbarn mich von der Seite ansahen. Vielleicht würden sie mich gleich ansprechen. Endlich, jetzt ging's los! Schräg gegenüber saß ein kahlköpfiger Herr mit langem, üppigem Schnurrbart und langen, eleganten Fingern. Ja, lang war alles an diesem stilvollen Mann, außer der Nase. Mitten in dem schönen, gurkenähnlichen Gesicht saß als ausgesuchtester Kontrast die allerhübscheste kleine Nase, wie ein rotes, prächtig leuchtendes Radieschen. Keine Namen, aber bekannt war er, aus der »Nordischen Biene«.

Ich muss gestrahlt haben wie die Sonne in Poltava, als er auf mich zeigte und …

Er sprach mit mir! Oder doch nicht? Ich drehte mich um, aber hinter mir war niemand.

»Ja, Sie mit der langen Nase!«

Ich weiß, dass ich einen ordentlichen Zinken habe. Er hat mir aber in jeder Hinsicht gute Dienste geleistet, also kein schlechtes Wort über ihn! Trotzdem rümpfte ich ihn, um ihn kürzer zu machen und meinen guten Willen zu zeigen. Ich war angesprochen worden! Zwar nicht von Puschkin oder Schukowski, aber immerhin!

Nun war ich nicht mehr einsam und außen vor. Nun, Nikolai, gehörst du dazu! Ein starkes Glücksgefühl durchströmte meinen ganzen kleinen Körper wie Champagner. Jetzt würde ich teilnehmen am Gespräch und an den Diskussionen. Jetzt würde … Was hatte er gesagt?

»Hören Sie schlecht, Langnase? Ich sagte, Sie sollen mir meine Schnupftabakdose holen. Da hinten«, sagte der Mann und zeigte auf einen kleineren Tisch drei Meter hinter mir. Zu seinem langen Zeigefinger gehörte der längste Arm, den ich je gesehen hatte. Hätte er sich nur ein wenig gestreckt, er hätte die Dose selbst erreicht.

Ich leerte mein Glas und stand auf. Gewiss, ich hätte mich weigern können, aber damit hätte ich mich nur lächerlich gemacht. Mit seinen langen, hässlichen Fingern schnappte er mir die Dose aus der Hand. Er bedankte sich nicht, blickte nicht einmal mehr in meine Richtung.

Ich leerte mein Glas ein weiteres Mal. Oder war es nicht meins? Ich war verwirrt und betrübt. Versteht meine Verwirrung, versteht meinen Kummer! Ja, alle, die ihr Ähnliches erlebt habt, versteht mich, versteht auch mein plötzliches Schwindelgefühl, mein heftiges Unwohlsein!

Ich stand auf, torkelte hinaus, unbemerkt, von niemandem vermisst. Hinaus in die Halle, zur Toilette. Den Haken vorgelegt. Drinnen, aber doch draußen, und so einsam, wie ein Mensch es nur sein kann. Abwesend registrierte ich, dass einige Male an der Klinke gezerrt wurde, ungeduldig. »Hallo, Sie da drinnen, beeilen Sie sich!«

Diese Stimme kannte ich! Die Radieschennase! Sollte er warten. Ja, sie alle miteinander. Sie hatten mich nicht hineingelassen, jetzt ließ ich sie draußen stehen. Da habt ihr's!

Und wenn ich Eintritt fürs Austreten nahm? Ein ordentliches Bündel Rubel, unter der Tür hindurchgeschoben, könnte mich vielleicht veranlassen, die Tür aufzumachen, sogar für diese hässliche Kurznase. Für Geld … Was kann man nicht alles für Geld kaufen!

Pfui, Nikolai! schalt mich eine innere Stimme. Sich bestechen lassen! Dazu bist du doch wohl nicht im Stande?

Um nicht antworten zu müssen, lauschte ich schnell wieder auf die Geräusche. Trample nur, zerre so viel wie du willst, Langfinger, hier ist nichts für dich zu holen!

Da ging er, aha. Auch ich stand auf, um zu gehen, erhob mich, um dieses ungastliche Haus, die ganze falsche, ungefällige Gesellschaft zu verlassen. Da hatte ich plötzlich eine glänzende Idee. Dies war der Weg, um mit Puschkin oder Schukowski zusammenzukommen! Irgendwann würden auch sie müssen. Ohne Gesellschaft. Und dann!

Es gab jedoch ein Aber, denn wie sollte ich wissen, wer draußen stand? Ich guckte durchs Schlüsselloch, das sich in Bauchhöhe befand. Konnte ich Puschkin und Schukowski an ihren Bäuchen erkennen?

Wieder kam jemand. Diesmal war es ein kleiner feiner Damenbauch, umhüllt vom feinsten Seidenstoff. Ach, was machte er für einen Lärm! Hier bestimme jedoch ich, verstehst du, feiner kleiner Bauch! Du wirst schön warten! Er wartete aber nicht, sondern verschwand.

Ich kniete vor dem Schlüsselloch und lugte hinaus. Wenn es Geschichten erzählen könnte! Aber jetzt wollen wir nichts hören! Jetzt wollen wir sehen, was geschieht. Ja, Bäuche, die kamen, warteten und verschwanden. Unterschiedliche Bäuche. Einige so unbedeutend, dass sie den Namen nicht verdienten. Andere von der Größe einer Wassertonne und einige von einem Format, dass sie die ganze Halle ausfüllten und den Besitzer zwangen, mit den Beinen außerhalb stehen zu bleiben und dort mit den Füßen zu trampeln.

Einige Male war ich nahe daran zu öffnen, aber ich unterließ es, da ich nicht sicher war, ob der betreffende Bauch wirklich zu Puschkin oder Schukowski gehörte. Meine glänzende Idee war vielleicht doch nicht so brillant, alles in allem. Doch solange ich hier saß, war ich zumindest vor Demütigungen sicher. Sie hatten mich eingeladen, um jemanden zu haben, den sie demütigen konnten, das war's! Mich zu demütigen, indem sie mich nicht sahen. Ein mieser kleinrussischer Kuhschiss, so klein und unbedeutend, dass er es nicht wert war, auf ihm herumzutrampeln.

Ich gähnte. Die Anspannung, der Champagner, das viele Essen – besonders die Spargel, glaube ich – hatten mich müde gemacht. Sollte ich aufgeben, mich aus dem Staub machen? Ich sank zusammen, hatte nicht mehr die Kraft, mich aufzurichten und jeden neuen, rumpelnden Magen in Augenschein zu nehmen. Meine Lider waren schwer.

Gott weiß wie, aber plötzlich war ich in Sorotschinzy! In der herrlichen Ukraine, unter jungen Mädchen, die Mohnsamen kauten, und frohen, tanzenden Kosaken. Lebenslust, Freude, warmes Lachen. Und Ernst, und Feierlichkeit, denn jetzt nahmen alle Haltung an. Die Zarenhymne erklang, laut und schön.

Bozje, tsarja chrani!
Silnyj, derzjavnyj ...

Jemand störte den Gesang. Lautes Rufen und ein polterndes Geräusch waren zu hören. Unerhört! Schande!

Plötzlich hörte ich Puschkins Stimme! Wo war ich? Ach so, ja! Ich lauschte. Puschkin stand draußen!

Der Gesang ertönte, immer noch laut und schön. Puschkin war es, der Schukowskis schöne Hymne sang. Kein Zweifel. In diesem Augenblick!

Puschkin stand zwar draußen, aber er sang nicht. Und allein war er auch nicht. Alle standen sie da. In einer Schlange? Nein, im Halbkreis, die Blicke auf mich gerichtet. Jetzt nahmen sie Kenntnis von mir, das muss man sagen. Man könnte sogar behaupten, sie rissen die Augen auf.

»Unerhört!«

»Eine Schande!«

Der Gesang schallte, immer noch laut und schön.

Stark und mächtig
Möge er herrschen
Uns zur Ehre
Den Feinden zur Furcht
Gott schütze den Zaren!

Die Hymne kam aus meiner Kehle! Ich verstummte schlagartig.

»Verzeihung, ich bitte um Verzeihung«, stammelte ich. »Sie verstehen, ich habe jemanden gehört, ich war genötigt, ich meine, aus vaterländischen Gründen. Ja, es hätte sich hier ja jeder Unbefugte einschleichen können, um ... Stellen Sie sich vor: Sie stehen hier am Fenster und schauen hinaus. Da unten kommt einer mit einem Karren voller Ikonen und Paletots ... Sieh mal, sagen Sie, die sehen ja aus wie unsere! Ganz und gar nicht. Es sind Ihre! So was kommt vor, meine Freunde, also ging ich hierher und, ja, wie gesagt. Außerdem liegt mein Magen verkehrt herum und ...«

Sie starrten. Ihre bösen Blicke trafen mich. Ich konnte mich nirgends verstecken.

»Verkehrt herum?«, hörte ich eine Stimme. Puschkins Stimme!

»Ja! Das war er wohl schon immer. Aber jetzt ist es konstatiert worden. Deutsche Ärzte, Lübeck, Spezialisten!«

Puschkin lachte – ein helles, freundliches Lachen, ganz anders als das Petersburgische.

»Sie mussten nach Lübeck fahren, um es konstatieren zu lassen?«

»Genau! Nach Lübeck, um es schwarz auf weiß zu bekommen: Nikolai Gogols Magen liegt verkehrt herum. Das Unterste zuoberst gekehrt, kurz gesagt.«

Puschkin lachte laut, sah mich mit sichtlichem Interesse an. Was für gütige Augen dieser Mann hatte!

»Und außerdem«, fuhr ich fort. »Außerdem soll man nicht schlecht über lange Nasen reden, nicht wahr?«

»Gogol«, sagte Puschkin. »Sie sind ein lustiger Kauz. Verkehrt herum, wie ist das möglich, wenn ... Hören Sie, warum kommen Sie nicht mal zum Essen zu mir!«

Wann denn, wann denn?, wollte ich fragen, aber Puschkin war verschwunden. Es spielte keine Rolle. Ich war bei Puschkin eingeladen!

»Du kommst auch, Wassili«, hörte ich Puschkin am anderen Ende der Halle sagen.

Der Langfinger mit der Radieschennase verschwand in der Toilette. Die übrige Gesellschaft war auch im Aufbruch. Einige schickten mir lange Blicke nach. Schauten zu mir auf, denn ich befand mich schwebend an der Decke der Halle. Hinauf und die Flügel erprobt, immer höher, ich war draußen, oben, unter Wolken schwebend. Bozje, tsarja chrani!

Die Pforten des Himmels hatten sich geöffnet, es gab keine verschlossenen Türen mehr. Puschkin war der Schlüssel zum Erfolg, jedenfalls in St. Petersburg. Mein Ziel war erreicht!

Ich habe dafür niemandem zu danken als meinem Magen. Ohne ihn wäre ich nicht nach Russland zurückgekehrt, nicht zu dieser Veranstaltung gekommen und wäre Puschkin und Schukowski nicht begegnet.

Nicht nur einem, sondern zwei Dichtern war ich begegnet! Danke, lieber verkehrt liegender Magen!

Früchte des Erfolgs

Im Märchen begegnet der kleine Junge, der in die Welt hinauszieht, immer einem Helfer. Ich war zweien begegnet, Dichtern noch dazu. Im Sommer 1831 sah ich sie so gut wie täglich, Puschkin und Schukowski. Wir machten zusammen Spaziergänge, und selbst der Himmel über St. Petersburg war hell und hoch. Wir tranken Tee und aßen zu Mittag. Wir sprachen über die Kunst. Ich war zweiundzwanzig, Puschkin zweiunddreißig und Schukowski achtundvierzig Jahre alt. Schukowski war wie ein Vater für mich, Puschkin wie Vater und Bruder. Wir kamen ei-nander sehr nahe. Ich hatte beide sehr gern, aber Puschkin liebte ich.

Ich hatte kein Geld. Sie halfen mir. Ich fand Privatschüler, fand eine Stellung an einer Mädchenschule, dem Patriotischen Institut. Die Türen zu den Redaktionen der literarischen Zeitschriften öffneten sich mir, und ich konnte einige Erzählungen verkaufen.

Schilderungen aus dem Leben des einfachen Volkes, das wollten die Leute. Ich schrieb an Mutter und bat sie, mir umgehend alles zu schicken, was sie über Leben und Sitten der Bauern, ihre Redeweise, ihre Gewohnheiten und ihren Aberglauben wusste und finden konnte. Dinge, die sich ereignet hatten, lustige oder unschöne – her damit! Ich selbst las alte Sagen, erforschte volkstümliche Wörter und Ausdrücke und bastelte aus alledem und dem, was ich selbst gehört hatte, ein paar Erzählungen zusammen und verdiente ein gutes Stück Geld.

Im Herbst 1831 veröffentlichte ich den ersten Teil der »Abende auf dem Weiler bei Dikanka«. Im Frühjahr 1832 erschien der zweite Teil.

Ohne es erstrebt zu haben, war ich plötzlich der am meisten Gefeierte unter den jungen Schriftstellern Russlands! Innerhalb weniger Jahre hatte sich die Niederlage mit »Hanz Küchelgarten« in einen vollständigen Triumph verwandelt.

Und die Früchte des Erfolgs? Neue Kleidung und gutes Essen, fünfhundert Rubel als Brautgeschenk für meine Schwester Maria, das Versprechen an Mutter, ihr, wenn ich richtig reich würde, Geld zu geben.

Der Erfolg brachte Erwartungen mit sich. Ich war der neue Autor, von dem alle große Dinge erwarteten. Man wird begreifen, dass ich mich geschmeichelt fühlte!

Nun wurde ich von feinen, reichen Menschen zum Essen eingeladen. Ständig wurde ich um Auftritte gebeten. Lass sie betteln! »Lieber Nikolai Wassiljewitsch, keiner liest so wie Sie!«, sagten sie.

Das stimmte. Nicht einmal Puschkin konnte sich im Vorlesen mit mir messen. Ich entwickelte bis zur Meisterschaft, was ich in Neschin begonnen hatte. Aber war es meine Lebensaufgabe, als Vorleser aufzutreten?

Alle waren sehr freundlich. Lachten über meine Scherze. Hörten scheinbar aufmerksam zu. Waren voller Hochachtung. Sie würden mir immer zulächeln, was ich auch sagte, würden brav sitzen bleiben, bis die Geschichte zu Ende war. Aber ich traute diesen vornehmen Menschen nicht. Ihre Stimmen schmeichelten, doch ich ahnte den Verrat darin. Sie empfanden Hochachtung für den Schriftsteller, nicht für mich! Über mich lachten sie. Verstanden mich nicht. Sie verstanden nichts, absolut nichts vom Leben und von den Menschen, die ich schilderte. Ich hätte es ihnen sagen sollen in ihre höflichen Gesichter hinein: Je vornehmer und höher eine Klasse, desto dümmer ist sie!

Doch man soll nicht so dumm sein …

Aber ich wusste: Wenn das Kommando dazu kam, würden sie nicht lange brav sitzen bleiben, sondern mir an die Kehle springen!

Nach der Lesung kamen sie zu mir nach vorn. »Phantastisch!«, sagten sie. Anfangs glaubte ich ihnen, bildete mir sogar ein, dass sie mich mochten. Aber alles war nur eine Farce! Ich sah es ein, vergaß es jedoch leicht. Manchmal stellten sie Fragen zu der Erzählung. Wenn ich dann erklären wollte, hörten sie nicht zu.

Jemand legte mir den Arm um die Schulter, und ich erschauerte. Jemand berührte meinen Arm, als könne er sich dadurch ein wenig von der Magie meines Erfolgs aneignen. Dabei nahm er mir etwas!

Der Erfolg brachte Angst mit sich. Früher hatte ich Angst vor rätselhaften Veränderungen und unerklärlichen Ereignissen gehabt, hatte das Jüngste Gericht, den Bösen und den Unsterblichen gefürchtet, die oft ein und dieselbe Gestalt annahmen. All das fürchtete ich auch jetzt noch, außerdem aber fürchtete ich die Menschen. Manche hätten ohne Zögern ihre Mutter oder ihren Vater verkauft, um in höhere Kreise zu gelangen, auch in die literarischen. Sie hätten ihren Christus verkauft.

Der Erfolg brachte Neid mit sich. Den Neid Bulgarins, des üblen Kritikers, der »Hanz Küchelgarten« mit seinem Hohn besudelt hatte, sodass mir nichts anderes übrig geblieben war, als das Buch zu verbrennen. Den Neid anderer, die jetzt meine Feinde wurden. Sie wagten nicht, mich offen anzugreifen, da ich unter dem Schutz Puschkins und Schukowskis stand. Aber man nickte vielsagend, redete hinter meinem Rücken. Als ob ich es nicht wüsste! So etwas merke ich. Wozu, glaubten sie, hatte ich meine Nase!

Ich merkte alles. Ich wusste genau, was sie sagten. Sie sagten, ich nutze Puschkins Freundlichkeit, seine natürliche Gastfreundschaft aus und bilde mir ein, der von Schukowski und Puschkin erwählte Freund zu sein, während ich mich in Wirklichkeit an sie hänge. Sie waren sich nicht zu schade, Puschkin Worte in den Mund zu legen: Dieser kleine, schlaue Ukrainer, der im Stande ist, einen zu berauben, ehe man um Hilfe rufen kann ...

Zu den Neidern gehörte Puschkins Frau, Natalja Gontscharowa. Puschkin war ihr erlegen, wie die meisten Männer. Sie war jung, reich, verwöhnt, und sie war es gewohnt, dass alle sie anbeteten. Da ich sie ausschließlich als Ehefrau Puschkins behandelte, verabscheute sie mich. Sie war schön, aber ihre Seele war so schwarz und schmutzig, wie Puschkins hell und rein war. Eines Tages würden ihre Launen Puschkin ins Grab bringen. Schweigen wir von dem Luder!

Für eine Weile hatte ich Geld, aber es war bald verbraucht. St. Petersburg war nach meinem Erfolg ebenso teuer wie vorher. Die Stadt war so feucht und kalt wie zuvor. Kopfschmerzen und Magenbeschwerden quälten mich nach wie vor. Die Unruhe der Seele war groß wie eh und je. Kurz, das meiste war so wie gehabt.

Leider gehöre ich zu den Menschen, die sich nie richtig freuen können, aus Angst vor dem Kummer, der ja doch kommen wird. Erfolg bringt immer Widrigkeiten mit sich, auf Glück folgt Unglück, so sicher, wie auf Sonne Regen folgt. Ich verfluche das Schicksal, das mich so gemacht hat, aber leise und mit tausend Vorbehalten. Das ist am sichersten!

Der Erfolg machte es mir leicht, neue Freunde zu finden. Drei davon will ich hier vorstellen. Sie sollten in verschiedener Hinsicht sehr wichtig für mich werden. Sie hießen Pogodin, Aksakow und Belinski. Alle drei wohnten in Moskau, wohin ich Ende 1832 kam.

Pogodin war Archäologe und Historiker, und das waren Fächer, die mich interessierten. Er war Journalist und Zeitungsherausgeber, was mich ebenfalls interessierte. Er war eine einflussreiche Person in den literarischen Kreisen Moskaus. Das war durchaus nicht uninteressant. Pogodin war zweiunddreißig Jahre alt. Er war der Sohn eines Leibeigenen und hässlich wie ein Affe. Seine Stellung hatte er durch eigene Begabung und Arbeit erreicht. Vielleicht auch, weil er rücksichtslos gewesen war?

Pogodin heuchelte nicht, wenn er von der Klasse sprach, aus der er stammte. Er konnte sehr schön über die Leibeigenen sprechen, war aber auch fähig, von ihrer Rückständigkeit und Bosheit zu reden, was die wohlmeinenden Liberalen aus den besseren Kreisen niemals gewagt hätten. Die Oberschicht, mit der Pogodin sich gut stellte, verachtete ihn. Er wusste genau wie ich, dass er, egal wie er sich benahm, in der feinen Welt niemals ganz akzeptiert werden würde.

Pogodin empfing mich freundlich. Vor ihm brauchte ich mich nicht aufzuspielen. Er war großzügig, er stellte mich den Leuten vor, »die mir nützlich sein konnten«.

Hätte Pogodin mich genauso freundlich aufgenommen, wenn ich Nikolai Wassiljewitsch Sowieso gewesen wäre und nicht Gogol, der junge Schriftsteller, der von allen in Russland am meisten gefeiert wurde? Ich weiß es nicht. Andererseits, hätte ich mich bemüht, Michail Petrowitsch kennenzulernen, wenn er nicht Pogodin gewesen wäre?

Vom ersten Augenblick an wussten wir, wer wir waren. Wir waren ehrlich. Es gibt schlechtere Grundlagen für eine Freundschaft. Heute tue ich dir einen Gefallen, morgen du mir …

Pogodin brachte mich mit Sergej Aksakow und dessen Familie zusammen. Aksakow war zwischen vierzig und fünfzig, er war Poet, Übersetzer und wie Pogodin ein einflussreicher Mann im kulturellen Leben. Er besaß ein sehr großes Gut, war reich, von feiner Familie, freundlich, gebildet. Solche Menschen verlangen nichts von einem Menschen wie mir.

Bei meinem ersten Besuch bei Aksakow hatte ich mich wie ein englischer Dandy angezogen. Wenn man so gekleidet ist und eine enorm dicke Uhrkette aus der Tasche einer mehr als prächtigen Weste baumeln läßt, dann weiß man, warum die Menschen einen anstarren.

Es musste höchst unrussisch und abstoßend auf ihn wirken, aber Aksakow ließ sich nichts anmerken. Das machte mich unsicher. Auch seine Frau, Olga Semjonowna, und seine Kinder reagierten nicht darauf. Sie hatten einen weiten Horizont und hegten keine Erwartungen.

»Ich möchte Ihnen für die wunderschönen Erzählungen danken, die Sie uns geschenkt haben«, sagte Olga Semjonowna beim Essen.

Lob gefällt mir, aber es macht mich stumm.

»Wie machen Sie das nur?«

»Tja … Ich schrieb an meine Mutter, die Nachbarn haben erzählt, und dann gab es da eine Geschichte von einem Schmied und …«

Sie hörten interessiert meinen Dummheiten zu, die um so größer und zahlreicher wurden, je nervöser ich wurde. Ich bemerkte, dass ich dabei war, das Brot in meiner Hand zu zerbröseln. Ich nahm einen Bissen und versuchte, es in die Terrine mit der Störsuppe zu werfen. Daneben. Ich versuchte es noch einmal. Getroffen!

Störsuppe mit eigenhändig zerkrümeltem Brot – was für eine Spezialität!

Aksakow lächelte. Sie hörten, was sie hören, und sahen, was sie sehen wollten – nämlich nichts.

»Was halten Sie von den Reformen Peters des Großen, Nikolai Wassiljewitsch?«

Ich antwortete nicht, aber Olga Semjonownas Champagnerglas hatte einen schönen Klang – edelstes Kristall! Ich überlegte, wie es klingen würde, wenn ich Sergej Aksakow damit an die Stirn pochen würde.

»Der westliche Einfluss kann unser liebes Vaterland teuer zu stehen kommen, nicht wahr?«

Ich antwortete nicht.

»In der russischen Seele gibt es etwas, das ...«

Nicht ich war es, der warf. Die Brotbrocken befreiten sich aus meiner Hand und flogen eigene Wege. Aksakow nahm es nicht übel. Außerdem kamen ein paar Tauben hereingeflogen und schnappten die Krumen auf. Aksakow bemerkte auch das nicht. Immer mehr Vögel kamen herein, und ich dachte daran, ihnen wie der heilige Franziskus eine kleine Predigt zu halten. Aber da waren sie verschwunden, und es erübrigte sich.

»Eine vorzügliche Mahlzeit«, sagte ich. »Besonders die Störsuppe.«

»Schön, dass Sie unsere bescheidene Kost zu schätzen wissen.«

»Wenn ich davon nur keine Magenschmerzen bekomme«, sagte ich. »Das passiert mir leicht, wenn der Fisch nicht richtig gekocht ist.«

»Das ist er bestimmt.«

»Am schlimmsten ist es, wenn er zu lange gekocht worden ist«, sagte ich. »Ein paar Sekunden genügen – dann ist der Schmerz noch größer.«

»Tut mir Leid, das zu hören«, sagte Sergej Aksakow.

»Schlimmer ist es für mich, es zu spüren«, sagte ich. »Mein Magen liegt verkehrt herum, Sie können es sich sicher vorstellen!«

Vielleicht sollte ich meine Worte besser wählen. »Das Gerücht darüber ist mir und erwähntem Magen wohl vorausgeeilt?«

»Nein, wir haben nicht ...«

»Dann muss ich es erzählen!« sagte ich. Die Worte rissen mich mit, und ich ließ mich lange über die Qualen aus, die mir mein Magen verursachte. Ich wurde beredt, wie so oft, wenn ich von Krankheiten spreche, und ich beschränkte mich nicht mehr auf den Magen. Die Aksakows nickten teilnehmend, schüttelten bekümmert den Kopf und gaben auf mancherlei Weise zu verstehen, wie Leid ich ihnen tat.

Da ich im Laufe der Jahre von einer ganzen Reihe von Krankheiten heimgesucht worden war und ich sie eingehend beschrieb, saßen wir lange am Tisch.

Am Ende waren meine Beine eingeschlafen, und ich musste von vorn anfangen, da ich nicht aufstehen konnte.

»Mein Vater war genauso«, sagte ich. »Es gab Leute, die behaupteten, seine Krankheiten seien eingebildet. Aber er ist gestorben! Ich war damals sechzehn Jahre alt.«

»Armer Nikolai Wassiljewitsch.«

»Obwohl er eigentlich nicht an einer Krankheit starb. Er starb so jung, weil er eine schwache Konstitution hatte. Seine Kräfte waren verbraucht, sein Leben war gelebt. An seinem Tod war also niemand schuld.«

Ich schwieg. Was war ich nur für ein Mensch? Jedenfalls nicht der heilige Franziskus. Nun hatte ich sie alle stundenlang mit meinem dummen Gerede gelangweilt. Wie sehr sie sich auch von mir unterschieden, wie sehr sie sich mir auch überlegen fühlten, ich hatte kein Recht, sie zu quälen und zu beleidigen. Welch seltsame Kraft zwang mich dazu?

Murmelnd brachte ich heraus, dass ich gehen müsse.

»Schon? Wann werden wir Sie wieder sehen? Sie sind wirklich ein origineller Mensch. Denken Sie daran, dass Sie immer herzlich willkommen sind!«

Wenn Christus wieder einmal erschiene und vor mich hinträte, ich wäre der erste, ihn zu beleidigen! Womit? Mir würde schon etwas einfallen! Was für ein niedriger und boshafter Mensch ich war ... Bedeutete das, dass ich meinem Land nicht als Schriftsteller dienen konnte? Ich musste plötzlich lachen. Ich lachte so heftig, dass sich meine Augen mit Tränen füllten. Die Aksakows lachten auch. Ihre Blicke hingen wie Blutegel an meinem Gesicht. Sie erwarteten nichts von mir und waren gleichzeitig bereit, mich jenseits aller Vernunft zu verehren.

Bei Aksakows traf ich Belinski. Zwei Jahre jünger als ich, war er bereits ein bekannter Kritiker. Er war in Tschembar aufgewachsen, wo sein Vater Amtsarzt war. 1829 war er nach Moskau gekommen, um sich an der Universität einzuschreiben. Von dort war er relegiert worden, weil er ein Stück geschrieben hatte, das für die Leibeigenen Partei ergriff. Alles hat einen Sinn, er konnte sich seither ernsthaft der Literatur widmen.

Belinski und ich sind nie enge Freunde geworden. Wir hielten unsere Gespräche auf einem allgemeinen Niveau, eine Form von Freundschaft, die großen Wert hat. Wir brauchten auf das Leben des jeweils anderen keine Rücksicht zu nehmen, konnten uns als diejenigen begegnen, die wir waren, ohne die Menschen hervorholen zu müssen, die wir einmal gewesen waren, all diese Gespenster. Wir brauchten nicht alles zu erzählen!

Moskau gefiel mir, »Mütterchen Moskau«. Das Mütterchen hatte gütige Augen, es hatte ein warmes Herz, ein echtes russisches Herz.

St. Petersburg war eine künstliche Schöpfung, eine Wirklichkeit voller erkälteter Seelen. Sie blickte einen mit kalten Augen an. Um es mit Belinski zu sagen: Wer in Petersburg leidet, ist ein Mensch. Wer es nicht tut, ist entweder reich oder Minister.

Ich war weder reich noch Minister, aber ich ging trotzdem zurück. Petersburg war die Stadt, »wo die Dinge geschahen«, und dort konnte man sich selbst erkennen.

»Wenn Sie mit Uwarow sprechen und die Rede auf mich kommt, so sagen Sie, Sie seien bei mir gewesen und hätten mich kaum noch lebendig vorgefunden. Tadeln Sie mich bei dieser Gelegenheit gehörig dafür, dass ich hier wohne und mich nicht schleunigst aus der Stadt davonmache; sagen Sie, die Ärzte hätten mich geheißen, augenblicklich abzureisen. Und nach einem Hinweis darauf, dass es sehr wohl in einem Monat endgültig mit mir aus sein könnte, wäre das Gespräch auf etwas anderes zu bringen, etwa auf das Wetter oder dergleichen. Ich glaube, das wäre nicht ganz nutzlos.«

Der Brief war an Puschkin gerichtet. An der neuen Universität in Kiew war eine Geschichtsprofessur zu besetzen, und der Kultusminister Uwarow hatte das letzte Wort.

Erfolg bringt es mit sich, dass man Gerechtigkeit einfordert. Ich bin kein vorlauter und berechnender Mensch, kann aber zielbewußt sein, wenn es um die Wahrung meiner Rechte geht. Es war gerecht und nur natürlich, wenn ich als Ukrainer Professor in der Ukraine wurde! Dass ich keine akademischen Meriten hatte, war kein Nachteil, im Gegenteil!

Es mag seltsam anmuten, dass ich bereit war, eine ganz neue Laufbahn einzuschlagen. Doch ich habe stets versucht, den Platz zu finden, an dem ich meinem Land dienen konnte. Ich hatte in einer Behörde gedient, war Privatlehrer gewesen, hatte am Patriotischen Institut gearbeitet, hatte unerhörten Erfolg mit meinen Erzählungen aus der Ukraine gehabt. Ich war berühmt, doch meiner Lebensaufgabe war ich nicht sicher! Den Erfolg als solchen hatte ich nie erstrebt. Ich wollte meinem Land dienen. Und ich sehnte mich heim.

Ich wollte zurück in die Ukraine, in das Land meiner Väter. Und auch zeitlich wollte ich zurück, zu den Toten. Zurück in die Geschichte.

Ich würde die Geschichte der Ukraine schreiben! Das sollte ein Werk werden! Ich würde sie erzählen, wie man sie noch nie erzählt hatte! In den alten Liedern lag das Geheimnis unserer Geschichte. Ich würde es offen legen. Nichts würde meiner Schöpfung vergleichbar sein!

Meine Pläne waren großartig. Mehr als Pläne! Im Kopf hatte ich schon zwei Bände fertig. Nach Kiew, in meine geliebte Ukraine, in die herrlichste Natur, die Gott erschaffen hatte! Mein Land, lass nichts zwischen uns treten! Mein Blut kocht wie die wilden Wasser des Dnjepr! Küsse mich, segne mich! Lass mich zu dir kommen! Bald, bald!

Mein literarischer Erfolg entschied über mein Schicksal. Neidische und böswillige Menschen machten meinen Plan zunichte.

Vielleicht war ich gar nicht in Betracht gekommen. Uwarow und sein Anhang hatten es mir vorgespiegelt, um sich auf meine Kosten amüsieren und über meine Träume lachen zu können. Es gibt solche Menschen, besonders in Petersburg.

Was geschah, war nicht Gottes Wille, sondern das Werk der Menschen.

Gott sorgte jedoch für eine gewisse Gerechtigkeit, indem er es einrichtete, dass ich eine Anstellung als Gastdozent für mittelalterliche Geschichte an der Universität Petersburg antreten konnte!

Da blieb ihnen das Lachen im Hals stecken! Ich aber wusste: Ich durfte unter keinen Umständen versagen.

Meine Antrittsvorlesung an der Universität fand im Juli 1834 statt.

Sehr nervös betrat ich den Hörsaal, der voll besetzt war. Mir stand der Schweiß auf der Stirn. Die Studenten betrachteten mich. Waren sie so einfältig zu glauben, die innere Unruhe eines Menschen habe etwas mit seinen Fähigkeiten zu tun, eine Vorlesung zu halten? Ein bißchen vielleicht: Ohnmächtig konnte ich keine Vorlesung halten.

Was für ein grauenhaft misstrauisches Schweigen! Sie warteten darauf, dass ich begann. Wie viele warteten darauf, dass ich versagte? Halb St. Petersburg, und diese Hälfte war hier, in Gestalt seiner Agenten. Ich durfte nicht versagen.

Ich hatte meinen Vortrag auswendig gelernt. Hätte ich nur anfangen können, dann wäre mein Problem aus der Welt gewesen. Aber ich brachte keinen Ton heraus.

Da fiel mein Blick auf einen klein gewachsenen Studenten. Sein Haar war nach Kosakenart geschnitten, und sein Blick war mild und hell, wenn auch etwas ungeduldig. Er war aber ungeduldig, weil er etwas lernen wollte! Sein Blick strahlte eine große Sehnsucht nach Wissen und Wahrheit aus.

Und da gelang es mir, mit dünner, jämmerlicher Stimme die Stunde zu beginnen.

»Die Welt muss präsentiert werden in eben der kolossalen Größe, die sie in Wirklichkeit hatte, es müssen jene geheimnisvollen Wege der Vorsehung sichtbar werden, die die Welt auf so unbegreifliche Weise zeichnen …«

Ich skizzierte die großen Züge der allgemeinen Geschichte. Meine Stimme wurde fester. »Wie Nationen oder einzelne Individuen ihre Ziele erreichen oder verfehlen …« Das Interesse wuchs. Noch ehe ich die Vorlesung beendet hatte, wusste ich, dass ich es geschafft hatte!

»Beim nächsten Mal gehe ich genauer auf Einzelheiten und Analysen ein. Vielen Dank!«

Man bildet sich gern ein, ein erstes Gelingen sei die Garantie für ewigen Erfolg. Das ist nicht der Fall, man muss es auch beim zweiten und dritten Mal schaffen und … Man muss sich jedesmal selbst übertreffen!

Das tat ich nicht. Der Grund dafür war, dass die Studenten nach und nach das Interesse verloren. Das fehlende Echo hatte zur Folge, dass meine Vorlesungen schlechter wurden. Erschrocken begriff ich, dass ich immer mehr wie die Lehrer in Neschin wurde.

Jedesmal kamen weniger Zuhörer. Meine Kollegen freuten sich, denn für sie war ich ein Eindringling, jemand, der unter Vorspiegelung falscher Tatsachen in ihre Welt eingedrungen war. Was wollten sie? Dass ich in wenigen Wochen die Mittelaltergeschichte in zehn Bänden schrieb, die ich versprochen hatte?

In einer Ecke der Lehrerbibliothek stand ein Sessel, die Lehne dem Raum zugewandt. Wenn man sich darin versinken ließ und die Arme an die Seiten preßte, konnte man nicht gesehen werden. Wie oft saß ich in diesem Sessel und hörte den anderen Lehrern zu! Nie während meiner Zeit an der Universität kam mir auch nur ein einziges gutes Wort über einen anderen zu Gehör, am wenigsten über mich.

Am schlimmsten von allen war Professor Analogin: »Er versucht, seinen Mangel an Kenntnissen zu verbergen, indem er den Originellen spielt! Geschichte ist Vernunft, nicht Gefühl. Er ist kein Historiker. Habt ihr gehört, dass er mindestens jede zweite Stunde fehlt? Es ist ein Rätsel, wie er die Stelle bekommen konnte. Auf Empfehlung Puschkins und Schukowskis, heißt es. Schade um die Studenten. Ein schrecklicher Egoist, dieser Mann. Berechnend, bereit, alles dem eigenen Erfolg zu opfern!«

Manchmal hatte ich das Gefühl, Professor Analogin und die anderen wussten sehr wohl, dass ich in dem Sessel saß und verdrossen ihren Worten lauschte.

Ich hatte versucht, das Vergangene, die Toten und ihre Werke, lebendig werden zu lassen. Ich hatte versucht, von jenen Leben zu erzählen, die nicht mehr gelebt wurden und uns doch alle lenkten. Ich hatte auch jene hervorgehoben, die nie geboren werden durften. Mir ging es darum, genau zu erforschen, was hätte geschehen können, das, was niemals Wirklichkeit geworden war, all diese unendlichen Möglichkeiten. Und dann zu verkünden, was sein, was werden kann.

»Gogol ist kein Historiker.« Auch diejenigen, die eigentlich meine Freunde waren, ließen sich von solchem Gerede täuschen. Sie ließen sich von dem täuschen, wie jemand oder etwas zu sein hatte. »Zu sein haben« bedeutete für sie »sein«.

»Gogol schadet dem Ansehen der Universität. Es ist ein Skandal, dass niemand eingreift. Sechzehn Monate dauert die Farce schon! Aber nicht mehr lange! Gogol ist fertig. Habt ihr gesehen, wie der heute ankam? Den ganzen Kopf umwickelt! Ich wette, er kann seine Vorlesung nicht halten. Wer hält dagegen?«

Als ich die schadenfrohe Stimme in der Bibliothek hörte, schwor ich, die Vorlesung trotz meines umwickelten, vor Zahnschmerzen zerspringenden Kopfes zu Ende zu führen.

Ich kam rechtzeitig in den Hörsaal. Es waren nicht viele Studenten da. Die Anwesenden grinsten. Vielleicht, weil ich die Zipfel des Halstuchs über dem Scheitel verknotet hatte?

Ich machte den Studenten Zeichen, versuchte, ihnen verständlich zu machen, dass ich wegen starker Zahnschmerzen nicht sprechen konnte. Sie grinsten und kicherten.

Grinst ihr nur!, dachte ich. Ich werde diese Vorlesung zu Ende führen, irgendwie!

Ich musste etwas sagen, nur ein paar Worte! Ich steckte einen Finger unter das Halstuch und zog es herunter, um den Mund öffnen zu können. Das genügte nicht. Das Resultat war nur ein dumpfes, undeutliches Murmeln. Außerdem nahm der Schmerz zu, wenn auch nicht im

Zahn. Das Übel wanderte hoch in den Kopf, dorthin, wo der Knoten saß. Mir wurde schwarz vor Augen. Ich dachte an meinen Schwur, und es gelang mir, mich auf den Beinen zu halten. Ich konnte das Halstuch lösen und acht Worte ausstoßen: »Die Architektur verschiedener Länder zeigt deutlich ... wie gesagt!«

Ich schaute auf die Uhr. Es waren nicht viele Minuten vergangen. Erklärend zeigte ich auf meine Wange und band das Halstuch wieder um, diesmal mit dem Knoten unter dem Kinn.

Direkt vor mir versuchte ein bleicher Jüngling ein Gähnen zu unterdrücken. Sein Name ist vielleicht von Interesse: Iwan Turgenew. Richtig, einer dieser jungen Realisten, die ihre Kunststückchen betreiben und um die heutzutage so viel Aufhebens gemacht wird. Realist, du kannst mich mal!

Ich öffnete den Mund, um etwas über sein unpassendes Benehmen zu sagen. Versuchte, den Mund zu öffnen, ich hatte das Halstuch vergessen. Meine Kiefer mahlten ins Leere, ich sah einen Fisch vor mir, der aufs Land geworfen worden war. Ich selbst, bald tot. Niemand, außer Turgenew, versuchte sein böses Grinsen zu verbergen.

Warum geriet ausgerechnet ich immer in so peinliche und unerträgliche Situationen?

Bei meiner ersten Vorlesung war es darum gegangen, den Anfang zu finden. Jetzt galt es, zum Abschluss zu kommen. Ich hatte mir selbst geschworen, diese qualvolle Stunde durchzustehen. Hatte mich einer entscheidenden Prüfung gestellt. Ich sah die Studenten an. Was wollt ihr von mir? Nichts von dem, was ihr wollt, kann ich euch geben.

Mein Kopf schmerzte, mein Magen noch mehr. Das Wenige, das ich die letzten Tage zu mir nehmen konnte, hatte ich sofort wieder von mir gegeben. Mein Körper gehorcht seinen eigenen Gesetzen. Ich kann sie übertreten, mein Kopf und mein Magen aber können es nicht. Im übrigen hatte ich überall Schmerzen, schon seit längerem. Das Halstuch hatte ich gegen die Zahnschmerzen umgebunden, weil ich fürchtete, niemand würde mir glauben, wenn ich sagte, ich habe Kopf- oder Magenschmerzen. Aber auch an meinen Zahnschmerzen schienen sie zu zweifeln.

Unendlich langsam kroch die Zeit dahin. Ich fühlte mich sehr müde. Was hatte ich hier zu suchen? Ich schloß die Augen. Wer stand hier? War ich es? Wer war ich?

Ich war natürlich ein Geschöpf meiner Mutter und meines Vaters, meiner Vorväter, Wassiljewkas, ein Geschöpf der mächtigen Ukraine, der Taten meiner Vorväter, ihres Lebens ... Wisst ihr, wie jemand, der versagt, bei den Kosaken bestraft wird? Das ist eine Geschichte für sich!

Die Ukraine ist ein Teil Russlands, Russland ein Teil der Welt. Auch ich war ein Teil der Welt. Alles, was geschah, war für mich von Bedeutung. Auch das, was geschehen war. Was vor zehn, vor hundert oder tausend Jahren geschehen war. Ich war ein Teil der Zeit, seit ihrem Anfang. So war es.

Als Gott die Welt erschuf, erschuf er mich. Am Anfang schuf Gott Himmel und Erde. Und die Erde war öd und leer, und Dunkel war über der Tiefe, und Gottes Geist schwebte über dem Wasser. Und Gott sagte: »Es werde Licht«; und es ward Licht. Und Gott sah, dass das Licht gut war; und Gott schied das Licht vom Dunkel. Und es wurde Abend, und es wurde Morgen ...

»Herr Professor!«

Ich zuckte zusammen.

»Die Zeit ist um.«

Die Zeit war um! Die Vorlesung war vorbei! Ich hatte meinen Auftrag abgeschlossen!

Ich wollte laut herauslachen. Das Halstuch behinderte mich. Ich rannte aus dem Saal, verfolgt von den erstaunten Blicken der Studenten. Es war das letzte Mal gewesen, ich wusste es. Ich hatte es geschafft. Ich hatte es geschafft, es nicht zu schaffen, kann man sagen. Das zum Beispiel ist eine der Früchte des Erfolgs.

Als ich draußen war, zerrte ich mir das Halstuch vom Kopf und lachte frei heraus. Alle Schmerzen waren verschwunden. Das Halstuch in der Hand, rannte ich fort. Ob man es glaubt oder nicht, nach einer Sekunde war ich auf dem Senatsplatz. Und mit einem Sprung saß ich rittlings auf dem bronzenen Pferd. Und wir sprengten davon, und im Nu war ich im Damals, in Sitsch. So handelt ein echter Historiker!

Seid ihr schon mal in Sitsch gewesen, dem großen Kosakenlager am Dnjepr? Ja oder nein, da gibt es nichts zu überlegen. Wer einmal in Sitsch war, vergißt es nie! Die Sorglosigkeit dort und die Freiheit!

In Sitsch schießt man um die Wette, macht Pferderennen, jagt über die endlose Steppe. Hört ihr das frohe Lachen des Steppenhuhns? In Sitsch ist Lachen. Dort sind Ehre und Ruhm. Mut und Todesverachtung, gute Kameradschaft und zügellose, wilde Freiheit. Dort gibt es ununterbrochen ein Festmahl. Dort isst und trinkt man tage- und wochenlang. Dort werden alle Geschichten erzählt, Geschichten von dem, was kürzlich war, und dem, was vor langer Zeit geschehen ist.

Von Sitsch aus fliegen die Geschichten über den Dnjepr, über die Steppe, in alle Erzähldörfer der Ukraine, hinaus in die Welt! Sie sind Schöpfungen des Sommers, der Wärme, des Lichts und der Sonne!

Ich schwenkte das Halstuch, als ich durch Petersburgs Straßen lief. Menschen blieben stehen, drehten sich um und starrten mir nach wie einem heiligen Narren. Was machte mir das aus? Lebt wohl, Niedertracht und Bosheit, ihr alle, alle! Lebt wohl!

Ich schwenkte das Halstuch hoch über dem Kopf, lachte und schrie triumphierend: »Ich hab's geschafft, ich hab's geschafft!«

Bilde dir nichts ein!

Nicht?

Aber es muss doch ein schönes Gefühl sein, eine solche Phantasie zu haben.

Ich weiß nicht… Hört, ich habe versprochen zu erzählen, was mir im Besoldungsamt widerfuhr. Ich kann es jetzt tun, es handelt auch von der Phantasie.

Die Macht der Phantasie

Dieser Gogol, er kann einem alles Mögliche weismachen! Glücklich, wer eine solche Phantasie hat!

Glücklich? Ich weiß nicht, ob es das richtige Wort ist. Hört meine Geschichte und urteilt selbst!

Um jene Zeit lief ich in Petersburg umher und hungerte. Ich hatte nämlich eine elendig bezahlte Stelle als Schreiber im Besoldungsamt angetreten. Dieser Ort eignete sich sehr schlecht für einen jungen Mann, der nach St. Petersburg gereist war, um die Ungerechtigkeiten der Welt zu bekämpfen. Meine Arbeit bestand darin, die Ungerechtigkeiten schriftlich festzuhalten, die Lohnangaben säuberlich und zierlich einzutragen, niedrige Löhne für jene, die viel wert waren, hohe für alle anderen. Nun, eines Tages kam der Kollegienrat G. zu mir …

Kann mir jemand erklären, warum sich Beamte der sechsten Rangklasse immer so nahe vor einen hinstellen müssen? Das Gesicht des Kollegienrats befand sich so dicht vor meinem, dass seine Nase der meinen im Wege war, als ich ihm das Ohr zuwenden wollte. Ich war genötigt, mich zur anderen Seite zu drehen, mit dem linken Ohr zu ihm, auf dem ich schlecht hörte.

Diesmal machte es nichts. Der Kollegienrat war selbst

schwerhörig und sprach deshalb sehr laut. »Beim Kaiserlichen Ministerium für Pferdezucht abliefern!«, schrie er mir ins Ohr. »Wird erwartet! Am Empfang abliefern! Wichtige Dokumente!«

Warum gerade ich? Diese Frage setzte meine Phantasie in Gang. Handelte es sich um eine Degradierung? Oder stand vielmehr eine baldige Beförderung in Aussicht? Höherer Lohn und was dazu gehörte? Ich schnalzte zufrieden mit der Zunge.

Die wichtigen Dokumente waren gut verpackt. »Zu Händen Kollegienassessor D.« las ich auf dem braunen Paket, das nicht sehr breit, aber um so länger und höher war. Ich beförderte es auf die bequemste Weise, senkrecht und umgekehrt, was angehen mochte, solange ich mich in den Korridoren des Amts befand. Aber wenn ich hinauskam – was konnte dort draußen nicht alles passieren, wenn ich es so hielt! Jeder weiß, dass der Wind besonders hart an solchen Tagen weht, an denen ein kleiner Amtsdiener ein großes Paket durch die Straßen Petersburgs schleppen muss. Der Wind fasst sofort unter das Paket, und schwupps, weg ist es! Wenn man es festhält, wird man selbst mitgerissen, steigt auf wie ein Luftballon, und Gott allein weiß, was dort oben passiert, mit dem Paket und mit einem selbst. Ich zögerte lange, bis ich es wagte, hinauszutreten.

Ich drückte das Paket an meinen Bauch. Mit der linken Hand hielt ich es von unten umklammert, mit der rechten von oben. Ich hätte es an der Schnur tragen können, denn die war vorhanden. Aber auf dem Knoten der Schnur war ein Lacksiegel. Was wäre passiert, wenn ich das Paket an der Schnur angefaßt hätte? Das Siegel wäre natürlich geplatzt. Das hätte unfehlbar den Verdacht hervorgerufen, ich hätte das Paket geöffnet!

Es musste gehen, wie es eben ging. Um nicht vom Wind erfasst zu werden, der hart von vorn blies, bewegte ich mich geduckt mit gebeugten Knien seitwärts – eine unbequeme und auffällige Gangart. So blieb ich glücklich auf der Erde, erregte jedoch Aufmerksamkeit. Das war nicht gut! Es konnten sich außer mir noch andere dafür interessieren, was in dem Paket war. Um welche wichtigen Dokumente handelte es sich eigentlich? Es konnten alle möglichen sein, und das will nicht wenig heißen!

Einerlei, weiter jetzt, rasch! Es ging weiter, seitwärts, aber rasch ging es nicht. »Kutscher! Hierher!«

Als ich aber das abscheuliche Schurkengesicht des Kutschers aus der Nähe sah, bekam ich Angst. Sicher war er mal ein prächtiger Kirgisenjunge gewesen, hatte sich aber unter dem verderblichen Einfluss Petersburgs verwandelt in – in den Bösen selbst! Und diesem schwarzen Teufel konnte alles Mögliche einfallen. Zum Beispiel, mich zu irgendeiner finsteren Gasse hinter Sennaja zu fahren. Mir dort die Kehle durchzuschneiden und die wichtigen Dokumente zu stehlen. Solche Sachen, meine Herrschaften, passieren in St. Petersburg. Täglich!

Wie schrecklich schnell er fuhr! Immer schneller ging's. Konnte er nicht bremsen? Ging das Pferd durch? Immer schneller! Gleich kippen wir um! Schneller und schneller ...

»Anhalten!«

Der Wagen hielt an.

»Nein, fahren Sie«, keuchte ich.

»Wie denn nun, mein Herr?«, fragte der Kutscher, phlegmatisch, als wolle er eine lange Fahrt noch länger machen.

»Fahren Sie ...«

Schließlich kam ich dann doch beim Kaiserlichen Ministerium für Pferdezucht in der Abteilung für den Empfang eingehender Pakete an. Dort stand ein Tatar mit glatten Lippen und pfiff zerstreut vor sich hin! Ich zögerte. War es so undenkbar, dass er vergaß, das Paket weiterzugeben? Nein, es war sogar sehr wahrscheinlich! Und diesen glatten Lippen konnten alle möglichen Lügen entschlüpfen, am ehesten wohl die, dass er nie ein Paket bekommen habe! Das Sicherste war es, das Paket dem Kollegienassessor D. direkt zu übergeben.

Ich musste lange suchen, bis ich das Zimmer des Kollegienassessors fand. Dort erwartete mich ein merkwürdiger Anblick. Drei bleiche, magere Männer mit wilden, brennenden Augen saßen an einem Tisch. Darauf lagen die Abbildung eines Reiters zu Pferde und daneben ein gebratenes Schwein.

Die drei Männer sahen aus, als hätten sie seit Wochen nicht geschlafen. Und auch nicht gegessen, so wild, wie sie ihre Zähne in das Schwein schlugen. Und auch nicht getrunken: Sie kippten massenweise Rotwein in sich hinein, Rotwein von der Sorte, die in Petersburg unter der Bezeichnung Tjosan oder Tjutet verkauft wird. Ich bat um Entschuldigung, dass ich die Mahlzeit störe, und fragte nach Kollegienassessor D.

»Er ist nicht da.«

»Ich komme vom Besoldungsamt.«

»Ist das von T.?«, fragte der Magerste von den dreien, ohne mit dem Essen aufzuhören.

»Nein, von G.«

Der Magerste leckte sich das Schweinefett von den knochigen Fingern. »Dann können Sie es mir geben«, sagte er.

Froh, meinen Auftrag erledigt zu haben, reichte ich ihm das Paket.

Ich sprang die Treppen hinunter. Dann, bei der Abteilung für den Empfang ankommender Pakete, beim neuerlichen Anblick des Tataren mit den glatten Lippen, fiel mir ein, dass der Magerste ja ebenfalls vergessen konnte, das Paket weiterzugeben. Oder dass er es versehentlich auffraß! Ich kannte seinen Namen nicht, wusste nicht, wem ich die wichtigen Dokumente übergeben hatte. »Dem Magersten …« Das ging nicht!

Ich rannte zurück. Jetzt war das Zimmer des Kollegienassessors leer. Der Magerste war verschwunden. Auch die anderen Knochengerippe waren nicht da. Kein Schwein … Das konnte doch kein Produkt meiner Phantasie gewesen sein? Nein, aber jetzt war nichts davon übrig, nicht der kleinste Ringelschwanz. Und von dem Paket auch nicht!

Tausende von Ursachen für das Verschwinden schossen mir durch den Kopf. Ja, die Macht der Phantasie ist groß. Von den grässlichsten Vorstellungen geplagt, irrte ich auf der Jagd nach dem Magersten lange im Ministerium umher, bis ich ihn plötzlich auf einem Korridor traf, wo er sich mit zwei erheblich dickeren Kollegen fröhlich wiehernd unterhielt. Gott sei Dank, er hatte das Paket bei sich!

»Verehrter Herr, ich habe Ihren werten Namen nicht verstanden.«

Er starrte mich an, lange, und sprach dann die befreienden Worte: »Iwan Iwanowitsch.«

In Anwesenheit von Zeugen. Ich verbeugte mich und verschwand schneller als ein Gehalt. Na also!

Na also? Durchaus nicht! Auf der Straße fiel mir ein, dass Iwan Iwanowitsch auf den Gedanken kommen konnte abzustreiten, das Paket mit den wichtigen Dokumenten jemals erhalten zu haben, und mir obendrein die Schuld für sein Verschwinden zu geben! Ich habe Zeugen, würde ich sagen. Vier Zeugen! Zwei magere Herren im Zimmer des Kollegienassessors D. und zwei fette Kollegen auf dem Korridor … Oder waren es in Wirklichkeit nur zwei insgesamt? Und die Dicken auf dem Korridor waren identisch mit den beiden Mageren, die jeder ein Drittel des Schweins verzehrt hatten? Einerlei, ich brauchte Namen. Namen, das war mir klar. Im Kaiserlichen Ministerium für Pferdezucht liefen magere und fette Männer zu Hunderten umher. Ohne Namen stand man schlecht da. Namen von Zeugen! Ich musste umkehren und die Leute suchen, die mit Iwan Iwanowitsch gesprochen hatten.

Iwan Iwanowitsch! Wie viele Iwan Iwanowitsche mochte es geben, von denen einer magerer war als der andere! Iwan Iwanowitsch! Das klang ja so falsch, dass es wehtat! Der verdammte Schuft hatte einen falschen Namen genannt!

Ich würde wohl noch heute auf meiner vergeblichen Jagd durch die Korridore irren, wenn nicht ein anderer scheußlicher Auswuchs der Phantasie von mir Besitz ergriffen hätte: Der Kollegienrat G. hatte in meinem Amt natürlich lange gewartet. Schließlich hatte er einen Boten an das Kaiserliche Ministerium für Pferdezucht entsandt, zum Empfang. Der Tatar hatte ihm, durchaus wahrheitsgemäß, mitgeteilt, dass kein Paket an Kollegienassessor D. eingetroffen sei. Was musste G. nun glauben? Natürlich, dass ich die wichtigen Dokumente gestohlen hatte! Schnell auf und zurück! Vielleicht war die Polizei schon informiert? Rasch jetzt! »Kutscher! Hierher!«

Was sah ich? Dasselbe scheußliche Schurkengesicht wie zuvor, das Gesicht des Kutschers, der mir fast die Kehle durchgeschnitten hätte! Egal! Zum Besoldungsamt! Schnell! So ist's gut!

Gut? Ganz und gar nicht! Wie Schuppen fiel es mir von den Augen, und ich sah alles in einem klareren Licht: Ich war blind gewesen. Jedes Kind hätte doch gemerkt und begriffen, dass die drei mageren Männer Revolutionäre waren. Und die wichtigen Dokumente nichts anderes als die geheimen, aufrührerischen Pläne für eine neue Gesellschaft, die die Dekabristen einst in Druck gegeben hatten! Sie waren, als der Aufstand misslang, versteckt, waren begraben worden, um aufzuerstehen, wenn die Zeit reif war. War sie jetzt reif? Ich wusste es nicht, aber nichts ist unmöglich, nicht einmal, dass der Kollegienrat G. zu jenen gehörte, die eine neue Revolution vorbereiteten.

So war es! Und jetzt erinnerte ich mich. Einige Tage zuvor hatte ich gehört, wie er erzählte, er habe sich die

Reiterstatue Peters des Großen angeschaut. »Angeschaut«, so sagt man, ja. »Angeschaut«, wer begnügt sich damit? Und wer glaubt schon, dass G. es tut!

G. wusste natürlich von dem Loch, aus dem man die Geheimdokumente fischen konnte, dem Loch, von dem Drugojew in Kibinzy bei unserem Wohltäter Troschtschinski gesprochen hatte. Die Dokumente, die mit so seltsamer Kraft aufgeladen waren, dass ... Die hatte ich durch die Gegend geschleppt! Die hatte ich verbummelt!

Das Kaiserliche Ministerium für Pferdezucht – was für eine perfekte Tarnung! Ich musste zurück, musste die Dokumente wiederhaben. Sonst würde ich als Mittäter gelten, als geheimer Kurier der Verschwörer! Warum mussten von allen Bediensteten gerade Sie, Herr Gogol, diese Dokumente überbringen?

Gute Frage, die nächste! Hehe! lachte ich. Aber die Polizei lacht nicht. Auch der Richter nicht, der mich trotz meines hartnäckigen Leugnens schuldig sprechen würde. So würde es kommen!

Ich werde zum Richtplatz geführt. Die Soldaten sind angetreten. Die Trommelwirbel dröhnen. Ein letztes Gebet. Mutter ist da, sie weint, alle weinen, ganz Petersburg beweint den Unschuldigen. Die Soldaten legen das Gewehr an. Und wenn schon, gestorben bin ich jeden Tag meines Lebens ...

Wartet! Wartet! Was würde passieren, wenn es mir gelang, die Dokumente wiederzubekommen? Dann würde ich tatsächlich mit den Dokumenten in der Hand erwischt werden! Verhaftung, Anklage, Urteil ... Wieder führte mich meine Phantasie zum Richtplatz.

Dieser Kollegienassessor D. ... D. wie Drugojew! Und T., der vermeintliche Absender des Paketes, nach dem der Magerste von den dreien fragte? T. wie Troschtschinski! Drugojew und Troschtschinski als Verschwörer! Ach was, meine Phantasie ging mit mir durch. Ging mit mir durch?

Wenn nun das Pferd wieder durchging! Dann würde … Genug, ich will nicht mehr!

Ich sank in den Wagensitz zurück und ließ mich von meiner Resignation und vom Kutscher zum Besoldungsamt bringen.

Dort reagierte niemand auf meine Ankunft! Es war, als sähe mich niemand; also konnte mich ja auch niemand verdächtigen? Rätselhaft war es aber doch. Wirklich rätselhaft. Was hatte das zu bedeuten? Es bedeutete sicher, dass …

Schon war ich wieder in Gang gesetzt. Ja, die Macht der Phantasie ist groß! Aber ist der Mensch glücklich, der eine solche Phantasie hat?

Jetzt habt ihr meine Geschichte gehört. Urteilt selbst, wie gesagt. Nein! Ich nehme es zurück! Wozu ihr mich verurteilen würdet, kann ich mir gut vorstellen!

Soll ich weitererzählen? Soll ich euch andere Beispiele für die Macht der Phantasie geben? Es wird nicht besonders lustig!

Wisst ihr, was ich mir in meiner Phantasie oft vorgestellt habe? Dass ich einmal mit einem Stück ins Alexandrinski-Theater in Petersburg kommen würde. Alle sind da. Puschkin und Schukowski, Pogodin, Aksakow, Belinski und die anderen aus Moskau, Danilewski, Basili und andere alte Schulkameraden aus Neschin. Wegen des mystischen Zwergs!

Die ganze Kulturelite Russlands ist da. Und die ganze Gesellschaft, die Repnins, Balabins, die Wielgorskis. Und die Gelehrten mit Professor Analogin an der Spitze, Bulgarin, dem Aas von Kritiker, mit seinen Chefs von der Geheimpolizei und allen anderen Feinden!

Gott schütze den Zaren!
Stark und mächtig

Möge er herrschen
Uns zur Ehre
Den Feinden zur Furcht
Gott schütze den Zaren!

Der Zar würde dort sein, um meinetwillen! Das stellte ich mir in meiner Phantasie vor. So sei es, sagte ich.

So kam es! Die Premiere meines Stücks »Der Revisor« fand im Alexandrinski-Theater statt – eine Folge der Macht der Phantasie? Es war 1836, dem Propheten zufolge in dem Jahr, wo der Jüngste Tag anbrechen würde.

Ich hatte ein gutes Stück geschrieben. Das Sujet hatte ich von Puschkin. Ein Gauner gibt sich als Beauftragter der Regierung aus, er lügt, er täuscht alle. Eine ganze Stadt kriecht und verbeugt sich vor dem Schwindler.

Ich saß in meiner Loge und beobachtete die ganze prächtige Gesellschaft, die sich eingefunden hatte. Alle waren da. Der Vorhang konnte aufgehen, das Spiel beginnen.

War es Einbildung, dass der Zar lachte? Dass alle anderen lachten? Worüber lachten sie?

Dürr war als Schwindler Chlestakow eine Katastrophe. Er und der Regisseur hatten Chlestakows Lügen überhaupt nicht verstanden. Chlestakow glaubt ja selbst an das, was er sagt. Er genießt es. Er will nicht lügen, und schon hat er vergessen, dass er es tut. Er ist wie ein Schriftsteller, der erzählt. Der Wahrheit so nahe, wie man es sich nur vorstellen kann, und die Lüge exakt so ausgesprochen wie die Wahrheit.

Auf die Bühne mit der Schlechtigkeit, hatte ich gedacht. Soll ganz Russland es sehen, und lachen. Wer vor nichts in der Welt Angst hat, fürchtet sich doch vor dem Lachen. Wenn das Lachen so viel Macht hat, warum es nicht ausnutzen?

Alle sollten daraus lernen und gut werden. Sie sollten lachen, aber das Lachen sollte hell und reinigend sein.

War es Einbildung, dass sie lachten? Ja, das war es! Sie johlten!

Das Stück spielt am zweiten Sonntag der Osterfastenzeit, am Tag des Jüngsten Gerichts. Am Schluß heißt es, der echte Revisor sei unterwegs. Dann sollen die Schauspieler einige Minuten lang stillstehen, schweigend. Das siebente Siegel war erbrochen, der Jüngste Tag gekommen, das Gericht ist nahe.

Der Regisseur und die Schauspieler aber hatten sich geweigert, so lange stillzustehen, schweigend. Eine Beleidigung! Das ist kein Theater! Schweigen klingt nicht so gut aus meinem Mund ... Weiß der Teufel, was für Ausflüchte sie fanden!

Vorhang. War es Einbildung, dass die Zuschauer applaudierten? Dass sie sich die Handflächen rot und wund klatschten? Dass sie nicht aufhören konnten, bis die Haut riss und das Blut rann? – Den Autor, den Autor! schrien sie. Sollte ich mich vor diesen Schwindlern verbeugen?

Die Hände verschlissen, das Fleisch fiel von den Knochen, sie klatschten mit bloßen Armstümpfen weiter. Den Autor! Aber ich war schon draußen auf der Straße.

»Sind Sie nicht Gogol, der Schriftsteller?«

»Ja«, sagte ich, trotz allem geschmeichelt, dass man mich wiedererkannte.

»Ihr Stück hat meinen Vater das Leben gekostet, er hat eine Herzattacke erlitten.«

Ich bin allein, schrie Chlestakow. Jemanden wie mich hat es nie gegeben! Ich bin alles! Ich! Ich! Ich!

War es Einbildung, dass dann alle über mich herfielen, die Beamten in den Ministerien, die Polizisten, Kaufleute, Autoren, Kritiker? Dass ganz Petersburg wie wahnsinnig aufheulte, darüber, wie sechs Provinzbeamte in einer Provinzstadt dargestellt waren? Was hätte man gesagt, wenn nur ein winziges bisschen von Petersburgs eigenem erbärmlichen Charakter vorgeführt worden wäre?

War es Einbildung, dass Bulganin schrieb, ich hätte Russland beleidigt? Oder dass die Radikalen schrieben, ich hätte die soziale Fäulnis entlarvt? Oder dass Belinski schrieb, Gogol sei der Meister der realistischen Kunst?

Sicher war es Einbildung, Gogol hat doch so viel Phantasie!

War alles Einbildung, alles ein Ergebnis der Macht der Phantasie? Gewiss, aber dass das Stück kein geistiges Erwachen auslöste, das war alles andere als Phantasie. Es veränderte Russland nicht im mindesten! So mächtig war meine schöpferische Phantasie nicht. Ich hatte über Moral geschrieben, über die Möglichkeit. Alle glaubten, ich hätte über die Wirklichkeit geschrieben, und fielen über mich her.

Mir blieb nur, Russland zu verlassen. Verbannt, erneut verbannt.

Väter und Söhne

Manchmal geschieht etwas, das später so unwirklich erscheint, dass man zweifelt, ob es eine Tatsache ist. Ich will von einem solchen Abend erzählen, einige Monate nach der Premiere des »Revisors«.

Es war bei Puschkin. Wir saßen in seinem Arbeitszimmer, ich, Puschkin, Graf Morozow und Iwan Andrejewitsch. Ich beteiligte mich kaum am Gespräch, war mit meinen Gedanken weit weg, stand ich doch vor der vielleicht wichtigsten Entscheidung meines Lebens.

Es ist nicht leicht, sein Land zu verlassen. Aber was war gut hier in Russland? Die letzten Jahre waren eine Zeit der Misserfolge gewesen. Ich hatte die Geschichte erforscht und Vorlesungen an der Universität gehalten – ohne Erfolg. Da war ich zur Literatur zurückgekehrt. 1835 hatte ich »Migorod« und »Arabesken« veröffentlicht. Sie hatten sich schlecht verkauft. Wieder ein Misserfolg. Ich hatte an Pogodin in Moskau geschrieben und ihn gebeten, die Meldung in die Zeitung einzurücken, sie verkauften sich wie warme Semmeln und so weiter. Es war keine Lüge, da der Verkauf ja schon bald in vollem Gange sein würde. Es war meine Pflicht, für mein Werk zu kämpfen, es war Gottes Wille. Erfolg hatte ich trotzdem nicht. Und nun der »Revisor« …

Aus dem Salon war Nataljas Lachen zu hören. Ich sah zu Puschkin hinüber. Er hörte nichts. Früher am Abend hatte sie ihre Hand auf meinen Arm gelegt und mir in die Augen geschaut. Und ich hatte gespürt, wie mich ein Schauder überlief! Aus Begehrlichkeit nach dem Luder?

Wurde ihr dort draußen nicht genügend Aufmerksamkeit zuteil, würde sie bald hier drinnen bei uns sein.

Ihr Lachen riss mich aus meinen Gedanken. Ich hörte, dass Puschkin und Morozow über den Dekabristenaufstand diskutierten. Er lag nun über zehn Jahre zurück, aber fast jeder war von ihm betroffen, direkt oder indirekt. Noch immer waren viele im Gefängnis oder in der Verbannung, aber manche waren inzwischen auch zurückgekehrt, oft gezeichnet von der Zeit in Sibirien. Zu ihnen gehörte Iwan Andrejewitsch.

Einige zeigten sich stolz auf ihren Einsatz und bereuten nur, dass sie nicht noch weiter gegangen waren. Andere zweifelten. Letztere litten wohl am meisten, denn sie fanden bei sich nicht den Rückhalt, den sowohl die Überzeugten als auch die Reumütigen hatten. Keiner von ihnen hatte sich jedoch von dem Aufstand innerlich befreien können. Manche waren der Meinung, noch sei nichts entschieden.

Iwan Andrejewitsch hatte sich an Puschkins Schreibtisch gesetzt. Ich betrachtete ihn. Wie überlebt man das Lager? Indem man sich hart macht? Indem man vernünftig ist? Indem man verrückt wird? Iwan Andrejewitsch verhielt sich über lange Phasen wie jeder vernünftige Mensch. Beim Essen hatte er sich ruhig mit seinen Tischnachbarn unterhalten. Das einzig Seltsame war, wie wenig er aß. Als aber die Mahlzeit vorbei war und alle vom Tisch aufgestanden waren, hatte er sich zurückgeschlichen. Wahllos hatte er mit beiden Händen gegriffen, was er erreichen konnte, sich den Mund vollgestopft, wie besessen gekaut.

Jetzt war er aufgestanden und hantierte am Schreibtisch

mit einer der Pistolen, die Puschkin als Beschwerer für seine Papiere benutzte. Er zog die Schreibtischschublade auf und kramte ungeniert darin herum.

Morozow trat zu seinem Schützling und führte ihn zum Sofa zurück. Er behandelte seinen Freund, als sei er sein eigener Sohn. Morozow war ein eigenartiger Mensch von so außergewöhnlicher Güte, dass viele ihn ebenfalls für verrückt hielten. Er war über sechzig, Veteran des Napoleonischen Kriegs, einer dieser liberalen Offiziere, die tief enttäuscht waren, als die versprochenen Reformen ausblieben. Einige von ihnen bildeten später den Kern der revolutionären Geheimgesellschaften. Wofür haben wir 1812 gekämpft? fragte er. Für die Freiheit! Und Unfreiheit haben wir bekommen.

Im Frühjahr 1825 hatte die schwere Epidemie, die damals in Petersburg grassierte, Morozow und seine Familie getroffen. Seine Frau und sein Sohn waren gestorben. Morozow hatte überlebt, war aber lange krank gewesen. Und auf die lange Krankheit folgte eine ebenso lange Rekonvaleszenz. Deshalb hatte er nicht an den intensivierten Vorbereitungen der Geheimgesellschaften und auch nicht am Aufstand selbst teilnehmen können. Sein Name war bekannt, doch er wurde nie verhaftet. Er fand das merkwürdig, ja, ungerecht. Jahrelang schrieb er Briefe an die Behörden und erklärte, er sei einer der Verschwörer gewesen. Schließlich schickte er persönlich Briefe an Benkendorf und Zar Nikolaus und beteuerte seine Schuld. Er wurde nicht einmal zum Verhör geladen. Schließlich gab er es auf. Er sagte, man sei darauf verfallen, dass für ihn keine Strafe die schlimmste Strafe sei.

»Wisst ihr, was passiert, wenn ein Mensch aufgehängt wird?«

Iwan Andrejewitsch stand wieder am Schreibtisch. Er hielt ein Blatt Papier hoch, das er hervorgekramt hatte. »Weißt du es, Alexander?«

Iwan Andrejewitsch und Puschkin waren zusammen in Tsarkoje Selo zur Schule gegangen, in eine Schule für Menschen wie Puschkin, Söhne der ältesten Adelsfamilien. Wie Iwan Andrejewitsch dort hineingekommen war, weiß ich nicht, vielleicht hatte er einen Freiplatz bekommen.

Sein Vater, ein armer Handwerker, war während Iwans Studienzeit gestorben.

In der Schule hatte Iwan den Sohn des Grafen Morozow und dadurch auch diesen selbst kennengelernt. Zwar teilte der Sohn nicht die liberalen Auffassungen seines Vaters, Iwans Interesse aber war geweckt, und zusammen mit Morozow hatte er die Treffen der Verschwörer besucht.

Obwohl Iwan Andrejewitsch nur an wenigen Versammlungen teilgenommen hatte, wurde er nach dem Aufstand verhaftet und für zehn Jahre nach Sibirien geschickt.

»Leg das weg, Iwan!«, sagte Puschkin.

»In seiner allmächtigen Güte ließ Zar Nikolaus sie aufhängen statt vierteilen ...« Iwan hielt das Papier hoch. Es war eine Manuskriptseite, auf deren Rand Puschkin die fünf erhängten Anführer des Dekabristenaufstands gezeichnet hatte.

»Wusstest du, Alexander, dass man, wenn das Rückgrat bricht, eine Erektion kriegt, dass es nur so spritzt? Rylejew in diesem Zustand, das wäre ein gutes Bild des Aufstands!«

Morozow führte ihn wieder vom Schreibtisch weg.

»Im Lager war ein Mann ohne Augen«, wechselte Iwan unvermittelt das Thema. »Obwohl er blind war, hatte er einmal eine junge Frau lächeln sehen. Das Lächeln war so verheißungsvoll, so lasterhaft, dass unser himmlischer Vater dem Blinden befahl, die Frau zu töten. Aber statt ihrer erwürgte er versehentlich einen Jungen.«

Morozow streichelte Iwan beruhigend.

»Warum bist du umgekehrt, Alexander?«, fragte Iwan.

Puschkin schwieg. Er war tatsächlich von Michailowskoje aufgebrochen, um sich dem Aufstand anzuschließen. Aber unterwegs war er einer Katze und dann einem Priester begegnet. Als er etwas später in der Stille einen durchdringenden Schrei vernommen hatte, war er zum Gut seines Vaters zurückgekehrt.

Man hatte ihn der Feigheit bezichtigt, des Verrats an den vielen Freunden unter den Verschwörern. Doch als er verhört wurde, sagte er gerade heraus, dass er sich, wenn er am vierzehnten Dezember in Petersburg gewesen wäre, an dem Aufstand beteiligt hätte. Puschkin war nicht feige!

Puschkin verabscheute jede Form von Unfreiheit. Er verabscheute die Zensur, die Leibeigenschaft. Aber Russland liebte er. Hätte Puschkin in meiner Situation Russland verlassen?

Puschkin und Morozow diskutierten über die Freiheit.

»Kann es Freiheit geben in einem Land«, sagte Puschkin, »das von einem Herrscher regiert wird, der glaubt, über dem Gesetz zu stehen, einem Land, in dem Leibeigenschaft und …«

Iwan unterbrach ihn, murmelte ein paar wirre Sätze, erzählte dann aber zusammenhängend folgende Geschichte:

»In der Nähe von Charkow liegt ein großes Gut mit dreitausend Seelen. Der Gutsherr arrangierte früher alljährlich zu Mittsommer ein großes Fest für seine Nachbarn, das mehrere Tage und Nächte dauerte. Am letzten Abend ließ der Gutsherr einen Leibeigenen holen, jedes Jahr einen anderen. Vor den versammelten Gästen verkündete er dem Leibeigenen, er sei frei.

Der Gutsherr tat, als sei er böse, wenn der Leibeigene dann darum bat, bleiben zu dürfen. ›Du bist frei, verstehst du nicht!‹ Der Leibeigene wollte nicht frei sein. Alle Gäste sahen darin einen Beweis, dass die Leibeigenen in ihrem Herrn einen guten Vater sahen. Und der Gutsherr war sehr zufrieden mit diesem kleinen Schauspiel.

Ihr glaubt vielleicht, das Ganze sei vorweg abgesprochen und der Leibeigene danach reich belohnt worden, habe am Ofen liegen und wochenlang faulenzen dürfen. Aber das war nicht der Fall. Er bekam nichts.

Tatsächlich hatten viele Leibeigene Angst, das Dorf zu verlassen, in dem sie ihr ganzes Leben verbracht hatten, viele aber begrüßten diese Möglichkeit, die sich ihnen einmal im Jahr bot. Im Laufe der Zeit waren es immer mehr, die schworen, sie würden, wenn die Wahl auf sie fiele, nicht zögern, das Gut sofort als freier Mann zu verlassen.

Alljährlich, wenn bekannt wurde, wer ausgewählt worden war, strömten die Gratulanten zum Haus des Betreffenden. Da alle wussten, was in früheren Jahren geschehen war, versuchten sie ihn zu unterstützen. Er dankte ihnen für ihre Hilfe, lachte aber herzlich über ihre Befürchtungen. Diesmal würde die Vorstellung des Gutsherrn anders enden. Hier hatten sie einen vor sich, der in einigen Tagen ein freier Mann sein würde!

Keiner aber war fähig, durchzuführen, was er verkündet hatte. Sie fielen vielmehr auf die Knie, streckten dem Gutsherrn die Hände entgegen und baten flehentlich, nicht frei sein zu müssen.

Bei ihrer Rückkehr ins Dorf konnten alle von weitem sehen, was geschehen war. Die Zurückkehrenden, nach wie vor unfrei, hatten alle den gleichen Gesichtsausdruck. Sie strahlten einen rätselhaften Frieden aus, eine beinahe erschreckend große, heilige Freude!

So vergingen die Jahre. Einmal zu Mittsommer wurde ein junger Bauer namens Andrej ausgewählt. Er gehörte zu denen, die sich nie gewünscht hatten, dass die Wahl auf sie fiele, denn er fürchtete sich davor, frei zu werden. Diesmal versammelte sich niemand im Haus des Auserwählten, wussten sie doch, was geschehen würde.

Als Andrej nach dem Fest ins Dorf zurückkam, lagen der gleiche rätselhafte Friede und die gleiche heilige Freude auf seinem Gesicht wie bei allen anderen. Aber er kehrte als freier Mann zurück, er hatte die Freilassung akzeptiert.

Der Gutsherr konnte sein Versprechen nicht gut zurücknehmen, und kurz darauf verließ Andrej das Gut.

Ich glaube, er nahm das Angebot an, weil er der unerhörten Kraft in den Worten des Gutsherrn einfach nicht widerstehen konnte. Als der Gutsherr sagte: ›Du bist frei!‹, wagte er nichts anderes zu tun als zu gehorchen. Im Übrigen glaube ich es nicht nur, ich weiß es. Der freigelassene Andrej war mein Vater ...«

Wir saßen eine ganze Weile schweigend da. Dann sagte Puschkin: »Deine Geschichte war trotzdem keine Antwort auf meine Frage.«

»Nein?«, erwiderte Iwan, äußerst erstaunt.

Morozow hatte Iwan während der ganzen Geschichte aufmerksam betrachtet. Jetzt sagte er: »Wenn es etwas nützte, würde ich schon morgen meine Güter und all meine Reichtümer weggeben! Und an dem Tag, an dem sich die Sklaven erheben, will ich mich mit Freuden von ihnen erschlagen lassen!«

Iwan war an den Schreibtisch zurückgekehrt. Wieder hantierte er zerstreut mit einer der Pistolen. Puschkin erstarrte einen Augenblick, lehnte sich dann aber ruhig auf dem Sofa zurück. Morozow jedoch war in höchster Anspannung. »Lieber Alexander Sergejewitsch«, sagte er zu Puschkin, ohne den Blick von Iwan zu wenden. »Wir müssen jetzt wohl aufbrechen.«

»Wann fahrt ihr nach Moskau?«

»Morgen.«

»Nein!«, rief Iwan. »Heute Nacht. Jetzt, sofort!«

Er hob die Pistole und hielt sich die Mündung an die

Schläfe. Morozow schrie auf. Iwan sah ihn an, ein leises Lächeln spielte auf seinen Lippen. Dann drückte er ab.

Puschkin und ich waren allein. Puschkin saß mit der Pistole in der Hand am Schreibtisch. »Sie war nicht geladen«, sagte er. »Und Iwan wusste es. Hast du nicht gesehen, wie er sie vorher untersucht hat?«

Puschkin legte die Pistole auf den Tisch, hob sein Glas. »Worauf trinken wir?«

»Auf die Freundschaft?«

»Also, Prosit!«

Wir tranken.

»Er ist ein sonderbarer Mensch«, sagte Puschkin.

»Zehn Jahre Sibirien verändern jeden.« Ich spürte, dass meine Zunge schwer war.

»Ich meine Morozow«, sagte Puschkin. »Er kann nicht ohne Iwan leben. Vielleicht kann Iwan nicht ohne ihn leben. Aber das hat nichts mit Freundschaft oder Liebe zu tun, jedenfalls nicht von Morozows Seite.«

Puschkin blätterte in seinen Papieren. »Was keiner von beiden durchblicken ließ, ist die Tatsache, dass dieser Gutsherr bei Charkow Morozows Vater war.«

Alles hat einen Sinn. Es gibt keine unwahrscheinlichen Zufälle. Ich wusste die Antwort, noch bevor ich die Frage stellte: »Iwan Andrejewitschs Familienname ist nicht etwa Beloussow?«

Puschkin lächelte mich an. »Doch, sicher.«

Mein Lehrer in Neschin hatte einen Bruder gehabt. In dieser Hinsicht hatte er nicht gelogen.

»Erkennst du ihn wieder?«, fragte Puschkin und hielt eine Zeichnung hoch. »Das ist Iwan, vor über zehn Jahren, bevor er nach Sibirien verbannt wurde. Schau dir die Augen an. Ist nicht etwas in dem Blick, das seinen … ja, Wahnsinn ahnen läßt?«

Ich trat an den Schreibtisch und betrachtete die Zeichnung genauer. »Es ist ihm erschreckend ähnlich! Dieser merkwürdige Blick.«

Puschkin lächelte zufrieden. »Erschreckend ähnlich«, wiederholte er mit schwerer Zunge.

Puschkin liebte das Feiern. Er lehnte keinen Schnaps ab, hatte manchmal einen Rausch, aber so betrunken wie an diesem Abend hatte ich ihn nie gesehen.

»Warum hat Iwan sich nicht erschossen?«, sagte er. »Weil er ein Träumer ist. Von was für großen Dingen er träumt, die er tun wird! Aber ausführen wird er nie etwas, und das weiß er in seinem Innern. Wie viele es doch von dieser Sorte in Russland gibt! Übrigens Nikolai, hast du den Artikel fertig, den du mir versprochen hast?«

»Du hast ihn doch schon bekommen!«

Puschkin hörte nicht zu. »Die Zeitung ist auf deine Mitarbeit angewiesen ... Was würde ich für Werke schreiben, wenn es keine Zensur gäbe! Nikolai, du hast das Sujet für den Revisor von mir bekommen, jetzt gebe ich dir noch eins. Lass einen Schwindler in Russland herumfahren. Um reich zu werden, kauft er tote Seelen auf, Leibeigene, die tot, aber noch nicht als gestorben registriert sind. Verstehst du? Gute Idee, oder? Du kannst ganz Russland einbeziehen, alles was du willst!«

Soll ich Russland wirklich verlassen? überlegte ich. »Warum schreibst du das Buch nicht selbst?«

»Schau dir diesen Mann an!«, sagte Puschkin ohne zu antworten und zeigte auf die Zeichnung von Iwan. »Er weiß viel über Unfreiheit. Über Falschheit und Schurkereien jeder Art, und über den Wahnsinn.« Puschkin grinste schlau. »Woran hast du Iwan wieder erkannt? Er ist es gar nicht! Lieber Nikolai, siehst du nicht, dass ich es bin? Es ist ein altes Selbstporträt.«

Ich starrte die Zeichnung an: Es war Puschkin, ihm als Porträt nicht sehr ähnlich, aber Iwan war es definitiv nicht!

Wo hatte ich so etwas schon einmal erlebt? Ach ja, bei Troschtschinski in Kibinzy! Als Drugojew genau so die Zuschauer getäuscht hatte.

Sonst war Puschkin die reine, helle Vernunft. Aber an diesem Abend war er nicht er selbst. Ich auch nicht. Wir waren sehr betrunken, müde, und gerieten aneinander. Brüllten uns an. Ich hatte Puschkin immer als älteren Bruder, als guten Vater betrachtet, und dies war das einzige Mal, dass wir uns stritten. Was für schreckliche Worte! Was für erfundene Beschuldigungen! An mehr darf ich mich nicht erinnern, und an mehr erinnere ich mich nicht.

»Nicht einmal ohne Zensur könnte ich alles erzählen«, sagte Puschkin. »Doch, erzählen schon, aber nicht veröffentlichen. Wenn ich es täte, würde es für meinen Vater den Tod bedeuten. Weißt du, dass er mich ausspionieren lässt? Er verleumdet mich und beschuldigt mich des Versuchs, ihn umzubringen. Aber wenn ich ihn zur Rede stelle, nimmt er es zurück. Zum Schein, denn er meint, ich versuche, ihn mit Worten zu töten. Aber wer so etwas versucht, geht selbst zugrunde.«

»Man müsste ein heiliger Narr sein«, sagte ich. »Und sagen und schreiben, was man will.«

»Ich schreibe, was ich will.«

»Und sie sind heilig«, fuhr ich fort. »Obwohl sie es gut verbergen.«

»Und wir verbergen den Wahnsinn hinter der Narrenmaske?«, fragte Puschkin. »Ja, glücklicher wäre man vielleicht als Narr in Christus. Aber glücklich sein, sollen wir das?«

Puschkin stand über den Schreibtisch gebeugt. Ein Kokon umgab ihn, ein Gespinst aus tiefer Trauer und Verlassenheit, aus erschreckender Einsamkeit. Er hatte die Ellbogen auf den Schreibtisch gestützt. Die Augen waren blutunterlaufen, er atmete schwer. Ich ging zu ihm und rührte ihn an, wie ich selbst angerührt werden wollte. So vorsichtig, dass er nicht überrascht war und sehen konnte, was kam. Ich umarmte ihn, küsste ihn auf die Wangen. Ich strich ihm übers Haar. Während ich ihn streichelte, betrachtete ich das Selbstporträt, von dem er anfangs gesagt hatte, es stelle Iwan dar.

Puschkin hob den Kopf, wandte sich zu mir. »Das bist du!« Er lachte auf. »Damals im Sommer ... Ich habe dich gezeichnet, erinnerst du dich nicht? Es ist nicht Iwan, ich bin es auch nicht, du bist es. Siehst du es nicht! Weißt du es nicht mehr?«

Er lachte und lachte!

Aufmerksam betrachtete ich die Zeichnung. Das war ich.

Alles hat einen Sinn. Es gibt das Schicksal, aber nicht den Zufall. Alles ist Gottes Wille. Die eigene Erinnerung kann natürlich täuschen. Das ist dann auch Gottes Wille. Ich legte meine Wange an Puschkins. Ich flüsterte ihm ins Ohr. Schluchzend bat ich ihn um Verzeihung. In des Vaters, des Sohnes ... Im Namen des Heiligen Geistes!

Puschkin nahm eine der Pistolen. »Und wenn wir uns duellieren?« Er lachte. »Nimm die andere, Nikolai!«

Aber ich ließ nicht ab von ihm.

»Hör auf!«

Wie im Traum sah ich Natalja in der Tür stehen, jedoch älter und dunkler als sie war. Sie sah uns böse an.

Mit einem fürchterlichen Krachen löste sich der Schuß.

»Sie war doch gar nicht geladen!«, sagte ich.

»Diese doch«, entgegnete Puschkin. Er lachte wild.

Auch deutliche Vorzeichen können Erinnerungen sein, Erinnerungen, die ihre Botschaft in verdrehter Form zum Ausdruck bringen. Sie sind Wiedergänger, die dich flehend oder triumphierend bei deinem Namen rufen.

Puschkin schlief. Ich hatte ihn aufs Sofa gelegt. Ich torkelte im Zimmer umher. Konnte tun, was ich wollte. Niemand sah mich. Ich konnte nehmen, was ich wollte. Aber ich war kein Dieb. Ich könnte nie etwas nehmen, das nicht mir gehört. Du hast mir viel gegeben, Alexander Sergejewitsch ... Jetzt hast du mir »Tote Seelen« gegeben. Du sagst, du könntest die Geschichte nicht selbst erzählen, solange es die Zensur gibt. Warum meinst du, ich könnte es?

Der Wind schlug mir ins Gesicht, als ich hinaus trat. Es war kalt. Ein früher Morgen in Petersburg. Ich sah Menschen. Einige gingen mit schweren Schritten, wie gequält von ihrer langen, ermüdenden Wanderung auf Erden. Es gab aber auch solche, die ihren Körper mit Leichtigkeit trugen. Ihre Gesichter waren hell, wie versöhnt: Seht her, ihr Menschen, wir leben. Wir leben!

Als ich Puschkins Wohnung verließ, hatte ich meinen Entschluss gefasst. Ich würde Russland verlassen.

Ein Wagen fuhr vorüber. Das Pferd blickte mich an. Es riss das Maul auf und wieherte laut.

Falsche Voraussetzungen

Es war etwas Komisches an der Welt und den Menschen. Sie waren ständig auf der Suche nach etwas, das sie absolut nicht finden wollten. Wie ich? Ich wusste es nicht, da ich nicht wusste, wer ich war. Ich will euch etwas erzählen. Ein boshafter Mensch hatte zu mir gesagt, ich sei nicht der, für den ich mich ausgab!

Als Katharina II. per Dekret bestimmte, dass keine andere Klasse als der erbliche Adel Leibeigene besitzen dürfe, traf mein Großvater »gewisse Maßnahmen«. Die Dokumente, die unsere Verwandtschaft mit dem Kosakenobersten Ostap Gogol bewiesen, waren gefälscht! Meine Familie hatte ihren Adel durch Betrug erlangt. Ich war nicht, der ich geglaubt hatte zu sein. Meine Identität hatte auf falschen Voraussetzungen beruht.

Hatte ich es geahnt? War das der Grund, weswegen ich immer darüber gegrübelt hatte, wer ich war? Die Frage meiner Identität erhielt jetzt eine sehr handfeste gesellschaftliche Bedeutung.

Es traf mich zu einem Zeitpunkt, als ich mich gezwungen sah, mein Vaterland zu verlassen, einem Zeitpunkt der Verwirrung und Trauer. Was ich mit dem »Revisor« bezweckt hatte, hatte sich nicht verwirklicht. Alle waren gegen mich, am Ende auch ich selbst. Meine Fähigkeiten hatten nicht ausgereicht. Zumindest insoweit war ich schuld an meinem Misserfolg. Es gab Augenblicke, in denen ich alles auf mich nahm, was in Russland schlecht war. Alles war meine Schuld, sogar, dass ich nicht der war, der zu sein ich geglaubt hatte.

Ich lehnte an der Reling und schaute hinunter auf den Kai. Neben mir stand Danilewski. Wieder wollten wir zusammen eine Reise machen. Es war Juni 1836, und ich hatte mich an Bord des Schiffes begeben, das mich aus Russland fortbringen sollte.

Danilewski winkte einigen Leuten in der Menschenmenge auf dem Kai zu. Ich erkannte sie wieder, aber es waren Danilewskis Freunde, und sie waren gekommen, um sich von ihm zu verabschieden.

Puschkin wusste von meiner Abreise. Vielleicht kam er im letzten Augenblick.

»Gleich fahren wir los«, sagte Danilewski und lächelte. Er winkte. Seine Freunde winkten zurück. Der Kai war voller Freunde und Verwandte der Passagiere auf dem Schiff. Ich wünschte, meine Mutter und meine Schwester würden auftauchen. Aber sie waren weit weg, auf Wassiljewka in der fernen Ukraine.

Das Schiff legte ab. Danilewski winkte wie verrückt. Ich schaute hinab ins Wasser, in die Wirbel, die durch die Bewegung des Schiffes entstanden. Mir war schwindlig.

Alle winkten. Auch ich.

»Ist Puschkin gekommen?«, fragte Danilewski.

»Meine Geliebte«, antwortete ich.

Danilewski sah mich von der Seite an.

»Da hinten«, sagte ich. »Siehst du nicht?«

»Nein«, sagte Danilewski.

Einem Schiffspassagier war der Hut ins Wasser gefallen. Er drehte sich in den Wirbeln im Kreis herum, immer im

Kreis. Alle lachten und schrien. Sie sahen nur den Hut, nicht, was unter der Wasseroberfläche war.

Danilewski reckte sich auf die Zehenspitzen, beugte sich weit über die Reling. Ich fasste ihn am Arm. Er sah mich fragend an. Aber warum sollte nicht auch Danilewski ein anderer sein können?

»Ich dachte, du wolltest reinspringen«, sagte ich. »Hinter dem Hut her.«

Danilewski lachte.

»Ich winke keinem Besonderen zu, verstehst du«, sagte ich. »Ich winke für alle, für die, die nicht hier sind …« Ich lachte. Genau, für alle anderen!

Ich hüpfte auf und ab, winkte mit beiden Armen. »Lebt wohl! Nein, nicht lebt wohl! Kommt mit, kommt mit mir. Lasst uns zusammen fliehen, zu dem, was unser ist. In ein gewisses Land in einem gewissen Reich!«

Der Kai war voller Menschen, die mir zuwinkten.

Das Schiff war nun weit draußen. Die Gesichter auf dem Kai waren nicht mehr zu unterscheiden, die Stimmen nicht mehr zu hören, nicht das Lachen und nicht das laute Schluchzen. Dies aber hörte ich:

Es gibt diese Geschichte von einem Schmied. Er war ein tüchtiger Handwerker und machte die schönsten Schmiedearbeiten, von kleinen Schreinen bis zu großen Beschlägen an Wagenrädern. Er war auch ein hervorragender Künstler. Einmal hatte er den Teufel gemalt, so fürchterlich, dass die Menschen erschauerten, wenn sie das Bild betrachteten.

Der Schmied heiratete und bekam Kinder. Die Jahre vergingen.

Der älteste Sohn hatte die Talente des Schmieds geerbt. Seit seiner frühen Kindheit zeichnete er mit Kohle aus dem Feuer oder mit anderem, das er finden konnte. Er zeichnete auf Papier und auf anderes, das ihm unter die Hände kam. Bald war allen klar, dass er über ein künstlerisches Talent verfügte, das sogar größer war als das des Vaters.

Eines Tages gingen Vater und Sohn zur Kirche. Der Sohn war kurz zuvor zwölf Jahre alt geworden. Sie betrachteten das Bild mit dem Teufel, das der Vater gemalt hatte. Sie hatten es schon oft angeschaut, diesmal aber blieb der Sohn vor dem Bild stehen und betrachtete es genau. Der Vater verstand, dass der Sohn das Teufelsbild zum ersten Mal auch mit dem Auge eines Künstlers betrachtete. Dass es Eindruck auf ihn machte, konnte der Vater sehen, aber er war nicht sicher, welchen Eindruck. Es war ja auch so, dass viele, besonders die Jungen, die Existenz des Bösen leugneten, zumindest auf die gleiche Weise, wie sie die Wirklichkeit leugneten.

Der Sohn betrachtete schweigend das Werk des Vaters. Der Vater hatte seinem Werk viele Jahre lang kein größeres Interesse mehr gewidmet. Jetzt schaute er es aufmerksam an. Er sah die Mängel, vor allem in der Komposition, sah Pinselstriche, die nicht dort waren, wo sie sein sollten, und er überlegte, was er hätte anders machen können. Er glaubte auch zu sehen, dass das Gemälde ein wenig nachgedunkelt war, und mußte daran denken, wie es nach hundert Jahren aussehen würde. Vielleicht würde es dann vom Rauch der brennenden Wachskerzen völlig verdorben sein. Was den Vater aber vor allem bewegte, das war die Frage, was wohl der Sohn von dem Gemälde hielt. Zum ersten Mal war er seinem Sohn gegenüber scheu und erwartete ängstlich sein Urteil.

Der Sohn betrachtete das Gemälde. Die Gedanken des Vaters begannen zu wandern. Er dachte an seine Frau, an seine Heirat, an das Haus, in dem sie wohnten. Er dachte an seine Eltern, an sich selbst, als er ein Kind gewesen war, er dachte daran, dass die Jahre vergangen und Menschen, die er gekannt hatte, gestorben waren. Dachte an vieles in dem, was man Leben nennt. Dachte daran, warum er lange nichts gemalt hatte.

Er betrachtete seinen Sohn, und zum ersten Mal seit Jahren konnte er ihn ansehen, ohne auf der Hut sein und darauf gefasst sein zu müssen, den Blick schnell abzuwenden. So intensiv sah er ihn an, dass er den Körper des Jungen für einen kurzen Augenblick fast in Besitz zu nehmen und sich auf merkwürdige Weise in ihn zu verwandeln und mit seinen Augen zu sehen glaubte, die das Bild an der Seitenwand der Kirche so intensiv betrachteten.

Im nächsten Augenblick war er wieder er selbst. Er wurde immer unruhiger und ängstlicher, je länger der Sohn vor dem Bild stand, ohne ein Wort zu sagen. Der Vater meinte, dieses unangenehme Schweigen brechen zu müssen, und er berührte den Sohn leicht an der Schulter. »Vielleicht habe ich den Teufel nur aus Hass gemalt«, sagte er. »Ich hatte eine bestimmte Absicht, aber mir fehlte die Liebe zu meinem Werk, und deshalb kam es gegen meinen Willen so, dass ich dem Bösen diente!«

Er schwieg, in der Erwartung, dass der Sohn etwas sagen würde. Da dieser sich nicht äußerte, sprach der Vater weiter, zeigte auf die Mängel des Bildes, als wolle er so seine vorherige Behauptung erklären.

Er sprach lange, und mit Worten, die er ewig nicht benutzt hatte. Sprach vom Kunstwerk und vom Wesen der Kunst und der Aufgabe des Künstlers. Und er dachte, der Sohn werde diese Stunde im Gedächtnis behalten, dachte: Solange mein Sohn lebt, wird er sich hieran erinnern, auch wenn er kein einziges Wort von dem versteht, was ich sage.

»Ein Künstler muss sein wie ein Eremit, der in einer Laubhütte im Wald schläft, den ganzen Tag lang die Hände zum Himmel reckt und ununterbrochen betet. Aber ...«

Der Vater hielt inne, betrachtete das Porträt an der Wand mit Widerwillen und sah dann seinen Sohn an: »Wie sehr ich mir wünsche, dass du wenigstens etwas verstehst von dem, was ich sage!«

»Ich verstehe alles«, brach der Sohn sein langes Schweigen.

Als sie aus der Kirche kamen, legte der Vater den Arm um seinen Sohn. Sie gingen nach Hause. Sie schwiegen und sahen einander nicht an. Sie gingen mit diesem Gefühl, das manchmal aufkommen kann: dass man in seinem Leben ist. Mehr erzähle ich nicht. Noch nicht.

Danilewski und ich trennten uns in Lübeck. Er wollte nach Paris, ich fuhr nach Bremen. Von dort nach Aachen. Ich war krank. Es war die Krankheit der Seele, die schlimmste von allen. Ich fuhr weiter, nach Köln, Frankfurt, Baden-Baden.

Unterwegs, im Wagen, wurde meine Qual geringer. Aber sobald ich anhielt, packte mich die Angst.

Ich dachte ständig an Russland, an meine Freunde dort. Ich vermisste Puschkin. Früh am Morgen konnte es geschehen, dass ich von einem Lachen auf der Straße geweckt wurde. Puschkins helles Lachen drang in mein kaltes, dunkles Mietzimmer und erleuchtete es. Es waren einige kurze Augenblicke großer Freude.

Puschkin war nicht gekommen, um sich von mir zu verabschieden. Wenn ich es anders ausdrücken könnte: Ich hatte mich nicht von ihm verabschiedet. Aber er war es, der meinen Artikel geändert hatte, nicht ich den seinen. Er hatte mich um einen Beitrag für den »Zeitgenossen« gebeten. Ich hatte ihn geliefert. Ohne mich zu fragen, hatte er ihn geändert, hatte sich an meinen Worten vergangen. Kein anderer als ich durfte ändern, was ich geschrieben hatte!

Ich hatte vor, den Winter in Italien zu verbringen. Das Schicksal wollte es anders. In Italien brach eine Cholera-epidemie aus. Ich kam nach Paris.

Was für eine schreckliche Stadt! Alle sprachen über Geld

und Politik. Ich lebte dort, war aber nicht Teil der Stadt. Ich arbeitete an »Tote Seelen«, nach der Idee, die Puschkin mir geschenkt hatte. Ich hatte keinen klaren Plan. Hatte ich eine bestimmte Absicht? Noch waren die Worte unzulänglich.

Es war kalt, und ich wartete auf den Frühling. Wartete darauf, nach Italien fahren zu können. Dort wäre es warm. Dort würde ich wieder anfangen können zu leben. Erst jetzt würde ich den entscheidenden Schritt in die Welt tun. Ich hatte einen Wendepunkt erreicht. Eine große Veränderung in meinem Leben stand bevor.

Wie oft man so etwas denkt. Man zieht um, man beginnt eine neue Arbeit, man trifft neue Menschen. Alles wird anders werden, ganz anders!

Dann zeigt sich, dass die Welt gleich geblieben ist, und die Menschen auch. Es ist die gleiche alte Wirklichkeit.

Trotzdem, die ersten Jahre in Italien waren anders. Es war die glückliche Zeit in meinem Leben. Aber ehe ich von Paris nach Rom aufbrach, erhielt ich eine schreckliche Nachricht.

Der Dichter, schrieb Belinski im »Teleskop«, sieht das Leben in seiner ganzen Nacktheit, wie es sich in der Wirklichkeit manifestiert. Das ist realistische Kunst. Gogols Erzählungen sind bahnbrechend. »Wie einfach, alltäglich, natürlich, wahr und eben deswegen doch originell und neu ist alles in diesen Erzählungen!« Gogol ist der Meister der realistischen Kunst. Dieser Poet der Wirklichkeit ist der russische Autor, der sich anschickt, an Puschkins Stelle zu treten.

Das war ein letztes Warnzeichen. Nur wenige Stunden, nachdem ich den Artikel gelesen hatte, erreichte mich die Nachricht. Puschkin war gefallen. Er hatte sich wegen des großen Luders auf ein Duell einlassen müssen. Fünf Jahre lang hatten wir uns fast täglich gesehen. Jetzt war er tot.

Ich wäre weniger erschüttert gewesen, wenn meine Mutter gestorben wäre.

Der Tod ist unvermeidlich. Niemand ist vor ihm sicher, nicht wegen seines hellen Gemüts oder seines Genies. Niemand besitzt das Recht zu leben. Es gibt keine Gerechtigkeit, nicht im Leben. Die kann es nicht geben, denn sonst wäre das Jüngste Gericht überflüssig.

Diese Einsicht lindert die Trauer nicht. Ich weinte hemmungslos. Auch Puschkin durfte nicht leben. Wie groß war meine Schuld? Wie sehr musste es ihn betrübt haben, dass ich mich nicht von ihm verabschiedet hatte, bevor ich abreiste. Einsam hatte er am Schreibtisch gesessen. Wo ist mein Freund jetzt, hatte er sich gefragt. Wie tief musste er es bereut haben, meinen Artikel geändert zu haben. Immer wieder hatte er sich gelobt, so etwas nie wieder zu tun …

Am Abend kam Der Unsterbliche in mein Zimmer, der Feind aller guten Menschen, der das Böse liebt. Er ragte über mir auf, versuchte mich zu dem Glauben zu verleiten, dass auch Puschkin meinetwegen gestorben sei, gestorben, damit ich leben könne. Er genoss den Anblick meiner Trauer, meiner Scham und meines Schreckens. »Am Ende hast du ihn doch gekriegt«, hörte ich ihn zischen.

Vater hatte einmal gesagt, er werde nach seinem Tod zurückkehren, um zu zeigen, dass er auch dann noch bei mir sei. Ich hatte geweint. Auch Mutter war erschüttert gewesen. Vaters Gesicht aber hatte Frieden ausgestrahlt.

Jetzt kam er! Er schloß mich in seine Arme. »Komm, Nikolai«, sagte er. »Wir fahren nach Hause. Bald blühen die Rosen auf Wassiljewka, und die Nachtigallen singen schon. Die Sonne scheint bis spät in die Nacht, und die Abende sind warm. Wir setzen uns auf die Veranda und unterhalten uns ein wenig, du und ich. Erst erzählst du mir, dann ich dir. Du verstehst, dass ich, der ich im Himmel bin, eine Menge zu erzählen habe …«

Es war nur ein Traum! Ich erwachte aus ihm von meinem eigenen lauten Schrei. Ich fiel auf die Knie und betete. Vater war tot. Puschkin war tot. Im Namen des Vaters, des Sohnes und des Heiligen Geistes.

Noch eine Verbindung mit Russland war zerrissen. Gott allein konnte mir jetzt helfen. Nur er konnte mir Worte geben. Vor ihm musste ich unsterblich werden. Ich hatte mich vor Gott zu verantworten.

Puschkins Tod war ein sehr großer Verlust für Russland. Es gab nur einen Schriftsteller, der sein Nachfolger sein konnte. Ich, Nikolai Gogol.

Ich musste den Auftrag ausführen, den Puschkin mir gegeben hatte, und über die toten Seelen schreiben. Ich durfte meine Kraft nicht auf viele Kleinigkeiten zersplittern, wovor Puschkin mich gewarnt hatte, sondern musste sie ganz und gar dem großen Werk widmen.

Ich musste mich aus dem lärmenden Leben zurückziehen und wie ein Eremit leben, um mein künftiges Werk zu entwerfen. Gott hatte mich auf die Probe gestellt. Er hatte mir auch den Weg gewiesen. Als Gott mir meine Begabung geschenkt hatte, hatte er mir auch meine Aufgabe zugewiesen. Ich war auf die Welt gekommen, um zu erschaffen, zu erzählen. Aber wer war ich?

Die Frage, wer ich als Schriftsteller war, fiel zusammen mit der, wer ich als Mensch war. Sie sollte mich viele Jahre lang beschäftigen.

Puschkin war in das Land des Vergessens gereist. Gute Menschen sind ihm nicht so schnell unterworfen, auch jene nicht, die eine Nachwelt mit gutem Gedächtnis hinterlassen. Am Ende aber siegt das Vergessen. Und das einzige, mit dem man es besiegen kann, sind Worte.

Es dämmerte. Kein helles Lachen morgens auf der Straße mehr. Die Träger hatten es in der Nacht geholt und fortgetragen. Irgendwann aber würde es zurückkehren in die Welt. Meine Aufgabe war es, davon zu erzählen.

Traum
und
Wirklichkeit

Die seltsamen Stiefel

Nach Italien! Dort scheint die Sonne wie in der Ukraine, dorthin fahre ich. In Italien sind die Seelen der Menschen nicht erkältet wie in St. Petersburg, sondern warm und hell. Alle Wege führen nach Rom, auch meine, in die Via Isidoro Nummer siebzehn.

Ich bin in der Ewigen Stadt. Hier stehen die Menschen zwar mit beiden Füßen auf der Erde, aber sie können auch in den Wolken schweben, wie Wunder, oder wie Stiefel! Hier erklingt ein anderes Lachen als das Petersburgische, ein gutes, ein glückliches Lachen! Sonnen wir uns eine Weile darin!

Erregte, lachende Stimmen lockten mich ans Fenster, und mein Blick fiel sofort auf die Stiefel. Sie standen auf der anderen Straßenseite auf dem Bürgersteig, einer schräg vor dem anderen. Als sei der Besitzer mit einem akrobatischen Sprung aus den Stiefeln geschlüpft und hätte sie stehen lassen, ohne Füße.

Es war früh am Tag. Signor Mercato war noch nicht mit seinem Hähnchenkarren vorbeigezogen. Die Läden hatten noch nicht geöffnet. Die dicke Mama Gonna hatte ihre Stühle noch nicht hinausgestellt. Kurz, es waren nicht viele Menschen zu sehen. Aber ihr hättet die sehen sollen, die da waren! Wie sie lachten, sich die Augen rieben, den Kopf schüttelten, sich hinter den Ohren kratzten und sogar ihr Kinn herunterfallen ließen und sich Zeit nehmen mussten, danach zu suchen, anstatt die Stiefel anzustarren.

Die Stiefel hatten offenbar nichts dagegen, sich anstarren zu lassen. Glänzend blank, dunkelbraun, schienen sie von guter Qualität zu sein. Was aber taten sie dort allein auf der Straße? Vater Lentamente, was hat das zu bedeuten?

Vater Lentamente war ein phlegmatischer Prälat, der es nur dann eilig hatte, wenn er sein Morgenmahl in der Trattoria Pasta einnehmen wollte. Dorthin war er jetzt unterwegs. »Betet, Kinder«, sagte er deshalb nur. »Wir sehen uns in der Messe.«

Schon war er verschwunden, und es gab immer noch keine Erklärung.

Dort sehe ich Umberto Aliano. Vielleicht gehören die Stiefel ihm? Er hat seine jüngste Tochter Eva bei sich. Sie bleiben stehen. Eine dunkle Hündin setzt sich neben sie, die La bella Notte heißt, aber La Bella genannt wird.

Umberto Aliano war mein Nachbar und guter Freund, ein kräftiger, frohgemuter Mann über fünfzig, ein geschickter Bursche, der einige Lire verdiente, indem er allerlei kleine Arbeiten im Viertel verrichtete. Die Leute nannten ihn den Poeten, weil er einmal im Rausch ein eigenes Gedicht vorgetragen hatte. Der Spitzname war liebevoll gemeint, aber Umberto bereute die Deklamation zutiefst.

Er hatte ein großes Herz, ein großes Lächeln und ein großes prustendes Lachen. Ist euch aufgefallen, wie leicht man denkt, diese Art Mensch könne überhaupt nicht ernst sein und auch sonst nicht viel anderes?

Jetzt entdeckte Umberto mich. Er lachte und winkte. Auch Eva sah zu mir herauf, aber sie hatte den immer gleichen forschenden, ernsten Blick. Noch nie hatte ich das Kind lächeln, geschweige denn lachen sehen. Ich hatte vor ihr ein paar Faxen gemacht, die im Patriotischen Institut für große Belustigung gesorgt hatten, aber auf sie hatten sie keine Wirkung gehabt. Warte nur, dachte ich, eines Tages!

Umberto zeigte auf die Stiefel, schüttelte den Kopf und ließ seinen erhobenen Finger in einer ausdrucksvollen Geste in der Luft kreisen.

Am Anfang unserer Bekanntschaft hatten Umberto und ich uns mit Zeichensprache begnügen müssen, und dafür besaß Umberto ein ungewöhnliches Talent. Selbst meine plumpen Gesten verstand er sofort. Einige der alten Zeichen behielten wir auch später bei, als wir längst miteinander sprechen konnten. Zum Beispiel suchte Umberto meinen Blick und wackelte ausdrucksvoll mit den Ohren. Ich tat das Gleiche und nickte als Zeichen, dass ich alles verstanden hatte. So hatten wir eine gemeinsame Geheimsprache, und unsere Seelen harmonierten miteinander.

Die Sympathie unserer Seelen beruhte in hohem Maße auch auf der unserer Mägen. Beide liebten wir es, zu essen und zu trinken, gut, viel und lange. Nachdem ich Italienisch gelernt hatte, konnten wir uns zudem in Gespräche über unsere Mägen vertiefen. Wir sprachen viel über sie, besonders über all die Beschwerden, die sie uns bereiteten.

Mit jemandem über den eigenen Magen oder andere Organe des Körpers zu sprechen, über ihr Funktionieren oder Nichtfunktionieren zu diskutieren, ist eine sehr heikle Angelegenheit. Sie erfordert Takt und gleichzeitig eine gewisse Rücksichtslosigkeit. Aber wie wichtig ist es! Es gibt Menschen, die durchs Leben gehen, ohne ein einziges Wort darüber zu verlieren. Sie haben, bildlich gesprochen, eine Neigung, die Augen zu schließen und die Nase zuzukneifen, als sprächen sie über etwas Unnatürliches und Ekliges, das nicht zum Menschen und zum Leben gehört.

Bei allem, was mit solchen Dingen zu tun hat, geht es

um ein gegenseitiges Geben und Nehmen – ein Sprechen und ein Zuhören. Es geht um Respekt vor dem Nächsten und um Demut. In nicht geringem Maße geht es um Einsicht in die Menschenseele, ihre innersten Winkel, darum, wie Qualen gelindert und Schrecken in vernünftigen Grenzen gehalten werden können ... Aber genug davon jetzt, zu den Stiefeln auf der Via Isidoro!

Eine ansehnliche Schar Menschen hatte sich versammelt. Die Stiefel sahen schon zufriedener aus. Ja natürlich, sie standen die ganze Zeit im Mittelpunkt! Alle warteten darauf, dass etwas geschah.

Es verging eine Minute, es vergingen weitere Minuten. Umberto schüttelte den Kopf, winkte mir zu, streichelte den Hund und machte sich mit Eva an der rechten und seiner kleinen Kiste in der linken Hand auf den Weg, wie jeden Morgen. Wohin, das hätte ich gern gewusst, doch in dieser Hinsicht war er verschwiegen.

La Bella sah ihnen nach, wie jeden Morgen. Später, eine halbe Stunde, bevor sie zurückkehrten, würde sie sich, wie jeden Tag, vor das Tor setzen. Reglos würde sie dasitzen, die Straße hinunterspähen, warten, dass sie zurückkamen.

Nun gut, es verging noch eine Minute, und noch ein paar weitere, und die Rede kam darauf, wie wohl die Zukunft der Stiefel aussehen mochte. Sie konnten ja nicht in alle Ewigkeit dort auf dem Bürgersteig stehen bleiben. Mochten sie ein zweifacher lebendiger Beweis für die Wahrheit des alten Sprichworts sein, dass der Mensch nicht nur dort ist, wo seine Stiefel sind, aber irgendjemand musste sich ihrer annehmen! Gewiss, aber wer? Im übrigen würde der Besitzer der Stiefel doch auf jeden Fall bald auftauchen. Ja, dort kam er!

Nein, dort kam er nicht. Das war der Schuster des Viertels, Signor Scarpe, begleitet von einer Gruppe geschäftig plappernder Burschen, einigen Lehrlingen und sogar ein paar hoffnungsfrohen Schuhputzern. Entschlossenen

Schrittes bahnte sich Signor Scarpe seinen Weg durch die Versammlung.

Alle warteten gespannt, ob er würde Aufschluss geben können, denn obwohl bekanntlich die Italiener alles können und wissen, sehen sie einer neuen Meinung doch immer freudig entgegen. Der Schuster ließ sich Zeit. Er machte ein grimmiges Gesicht, kniff das linke Auge zusammen und blinzelte schlau mit dem rechten. Hier trat ein Kenner in Aktion, so viel war klar!

Ich lehnte mich aus dem Fenster. Konnte Signor Scarpe erklären, warum die Stiefel dort standen, konnte er begreiflich machen, warum sie eine so seltsame Stellung eingenommen hatten? Ich meine, man stellt ein Paar Stiefel ja nicht einfach irgendwie hin, man stellt sie nebeneinander.

Der Schuster streckte die Hand nach den Stiefeln aus, vermutlich, um sie an sich zu nehmen, vielleicht, um ihre Qualität besser beurteilen zu können. Da ertönte ein lauter Schrei.

Es war Maria Aliano. Maria, Umbertos Frau, die Mutter Evas und der vier anderen Mädchen, Magdalena, Sophia, Clara und Lucia. Maria war ein Jahrzehnt jünger als ihr Mann und schlanker als die meisten anderen Frauen im Viertel. Sie war eine gottesfürchtige Frau mit schönen, schwarzen, ernsten Augen. Nur selten zeigte sie ihre Gefühle. Sie war schweigsam, aber manchmal, wie jetzt, war es möglich, dass sie ihr Schweigen brach. Ein warnender Schrei, dazu ein drohender Finger. Was sagte sie? Der Schuster hörte erschrocken zu. Dass die Stiefel Cholera verbreiten könnten! Pest und Schlimmeres demjenigen, welcher …

So eiskalt und unglückverheißend war Signora Alianos Stimme, dass die Menschen trotz der Wärme erschauerten und einige Schritte zurücktraten. Natürlich, man sollte sich hüten, ein solches Stiefelpaar anzurühren oder in ihm herumzustochern. Gott allein wusste, zu was das führen konnte!

Einige weigerten sich nun, die Stiefel noch länger anzuschauen. Manche gingen sogar fort. Dafür kamen immer wieder andere Neugierige hinzu. Menschen aus dem ganzen Viertel versammelten sich, um die sonderbaren Stiefel mit eigenen Augen zu sehen. Ich selbst verspürte den starken Wunsch, mich hinüber auf die andere Straßenseite zu stehlen und meine nackten Füße in die Stiefel zu stecken, um zu sehen, ob sie passten.

Die Menschenmenge verstopfte die Straße, die erst wieder passierbar wurde, nachdem Signor Giacattoli, der knauserige Hausbesitzer, das Gebiet abgesperrt und begonnen hatte, Eintrittsgeld zu verlangen. »Das Geld ist für den armen Besitzer bestimmt, der seine Stiefel auf so grausame Art verloren hat«, erklärte Signor Giocattoli.

Um seine Worte zu unterstreichen, grub er von Zeit zu Zeit in seinen Taschen und ließ das Geld in die Stiefel fallen. Niemand zweifelte daran, dass einiges davon in seinen Taschen zurückblieb, die geräumiger waren als Kartoffelsäcke. Sie alle kannten Giocattoli, und niemand reagierte. Doch, sie reagierten auf seine Worte von »dem armen Besitzer«. Warum sollte man Mitleid mit ihm haben? Er war ja freiwillig aus seinen Stiefeln gestiegen, hatte sie hier auf der Via Isidoro zurückgelassen und …

»Freiwillig?«

Wieder Maria Alianos eiskalte, warnende Stimme, wieder der drohend ausgestreckte Finger: Vielleicht sei er das Opfer eines Verbrechens. Sie hatte Recht. Es gab Fälle unerklärlichen Verschwindens, es gab viele Raubüberfälle und Morde, bei denen Stiefel oder Schuhe oder zumindest Füße eine Rolle spielten. Von so etwas wussten viele zu berichten. Und das taten sie auch auf der Via Isidoro. Die Leute liebten es, die eigene Stimme zu hören, und konnten dieselbe Geschichte hundertmal von sich geben. Was für rücksichtslose Leute, die immer im Mittelpunkt stehen mussten und es nicht lassen konnten, sich in die Position zu drängen, die rechtmäßig den Stiefeln zukam!

Es verging eine Stunde, es vergingen weitere Stunden ermüdenden Palavers. Die Leute verloren die Geduld, auch ich. Zwar bin ich vom Lande, aber deswegen imponieren mir noch lange nicht die erstbesten Stiefel! Und schließlich ist man in St. Petersburg gewesen! Dort gab es so einiges zwischen Himmel und Erde, einiges, das sich bei näherem Hinsehen als Luft herausstellte, nichts anderes. Man kennt das schon: Viel Lärm um nichts. Und gleich würde vermutlich der Stiefelbesitzer daherkommen, sich die Stiefel anziehen und seiner Wege gehen. Ein Mann, der eine Freundin irgendwo an der Bucht nicht weit vom Tiber hatte, genauer gesagt an der Via Isidoro, in einer Wohnung, in die der Ehemann früher zurückgekehrt war als erwartet.

Der Tag verging. Es waren nur noch wenige Menschen, die den Stiefeln ihre Aufmerksamkeit widmeten. Ohne sie zu beachten, machte man einen Bogen um sie, wie man einen Bogen um die Bettler auf der Straße macht. Die Stiefel waren zu etwas geworden, an dem die Hunde ihr Bein hoben; La Bella, die eine Hündin war, tat nicht einmal das. Als Umberto und Eva nach Hause kamen, war also niemand mehr da, der von den anfangs so merkwürdigen Stiefeln Notiz nahm. Im Laufe von weniger als einem Tag hatte sich die allergrößte Aufmerksamkeit in die kühlste Gleichgültigkeit verwandelt. Gegen Abend war es, als hätte es diese Stiefel nie gegeben, oder besser, als hätten sie schon immer dort auf dem Bürgersteig vor der Via Isidoro Nummer achtzehn gestanden. So ist das Leben, die Macht der Gewohnheit ist groß, ebenso die der Gleichgültigkeit und des Vergessens. Jetzt brach die Dunkelheit herein, die Menschen gingen zu Bett, und nach und nach verstummten die Stimmen.

Noch war das letzte Wort nicht gesprochen! Die Sache

sollte noch eine ganz andere Wendung nehmen, ihr werdet es hören!

Aber ihr müsst warten, denn am Morgen darauf schaute ich nicht durchs Fenster zur Straße, sondern sah durchs Hoffenster hinaus. Dabei entdeckte mich Umberto und lud mich ein, mit ihm zu frühstücken.

Die Familie Aliano nahm die meisten Mahlzeiten am Tisch im Hof ein. Dort war nun die ganze Familie versammelt, außer Maria. Sie war schnell ins Haus gegangen, um Tee für mich zu kochen.

Wie die meisten Russen liebe ich Tee. Ich kann ein Glas nach dem anderen trinken und schnell in das schönste Schwitzen geraten. Vorausgesetzt, es handelt sich um russischen Tee, der italienische schmeckt, ehrlich gesagt, einfach scheußlich. Nur mit großer Mühe schluckte ich die eklige Brühe herunter. Trotzdem pflegte ich zu lächeln und zu nicken und mit der Zunge zu schnalzen, um meine Wertschätzung zu zeigen. Ich wollte es den anderen recht machen. Ach, hätte ich lernen können, diesen Tee zu mögen, ihn zu lieben, wie ich diese gastfreundlichen Römer und ihre wunderbare Stadt liebte!

Plötzlich stieß ich mit dem Fuß an La Bella, die unter dem Tisch lag. Sie fuhr hoch, heftig bellend. Ich schrie auf. Umberto lachte über meine Aufregung. Auch die Kinder lachten, außer Eva.

Nichts scheint Kindern mehr Spaß zu machen als ein Erwachsener, der Angst hat. Eva aber sah mich mit Augen an, die so ernst waren wie immer. Im übrigen stimmt es nicht, dass es Kindern Spaß macht, wenn Erwachsene Angst haben. Es gibt nichts, was sie mehr erschreckt. Es ist die gespielte Angst, die ihnen Spaß macht.

Ich schaute Eva an. Es war bei mir zur fixen Idee geworden, sie zum Lachen zu bringen. Jetzt tat ich, als hätte ich Angst. Ich kauerte mich zusammen, machte ein übertrieben erschrockenes Gesicht. Eva sah mich ernst an.

Es ärgerte mich, dass ich sie nicht einmal zum Lächeln bringen konnte. Ich mag Kinder, und ich mag es, den Affen für sie zu spielen. Dann lachen sie laut, sie würdigen meine Anstrengungen, sie zu amüsieren.

Ich strengte mich an, machte meine besten Grimassen, über die sich meine Privatschüler in St. Petersburg halb tot gelacht hatten. Kein Echo.

Ich ahmte einen Vogel nach, flatterte mit den Armen, krächzte wie eine Krähe. Ich stellte mich wie ein Storch auf ein Bein, bog den Kopf zum Tisch hinunter, tat, als picke ich Brotkrumen mit der Nase. Ich tat, als hätte ich mich in einem Spalt festgeklemmt. Alle lachten schallend über meine vergeblichen Versuche, mich zu befreien, außer Eva.

Ich kam nicht frei! Ich zog, doch ich steckte fest. Alle brüllten vor Lachen, außer Eva.

Wie sehr ich auch zog, ich steckte fest. Ich dachte an den Narren in dem Theaterstück in Kibinzy, wie sein Bart am Siegellack festgehangen hatte.

»Signor Gogol hat immer noch Angst!«

Das war Lucia, das älteste Mädchen, ein wahrer Satansbraten, ein Teufelsbalg, sie sah alles, konnte aber einfach nicht den Mund halten.

»Der Tee ist fertig. Ich habe zwei Kannen gemacht!«

Maria blieb auf der Stelle stehen, als sie mich sah und brach in ein so lautes, schneidendes Lachen aus, dass ich dadurch loskam.

Maria lachte. Umberto lachte, alle Mädchen außer Eva lachten, und ich lachte. Wir lachten lange. Worüber wir lachten? Über die römische Sonne, darüber, dass der Sommer bald beginnen würde und wie wunderbar das Leben sein konnte!

Auch La Bella lachte. Meiner Meinung nach klang es, als ob sie bellte, aber Umberto behauptete entschieden, sie lache.

Maria schenkte Tee nach. Die Mädchen verschwanden. Umberto sprach von seinem Hund. Ein kluges Tier! Nie habe ich einen Menschen getroffen, der so stolz auf seinen Hund war wie Umberto. Für mich sind Hunde etwas, das man mit einem Tritt aus dem Weg befördert, wenn man sie überhaupt wahrnimmt. Nicht so für Umberto.

Er ließ La Bella Kunststücke vollführen, nach Brotbrocken schnappen und Fliegen fangen und was ihm sonst noch einfiel. Die ganze Zeit sah er mich mit dieser unerträglich zufriedenen Miene von der Seite an, die Mütter bei jedem kleinen, lächerlichen Auftritt ihrer Kinder an den Tag legen.

»Die Stiefel sind losgegangen!«

Die Mädchen Aliano kamen angerannt, aufgeregt rufend. »Sie haben sich bewegt, kommt und seht!«

Wir liefen hin.

Tatsächlich. Mehrere Zeugen erklärten übereinstimmend, die Stiefel seien plötzlich losspaziert. Jetzt standen sie am Rand des Bürgersteigs, der linke vor dem rechten. Dass ein Paar Stiefel ohne Eigentümer still auf einem Bürgersteig stand, war unangenehm, aber doch irgendwie zu akzeptieren und eigentlich nicht besonders merkwürdig. Irgendjemand hatte sie aus dem einen oder anderen Grund dort hingestellt. Dass aber die Stiefel ohne Füße losgingen, war etwas ganz anderes!

Die Sache begann unheimlich zu werden. Der Teufel mochte wissen, wohin diese wandernden Stiefel noch gehen würden. Außerdem hatten sie die Richtung geändert. Sie waren unterwegs zu meinem Hauseingang. Zu wem wollten sie? Zu Umberto? Oder vielleicht zu mir! Wirklich unheimlich!

Nicht nur ich war erschrocken über das neue, unerklärliche Geschehen. Viele hatten Angst bekommen und suchten eine natürliche Erklärung für das unnatürliche Verhalten der Stiefel.

In dieser Situation erschien Umbertos Tochter Eva. Sie lachte zwar nie, aber im Unterschied zu ihrer großen Schwester, dem Teufelsbalg, war sie ein unschuldiges und liebenswertes Kind. Sehr ernst erklärte sie, es habe sich ihr ein Engel Gottes in Gestalt einer weißen Taube gezeigt. Diese habe auf den Ranken des wilden Weins gesessen, der die Wände der höhlenähnlichen Laube im Hof bildete. Eva habe deutlich die Stimme gehört: »Die Stiefel sind kleine Sendboten Gottes. Sie sind in die Via Isidoro gekommen, damit sich das Wort des Propheten erfülle: Der Stiefel, den der Krieger im Kampfeslärm trug.«

Jetzt erwachte Vater Lentamente zum Leben. Hier waren Wunder zu erwarten, ohne Zweifel! Wenn sie nicht schon geschehen waren! Hier musste der Diener des Herrn eingreifen und die geistige Führung übernehmen, musste der Hirte des Herrn die Herde leiten, die größer war als zuvor. Denn das Gerücht hatte Flügel, und bald waren die Heerscharen versammelt, nicht nur aus diesem, sondern auch aus nahe und weniger nahe gelegenen Vierteln. Füße aus ganz Rom eilten an diesem milden, gesegneten Frühlingstag in die Via Isidoro – die Via der Stiefel!

Alle wollten die seltsamen Stiefel sehen. Die Anwohner der Straße dachten an ihre Gleichgültigkeit, ihre Respektlosigkeit gegenüber diesen kleinen Sendboten … Nein! So war es nicht gewesen! Aus pietätvoller Rücksicht hatte man die heiligen Stiefel eine Weile in Ruhe gelassen, aber vergessen oder gering geschätzt – niemals! Im Gegenteil, stets hatte man den Stiefeln Verehrung entgegengebracht, und nun brachten sie ihrerseits Ehre und verbreiteten in der ganzen Straße Glanz und Ansehen.

Es wurden Vorbereitungen zur Wahl von Delegierten getroffen, die zum Papst geschickt werden sollten, um die Stiefel heilig sprechen zu lassen. Dabei entstanden gewisse Probleme. Man hatte Schwierigkeiten sich zu einigen, inwieweit die Stiefel als eine Einheit oder als zwei Dinge zu betrachten seien, ob also einer oder zwei heilig zu sprechen seien.

»Ich habe Recht!«

»Ich auch!!«

Ach, diese leidenschaftlichen Römer, erfüllt von ehernem Heidentum und christlicher Frömmigkeit! Ach, diese wunderbare Stadt, diese ewige Mischung aus tiefster Religiosität und realitätsnaher Tatkraft! Schon störten dröhnende Hammerschläge die heitere Stille in der Via der Stiefel! Ein Holzgerüst wurde um die Stiefel errichtet, ein hübsch geschnittener Lattenzaun, eine kleine Pforte, versehen mit einem Schild mit großen Buchstaben, einem Schild wie die im Museum, auf denen die Namen Tizians oder Michelangelos stehen. Aber GOTTES KLEINE SENDBOTEN war mehr als ein Kunstwerk, es war ein religiöses Monument. Darin waren sich alle einig, obwohl die Diskussion über die Anzahl der Heiligen nicht entschieden war. Ob man vielleicht zwei Delegationen losschicken sollte?

Das Problem sollte sich auf außerordentlich tragische Weise lösen: Einer der Stiefel verschwand in der Nacht!

Ein Unglück kommt selten allein. La Bella wurde krank. Indirekt war auch ich betroffen, denn die Trauer meines Freundes Umberto war so groß, dass er ebenfalls krank wurde.

La Bella fraß nicht, trank fast nichts. Sie schlief meistens oder starrte stumpf vor sich hin. Nicht einmal auf Umbertos Zuruf kam sie auf die Beine. Wenn er sie tätschelte und streichelte, ging nur ein schwaches Zittern durch ihren sonst so fröhlich wedelnden Schwanz.

La Bella magerte ab und wurde immer schwächer. Umberto versuchte, die Hündin zu füttern. Er gab ihr rohes Fleisch von bester Qualität. La Bella leckte daran, weigerte sich aber zu fressen.

Die Krankheit der Hündin machte Umberto ganz apathisch. Er tat mir Leid. Es war, als habe er den Verstand verloren. Er war ein armer Mann, der nie eine Schule besucht hatte, aber er konnte lesen und schreiben und war sehr klug. Wie er krank werden konnte, weil seine Hündin krank war, das war mir unbegreiflich. Auch Umberto hörte auf zu essen. Es war unfaßbar.

Einige Tage vergingen. Die Suche nach dem Stiefel führte zu keinem Ergebnis. La Bella war noch immer krank. Umberto saß bei ihr im Hof und weinte. Neben ihm stand sein Kasten. Er hielt ein Papier in der Hand, das er schnell versteckte, als er mich kommen sah.

Umberto sah schrecklich aus. Ich bückte mich und tätschelte La Bella. Eigentlich war wohl Umberto gemeint: »Bald geht es dir besser«, sagte ich.

Inzwischen waren Wachen eingeteilt worden, die aufpassen sollten, dass dem verbliebenen Stiefel nichts passierte. In der Nacht, als das ganze Drama seine Auflösung, wenn auch keine Lösung finden sollte, hielt Umberto Wache. Er könne ohnehin nicht schlafen, hatte er behauptet. La Bella ging es zwar besser, doch war sie weit davon entfernt, wieder gesund zu sein. Vom Fenster aus sah ich Umberto auf der anderen Straßenseite stehen, ein einsamer Mensch in der dunklen Nacht. Neben ihm lag La Bella, schwach, aber doch mit wachsamen Augen. Beide waren bereit, den verbliebenen der kleinen Sendboten Gottes mit ihrem Leben zu verteidigen. Dieser, der linke Stiefel, stand in seinem Holzgatter beunruhigend nahe an der Bürgersteigkante. Er schwankte gefährlich dicht am Rinnstein wie am äußersten Rand einer Klippe. Jeden Augenblick konnte er in den tiefen Abgrund stürzen …

Gemäß den Regeln der neuen Erzählkunst müsste ich jetzt – während die Spannung durch den drohenden Sturz aufrechterhalten wird – eine längere Darlegung über … Gott weiß was dazwischenschalten. Das soll uns aber egal sein, die Darlegung machen wir dann, wenn es nicht passt! Jetzt wollen wir vielmehr beobachten, was am nächsten Morgen geschah.

Es geschah, dass ich erwachte.

Auf der Straße war ein fürchterlicher Lärm ausgebrochen. Die Männer gestikulierten, fluchten und schrien durcheinander. Die Frauen rangen unter großem Wehklagen die Hände, und die Kinder weinten verstört, untröstlich.

Ein kleiner, sorgfältig gekleideter Herr, so einer wie die adretten kleinen Schreiber der neunten Rangklasse im Besoldungsamt, stand vor Umberto und heulte ihm ins Gesicht.

Auch der linke Stiefel war verschwunden! Der hart bedrängte Umberto beteuerte lauthals, er sei die ganze Zeit wach gewesen und habe keine Menschenseele den Stiefel anrühren oder auch nur in seine Nähe kommen sehen. Der Stiefel sei von selbst verschwunden. Plötzlich sei er blitzschnell losgerannt, und ehe Umberto überhaupt blinzeln konnte, sei er schon weit unten auf der Straße gewesen.

Umberto konnte seinen schwachen, noch nicht wieder genesenen Hund nicht genug rühmen. Der Stiefel sei mit Siebenmeilenschritten losgerannt, und er, Umberto, habe ihn mehrmals aus den Augen verloren. La Bella aber habe die Spur immer wieder aufgenommen. In wilder Jagd sei es kreuz und quer durch Rom gegangen, bis sie sich schließlich vor dem Marcellus-Theater am dunklen Wasser des Tiber wiedergefunden hätten. Da – plötzlich – sei er verschwunden!

Ist das wirklich die ganze Geschichte, Umberto Aliano? Die ganze Wahrheit?

Umberto beteuerte es. Immer wieder erzählte er seine Geschichte, immer die gleiche, was schließlich Eindruck machte. Anstatt Umberto anzuklagen, begannen die Menschen, sich selbst vorzuwerfen, was alles sie für den, nein, für beide Stiefel nicht getan hatten, als diese noch da gewesen waren. Was hatte man sich nicht alles vorzuwerfen! Wie vieles hätte man anders machen können!

Als sich die erste Verzweiflung gelegt hatte, richteten sich die Gedanken auf die Folgen des Verschwindens der Stiefel. Was sollten die vielen Pilger denken, die inzwischen, in Unkenntnis des Schicksals der Stiefel, auf Rom und die Via der Stiefel zustrebten? Was mussten die Gesandten des Papstes denken? Dass die Stiefel nie existiert hatten! Welch ein Elend!

Zum Glück erinnerte sich Umberto jetzt, dass er in dem Augenblick, als der Stiefel verschwunden war, eine Taube gesehen hatte, die zu den Wolken aufstieg. Sie war nicht weiß gewesen wie der Engel Gottes, von dem Eva berichtet hatte, sondern grau. »Ungefähr so wie die Farbe der Franziskanerkutten«, sagte Umberto.

Franziskaner ... Nun war alles klar! Endlich! Hier fand sich eine Erklärung, die die Pilger ebenso wie die Gesandten des Papstes wie auch alle Einwohner des Viertels zufriedenstellen konnte: Der heilige Franziskus – Freund der Bettler und der Vögel, Gottes Poverello – war zusammen mit Bruder Leo als kleiner Sendbote Gottes zur Erde zurückgekehrt. In Gestalt eines Paars Stiefel waren sie gekommen. Und das bedeutete: Geht den rechten Weg, Kinder!

Durch ihr Verschwinden hatten sie darüber hinaus auf die Vergänglichkeit der Welt hingewiesen. Und durch seine Himmelfahrt hatte Franziskus den Weg der Erlösung gezeigt: die Imitatio Christi, das Leben in der Nachfolge Christi.

In der nächsten Zeit lebten die Menschen des Viertels in demütiger Eintracht und großzügiger Freigebigkeit. Die Almosen für die Bettler waren so zahlreich und so hoch, dass diese selbst von ihrem Überfluss abgeben mussten. Ein Wunder war geschehen.

Und ein weiteres Wunder sollte geschehen. La Bella war

ein zweites Mal heftig erkrankt, Umberto zufolge an den Nachwirkungen der wilden Jagd. Wieder spielten sich Szenen ab, wie ich sie schon beschrieben habe. Wieder streichelte ich die Hündin, während ich eigentlich Umberto trösten wollte. Und eines Tages war sie gesund!

»Als du sie gestreichelt hast, wurde sie gesund!«

Ich konnte mir andere Erklärungen vorstellen, Umberto jedoch nicht. Er umarmte mich freudestrahlend. »Oh, mein lieber Freund! Heute Abend, Signor, heute Abend wird gefeiert!«

Ich wurde zu Vino fino und Antipasto geladen, zu leckeren Knoblauchwürsten, Carpaccio und Prosciutto, Tomaten mit Minze, Oliven, Pasta mit Soße, würzig und wunderbar, dass ich ganz hingerissen war, und mich hingab, hingab! Ich wurde richtig lyrisch.

Zum Nachtisch Melone! Oder war das nicht an diesem Tag? Dann eben an einem anderen. Aber richtige Melone war es! Groß und saftig wie in Sorotschinzy, nicht diese kleinen Kartoffeln, mit denen man in St. Petersburg abgespeist wird.

Die Kinder spielten mit La Bella, die Hündin fing zwei Fliegen auf einen Streich, und Umberto war selig vor Freude. Die Sterne leuchteten, der römische Abend war lau. Wir saßen lange draußen und unterhielten uns.

Das alles geschah im späten Frühjahr 1837 in der wunderbaren Stadt Rom in dem merkwürdigen Land Italien.

Tage kamen und gingen. Noch ein Tag, und noch ein paar. Nach und nach wurde das Leben in der Via Isidoro wieder wie früher, denn, wie gesagt, die Macht der Gewohnheit ist groß. Das ist auch die Macht des Vergessens, und als keine Stiefel mehr auf dem Bürgersteig standen, war es, als hätten dort nie welche gestanden.

Ein leeres Blatt

Mein Leben in Italien verging in Freuden. Ich war kaum dreißig Jahre alt, fühlte mich stark wie ein Bär. Die Arbeit an »Tote Seelen« schritt stetig voran. Es war eine glückliche Zeit. Hört nur, hört das Lied, von dem ich geweckt wurde:

> Höchster, allmächtiger, gütiger Herr,
> Dein sind der Lobpreis, die Herrlichkeit, die Ehre und jegliche Segnung.
> Dir allein, Höchster, gebühren sie,
> und kein Mensch ist würdig, Deinen Namen zu nennen.

Ich schaute durch die Ritzen des Fensterladens. In einer Ecke des Hofs wuchs wilder Wein an einem Holzgerüst hoch und bildete eine Laube oder eher eine große Laubhöhle, deren Eingang zu meinem Fenster zeigte.

Dort drinnen stand Umberto in einem mächtigen, mit Wasser gefüllten Bottich. Er hatte das Wasser heiß gemacht, Dämpfe stiegen aus dem Bottich auf. Umberto hob die Arme und hielt das Gesicht in die gelbweißen Sonnenstrahlen, die durch das spärliche Grün des Dachs der Höhle hereindrangen. Seine Stimme war tief und sehr schön.

Gelobt seist Du, Herr, mit allen Deinen Geschöpfen,
besonders dem Herrn Bruder Sonne,
welcher der Tag ist, und durch den Du uns leuchtest.
Und er ist schön und strahlend mit großem Glanze,
Von Dir, Höchster, trägt er den Sinn.

Jetzt ließ er seinen großen Körper langsam in das heiße Wasser sinken. Er legte sich zurecht. Die Beine ruhten mit den Kniekehlen auf dem Bottichrand. Umberto schloss die Augen.

Lobet und preiset den Herrn und saget Ihm Dank
und dient Ihm in großer Ergebung.

Im Laub zwitscherten kleine Vögel. Sie hüpften hin und her, umflatterten seinen Kopf.

Maria kam aus dem Haus und schüttete neues heißes Wasser in den Bottich. Umberto prustete. Sie stellte sich an den Bottich und begann, Umbertos behaarten Rücken zu waschen. Sein Körper wiegte sich vor und zurück unter ihren entschlossenen Bewegungen. Er schloss die Augen und lächelte. Über Marias bloße Arme rannen Wassertropfen. Von den heißen Dämpfen des Bottichs glänzte ihr Gesicht, das trotz der Anstrengung ausdruckslos blieb.

Als ich auf den Hof kam, saß Umberto auf der Bank an der Hauswand. »Mein Vater begrüßte den Sommer jedes Jahr mit einem Bad im Freien«, sagte er. »Ich habe ihm beim Baden immer zugeschaut und schon als Kind beschlossen, es später genauso zu machen.«

Die Sonne schien. Die Morgenluft war schon warm. Ich war glücklich.

Natürlich bestand diese erste Zeit in Rom nicht nur aus Licht und Wärme. Und meine Arbeit an »Tote Seelen« war kein einziges langes Freudenfest. Wie im Leben, gibt es auch beim künstlerischen Schaffen Probleme, Widerstände und Enttäuschungen. Tatsächlich sind sie die Grundlage und Voraussetzung jeden Schaffens. Das Misslingen ist notwendig dafür, dass etwas gelingen kann. Das ist die eigentliche Bedeutung der Redensart, dass der Künstler leiden müsse. Aber wenn man stark ist, hält man all die Misserfolge ohne weiteres aus, man begrüßt sie sogar, diese ständigen Niederlagen vor sich selbst. Man ist auf dem Weg!

Ich war im Begriff, etwas zu schaffen, was vorher nie da gewesen war. »Tote Seelen« sollte das große Werk werden, das Puschkin mir aufgegeben hatte.

Wie Dantes »Göttliche Komödie« sollte es aus drei Teilen bestehen, Hölle, Fegefeuer und Paradies. Schon der erste Teil sollte ganz Russland durchleuchten, alles Schlechte ans Licht bringen. Ich wusste, dass mein Buch Aufregung und Proteste hervorrufen würde. Es war mein Schicksal, mit meinen Landsleuten im Krieg zu liegen. Aber wenn der zweite Teil kam, würden die Proteste verstummen, und wäre mein Werk mit dem dritten Teil erst vollendet, würden sie mich als geistigen Führer willkommen heißen. Dann würde sein geheimer Sinn deutlich erkennbar sein. Ein Werk über Menschen ohne Seele und über den Tod der Menschenseelen. Ein Werk über das Erzählen. Das heißt: Über den Weg des Menschen zur Erlösung. Leben! Auferstanden, auferstanden!

So dachte ich.

Schon immer war meine Liebe zum Leben mit meiner Angst vor dem Leben verbunden gewesen. Jetzt aber war es anders. In Rom wurde ich wieder geboren. Ich war ein anderer Mensch. St. Petersburg war Nebel, Nässe, Kälte und abstoßendes Hohngelächter. Das Theater, das Amt, die Universität – mein ganzes Leben dort war nur schlechte Wirklichkeit gewesen. Italien war die Heimat meiner Seele. Hier war ich glücklich. Leben! Meine Seele war hell. Ich war stark, und ich lebte ohne Angst!

Lobet und preiset den Herrn und saget Ihm Dank und dient ihm in großer Ergebung!

Aber die Kälte sollte bis ins warme Rom vordringen.

Eines Tages war ich gemeinsam mit Familie Aliano in der Peterskirche zur Messe. Als wir herauskamen, blieben wir einen Augenblick stehen und blickten über den Petersplatz. Ich glaubte, ein Bild zu betrachten. Im Vordergrund eine Schar Pilger, einige Franziskanermönche und ein paar Bettler mit ausgestreckten Händen. Weiter hinten Tausende von Menschen, viele mit freigiebigen Händen, alle besessen von Sehnsucht. Umgeben von all diesen Freunden fühlte ich, daß mein Leben einen Sinn hatte.

Ich erinnerte mich an ein Spiel. In dem Augenblick, wenn jemand »Stein!« ruft, bleiben die Mitspieler auf der Stelle stehen. Wer die lustigste Stellung einnimmt, ist als nächster an der Reihe zu rufen.

Alle warten auf den Ruf.

Es ist nicht warm. Die Sonne scheint nicht. Es ist bewölkt. Es ist kalt in Rom. Wind fegt über den Petersplatz. Plötzlich löst sich ein kleines Mädchen aus der Schar der Versteinerten. Es ist Eva. Sie läuft. Sie hält die Arme ausgestreckt vor sich.

Eva kann es nicht sein, sie steht neben uns. Es ist ein kleiner Junge, der hinter den Tauben herrennt. Sie flattern widerwillig auf, wenn er sich nähert. Vielleicht versucht er gar nicht, sie zu fangen. Vielleicht will er sie erschrecken.

Die Tauben fliegen nur ein kleines Stück und lassen sich dann wieder nieder. Sie nehmen den Jungen nicht ernst. Der läuft in Schlangenlinien immer weiter weg. Ich halte Ausschau nach seinen Eltern. Ich kann sie nicht sehen.

Noch eine Weile müssen die Menschen still stehen. Sie müssen dastehen und beobachten, solange sie in ihrem Leben sind. Dann kommt Bewegung auf, die Menschen blicken sich um. Sie sehen den Jungen. Jemand ruft ihm nach, aber er hört nicht. Er ist hinter den Tauben her. Ich sehe Umberto von der Seite an. Auch er verfolgt die Bewegungen des Jungen.

Die Tauben scheinen zu schwer zu sein. Aber dann schreit der Junge laut, und es gelingt ihm, einzelne Vögel aufzuscheuchen. Da fliegen sie alle auf, steigen, bleiben aber plötzlich in der Luft stehen, als hingen sie in einem unsichtbaren Netz fest. Im nächsten Augenblick befreit, setzen sie flatternd ihre Flucht fort, höher und höher.

Schließlich löst sich der Schwarm auf. Die Vögel lassen sich sinken, schweben wie Laub zur Erde. Einige aber sind verschwunden. Sie haben sich mit dem Licht des Himmels vereinigt. Ich glaube, sie haben sich immer gewünscht, die Liebe zu erreichen. Die Liebe, in der man seine Seele finden kann.

Der Junge ist nicht mehr zu sehen. Die Tauben suchen auf dem Boden nach Nahrung. Die Menschen schlendern über den Petersplatz, die meisten ohne Eile. Einige aber gehen mit schnellen Schritten. Das sind jene, die kein Ziel haben. Die Franziskanermönche gehen vorüber, eifrig diskutierend. Die Pilger betrachten die ausgestreckten Hände der Bettler. Der Junge ist fort. Der Himmel ist grauweiß und leer. Vater, Dein ist das Reich, und die Macht, und die Herrlichkeit. In Ewigkeit …

Ich sehe Umberto an. Er beugt sich zu mir herüber und flüstert: »Heute Abend will ich dir etwas zeigen.«

Es war spät. Umberto und ich saßen allein im Hof. Der Mond schien. Die Sterne funkelten hoch oben in der Schwärze.

Auf dem Tisch stand der Kasten. Ich hatte mich immer gefragt, was darin sein mochte. Umberto steckte mit feierlicher Miene den Schlüssel ins Schloss. Sorgfältig wischte er seine Hände an der Hose ab, bevor er ein kleines Paket herausnahm, das mit einem Bindfaden verschnürt war. Schnell klappte er den Deckel zu, aber ich konnte gerade noch sehen, dass Geld in dem Kasten lag.

Umberto löste den Bindfaden, wickelte das Papier ab. Ich sah einige kleine, viereckige Bögen aus steifem Papier. Er rückte näher zu mir heran. Seine Hände zitterten, als er das oberste Blatt nahm. Darauf standen die Zehn Gebote geschrieben. Es war deutlich, dass er jedem Buchstaben die größte Sorgfalt gewidmet hatte.

Umberto erlaubte mir nicht, das Blatt in die Hand zu nehmen. Er hielt es mir vor die Nase und las das Geschriebene laut, wie es viele Menschen machen, obwohl sie sehr gut wissen, dass man lesen kann. Er nahm das nächste Blatt, das nächste und wieder das nächste. Auf allen standen Ermahnungen, zum Beispiel: »Werde ein guter Christ!«

Als er fertig gelesen hatte, sah er mich an, als warte er gespannt auf meine Worte.

Ich begriff, dass ich etwas sagen musste. Verstand, dass es wichtig war, was ich sagen würde. Aber ich fand keine Worte. Ich nickte und lächelte so wohlwollend wie möglich.

Ein wenig zögernd zog Umberto neue Blätter hervor. Ich war verwirrt. Was war der Sinn des Geschriebenen? Wozu diente es?

»Dann ist es so gewesen«, sagte Umberto. »Alles ist schon geschehen, obwohl es sich noch nicht ereignet hat. Die Worte haben sich erfüllt, und ich bin ein Teil dessen, was ich sein werde.«

Das Leben hätte mich lehren müssen, dass die Welt nicht ist, was sie zu sein scheint, dass sich in jedem Menschen ein anderer Mensch verbirgt und dass alles viel komplizierter ist, als es erscheint. Dennoch blickte ich Umberto mit größter Verwunderung an. Ich verstand nicht, wovon er redete. Im übrigen sprach er weniger mit mir, immer mehr zu sich selbst.

Ob ich in seine Welt hineingelangen konnte, wenn ich mich wirklich darum bemühte? Ich tat es nicht. Ich schwieg.

Umbertos Blick war nicht mehr so auffordernd. Mit einer unbestimmten Geste zeigte er auf das Blatt.

»Stimmt es, dass du Dichter werden wolltest?«, fragte ich.

Umberto wurde rot. Er antwortete nicht.

»Man ist sich über seine Wünsche ja nicht immer …« Ich schwieg. Ich war beschämt. Umberto hatte mir großes Vertrauen bewiesen. Er hatte mich eingeladen, etwas mit ihm zu teilen, das sehr wichtig für ihn war. Er hatte um mein Verständnis geworben. Ich hatte ihm nichts gegeben. Schweiß glänzte auf seiner Stirn. Wie alt er aussah!

Er wartete, und ich versuchte vergeblich, mir etwas einfallen zu lassen, das mein Versagen gutmachen konnte. Ich fand keine Worte.

»Das ist schön geschrieben«, sagte ich schließlich.

Der große, kräftige Mann sank zusammen, als hätte ich ihn ins Gesicht geschlagen. Aber im nächsten Augenblick richtete er sich auf. Und als er das letzte Blatt nahm, leuchtete sein Gesicht wie von tiefem Glück erfüllt!

Das Blatt war unbeschrieben, völlig leer. Ich machte eine Geste, dass ich es nehmen und richtig herumdrehen wollte. Aber Umberto riss es an sich und drehte es selbst um. Auch auf der anderen Seite stand nichts geschrieben. Ich starrte ihn an, starrte das leere Blatt an, das er mir vor das Gesicht hielt.

»Es ist ja leer!«

Umberto legte die Blätter zusammen. Umwickelte sie mit Papier, verschnürte den Bindfaden und legte das Päckchen in den Kasten. Klappte den Deckel zu.

»Ich dachte, Sie wären Schriftsteller, Signor Gogol.«

Dann duzte er mich. »Wer bist du eigentlich?« Er stand auf und ging, überließ mich mir selbst.

Da erzählte ich alles was ich wusste, ohne etwas zu verschweigen. Doch ich wollte mir selbst nicht glauben, und ich wandte ein: Die Menschen zeigen stets nur so viel, wie sie zeigen wollen. Sie verbergen mehr, als du glaubst. Aber sie wissen, was sie tun! Nichts geschieht aus Zufall, obwohl sie einen dazu bringen möchten, dass man es glaubt.

Ich hielt mir meine Behauptungen vor Augen, wie Umberto mir sein leeres Blatt vor Augen gehalten hatte – von dem mir aber dennoch der scharfe Geruch von Worten in die Nase gestiegen war.

Ich war nicht überzeugt. Da spielte ich meine letzte Karte aus. »Ich weiß nicht, wer ich bin!«

Als ich hineinging, hörte ich La Bella jaulen. Findet ein Mensch, der absolute Güte sucht, diese nur bei einem unvernünftigen Tier?

Ich wusste nicht, wer ich war. Ich war nicht der Nachkomme Ostap Gogols. Dennoch war ich ein Adliger, da meine Mutter ein Gut und Leibeigene besaß. Auf eigenartige Weise war ich und war gleichzeitig nicht. Ich hatte eine Aufgabe. Was aber, wenn ich sie trotz allem nicht als Schriftsteller zu lösen hatte? Und worin bestand das Opfer, das ich einmal bringen sollte?

Ich lag lange wach, betete fragend. Schließlich schlief ich ein.

Ich hatte einen Traum. Ich träumte, ich stünde an meinem Fenster und blickte in den Hof. Dort in der Laube aus wildem Wein saß Umberto in einem großen Bottich. Von dem heißen Wasser stieg Dampf auf. Maria wusch ihn. Ihre Bewegungen waren rhythmisch.

Ich erkannte alles wieder: wie die Anstrengung, sich nicht erregen zu lassen, große Hitze hervorruft. Man wird dann wie ein fremder Mensch. Hinter dem Zurückhaltenden, dem Ausdruckslosen verbirgt sich das größte Leiden.

Plötzlich bemerkte ich eine Bewegung außen an der Laubhöhle. Es gab noch einen Zuschauer, ein kleines Wesen hockte da, das seinen Vater und seine Mutter durch einen kleinen Spalt im Laub unablässig betrachtete. Die ernsten Augen beobachteten das Verbotene.

Ich schämte mich, dass ich zusah, zwang mich, in den Raum zurückzutreten, vor dem Spiegel stehen zu bleiben. Wen siehst du?

Als ich wieder hinausblickte, war das kleine Wesen verschwunden. Umberto und Maria waren allein. Sie lächelten einander an. »Ich bin so glücklich«, sagte Maria. »Ich auch«, antwortete Umberto. Er nahm ihre Hand und streichelte sie. Sie neigten die Köpfe zueinander, eingeschlossen in das hellste Licht. Ihre Worte waren warm und schön. Ihre Gesichter strahlten vor Liebe.

Ich sah den Widerschein von etwas, an das ich mich nicht erinnern konnte. Eine Laubhöhle nicht weit vom Sommerabendweg im Garten meines Vaters, daran erinnerte ich mich. An was noch? Ich strengte mich sehr an, aber vergeblich. Was war es, woran ich mich nicht erinnern konnte?

»Eine sehr schmutzige Seele«, hörte ich Umberto sagen. Und dann rief er laut: »Komm hervor! Wir wissen, dass du da bist, haben es die ganze Zeit gewusst. Und wir wissen, wer du bist!«

Ich wachte auf, nass von Schweiß mit sehr ungutem Gefühl.

Nichts von dem, was ich mit angesehen hatte, hatte ich sehen wollen. Wussten sie, wer ich war? Einige Jahre lang ein glücklicher Mensch in einem wunderbaren Land … Das stimmte trotz allem!

Ein Unglücklicher hüllt sich oft in Glück und Freude. Und formt andere nach seinen Wünschen. Diese Maskerade macht das Leben unbeständig. Nichts ist eindeutig. Alles fließt und verändert sich, auch die Erinnerungen.

Alles ist auf bedrohliche Weise austauschbar. Das war nie beabsichtigt! So soll es nicht sein!

Der Mensch hat etwas begonnen, dessen Folgen er nicht überblicken kann. Nun herrscht Unordnung. Und unweigerlich fest stehen nur unsere Schuld und unsere Verantwortung. Das und die schlimme Einsicht: Wir sind im Stande, die gequälten Seelen zu verurteilen, die nach Versöhnung streben!

Gewiss gab es auch anderes als Glück in Italien. Davon habe ich zu berichten, auch davon!

Nicht schreiben zu können ... Was immer Ursache und was Wirkung war, es befiel mich eine Schreibhemmung. Das Wenige, was ich zu Stande brachte, war wertlos. Die Wörter kamen nicht mehr zu mir. Ich musste büßen für meine übermütige Überschätzung meiner Kraft, für den Gedanken, dass Widerstände und Misserfolge die Grundlage allen Schaffens seien. Ich hatte zu lange von geliehener Kraft und geliehenem Glück gelebt. Meine Schuld war angewachsen zu einer großen Summe.

Ich starrte auf das leere Blatt Papier.

Je mehr Zeit verging, desto unruhiger wurde ich. Wenn ich nicht schreiben konnte, was blieb mir dann, um zu erfahren, wer ich war? Ich verband meine Identität mit meiner Aufgabe und dem Opfer, das ich einst zu bringen hatte. Abraham war bereit gewesen, auf Gottes Befehl seinen Sohn zu opfern. Ich hatte keinen Sohn.

Schließlich blieb mir nur noch die Abreise. Ich brauchte den Aufbruch. Nichts kommt einer Reise gleich. Ich verließ Rom. Aber ich wusste, ich würde zurückkehren.

Die seltsamen Menschen

Glücklich, wer in seinem Leben einem ganz und gar guten Menschen begegnet! Wie ein solches Ereignis einen doch verändert. Misstrauen, Falschheit, Neid, all das ist auf einmal verschwunden.

Meine Abreise aus Rom und Italien war mit vielen Enttäuschungen verbunden. In Paris hatte ich Danilewski wieder gesehen. Das war alles. Als ich ihm später schrieb, bekam ich keine Antwort. Ich schrieb wieder und wieder. Es dauerte Monate, bis er antwortete. Er ließ durchblicken, dass er einer Frau begegnet war. Ich schrieb sofort und warnte ihn vor den gefährlichen Leiden, die so etwas immer mit sich bringt.

In Paris hatte ich eine schwere Krise durchgemacht. Ich war dem Tod nahe. Mehr darf ich davon nicht erzählen.

Jetzt, nachdem ich Josef begegnet war, lebte ich! Er war die Zukunft. Jeder Tag barg Wiedergeburt und Möglichkeit. Wisst ihr, wie meine neue Adresse in Rom lautete? Strada Felice 126, ultimo piano. Strada Felice! Die Straße des Glücks ...

Ein milder Wind treibt alle Düfte der Campagna durch die Strada Felice. Die Wäsche flattert an Leinen zwischen den Hauswänden. Aus einem offenen Fenster dringt klarer Gesang: Amore, abbacchio ...!

Die Sonne funkelt. Der Himmel ist hell. Alle Blumen Roms strahlen vor Freude. Der Frühling ist aufgeblüht.

Tagtäglich in diesem wunderbaren Jahr 1839 sah ich Josef.

Umberto wusste, wo ich wohnte, doch wir trafen uns selten. Er gehörte mehr und mehr der Vergangenheit an. Von Josef erzählte ich ihm nichts. Umberto hatte an meinen Freunden nie Gefallen gefunden. Von der russischen Künstlerkolonie sprach er mit großer Verachtung. Nun ja, es war eine Ansammlung unbegabter Langweiler. Von zwölf bis zwei saßen sie im Lepre, redeten und redeten – und immer darüber, wie talentlos sämtliche nicht anwesenden Künstler seien, besonders die bekannten. Sie schätzten jeden anderen gering und bildeten sich ein, ihr eigener Wert stiege dadurch.

Hatte je einer von ihnen Talent gehabt? Sicher, aber sie waren zu keinem Misserfolg fähig gewesen, zu keinem notwendigen Fiasko ... Ihr hört! Ich fühlte mich wieder stark wie ein Bär. Mit großer Zuversicht arbeitete ich wieder am ersten Teil von »Tote Seelen«. Er ging seiner Vollendung entgegen!

Um keinen Misserfolg zu riskieren, schufen diese Künstler Werke, die diese Möglichkeit ausschlossen. Irgendwann erkannten sie, was sie dadurch verpasst hatten. Da gingen sie ins Lepre und redeten unablässig, und so gelang es ihnen zu vergessen, wie einsam und ängstlich alle Menschen, auch sie selbst, waren.

Auch meine aristokratischen Freunde erregten Umbertos größtes Missfallen. Wen er besonders verabscheute, das war die Fürstin Wolkonskaja. Er behauptete, sie trachte mir nach der Seele. Immer wieder warnte er mich, und schließlich wurde mir angst, obwohl ich ihm nicht glaubte. Woher weiß man, ob jemand einem nach der Seele trachtet?

Die Fürstin Zinaida Wolkonskaja war eine sehr enge Freundin Zar Alexanders gewesen. Sie hatte in Moskau einen literarischen Salon geführt. Viele Gedichte waren ihr zu Ehren geschrieben worden. Sie schrieb selbst, komponierte, sang. 1829 konvertierte sie zum Katholizismus. Zar Nikolaus hatte ihr erlaubt, ihr Vermögen zu behalten, hatte sie aber aus Russland verbannt.

Sie hatte sich nach Rom begeben und in einer prachtvollen Villa niedergelassen, die zum Treffpunkt russischer Aristokraten wurde. Aber dort versammelten sich auch Menschen geringerer Herkunft, Komponisten, Sänger, Schauspieler, Maler, Schriftsteller. Die Fürstin war sehr gastfreundlich. Sie war auch eine sehr gottesfürchtige Frau. Viele Kirchenmänner besuchten die Villa. War sie ein guter Mensch?

Wie schnell doch Gerüchte aufkommen und sich ausbreiten. Aus Russland bekam ich zu hören, dass »reiche und bigotte Aristokraten« die Schaffenskraft Gogols vernichteten. Dieses Gerede würde bald aufhören, wenn ich »Tote Seelen« herausgab!

Durch die Fürstin Wolkonskaja lernte ich Josef und die ganze Familie Wielgorski kennen, Graf Michail Jurjewitsch, Luise Karlowna und die Tochter Anna, Josefs Schwester. Sie wohnten zu dieser Zeit in einer Villa, die ebenfalls der Fürstin Wolkonskaja gehörte. Sie lag innerhalb der Mauern des antiken Roms, umgeben von Weinpflanzungen und Blumengärten.

Josef war gut zwanzig Jahre alt, sehr schön, mit milden, guten Augen, einem Blick, wie mein Bruder Iwan ihn gehabt hatte. Er war sehr begabt, sehr intelligent. Er schrieb an einer russischen Literaturgeschichte, und viele Stunden verbrachten wir im Gespräch über Karamzin, Schukowski, Puschkin und Gogol.

Obwohl ich zehn Jahre älter war, fühlte ich mich oft als der Jüngere und Unerfahrenere. Josef konnte naiv sein, aber es war jene Naivität, die man bei sehr alten, weisen Menschen findet.

Ich könnte lange von Josef erzählen, aber wie gut ich auch erzählte, es würde nur ein sehr blasses Bild seiner Güte und Schönheit entstehen. Gibt es etwas Schwierigeres, als das Wunder eines einzigartig guten Menschen zu schildern?

Josef besaß eine lebendige Seele, er war die Zukunft, die Summe menschlicher Möglichkeiten.

Schukowski besuchte Rom mit dem Thronfolger Alexander, dessen Lehrer er war. Später kam Pogodin. Es machte mir Spaß, meinen Freunden Rom zu zeigen und von all dem zu erzählen, was ich liebte, den antiken Monumenten und den lebenden Menschen. Im Unterschied zu Schukowski ließ Pogodin sich durch nichts beeindrucken. Er sehnte sich nach Hause. Über Josef sagte er jedoch, er sei ein vortrefflicher Mensch und mit einer bemerkenswerten Arbeit beschäftigt. Aber Pogodin wäre nicht Pogodin gewesen, wenn er nicht hinzugefügt hätte: »Ob er sie mit Gottes Hilfe vollenden kann?«

Pogodin besaß eine unerschöpfliche Fähigkeit, die Menschen an Betrübliches zu erinnern. Mehr als alles andere wollte ich vergessen, dass Josef lungenkrank war und sein Zustand immer schlimmer wurde.

Ich machte Pläne, redete von all dem, was vor uns beiden lag. Josef lächelte und sah mich auf eine Weise an, dass ich mich schämte. Manchmal sprach er von seinem bevorstehenden Tod. Ich konnte mich nicht damit abfinden, dass ihn absolut nichts retten konnte – was er längst akzeptiert hatte. Nicht seine Jugend oder Schönheit, nicht seine Güte, nicht seine Reinheit, nicht einmal meine Liebe zu ihm.

Er hatte das Recht zu leben! Warum musste alles Gute und Schöne von dieser abscheulichen Wirklichkeit besudelt werden? Warum musste er sterben?

Josef lächelte still.

Ich verbrachte Tage und Nächte in der Villa, lange schlaflose Nächte. Ich bekämpfte meine Unruhe mit allerlei Handreichungen. Gab ihm Wasser, wenn er Durst hatte. Trocknete ihm die nasse Stirn. Vielleicht, vielleicht gab es doch eine Rettung. Ich betete zu Gott. Vielleicht würde doch ein Wunder geschehen.

Oft las ich Josef aus der Bibel vor. Denn Gott ist mit dir. Ich las ihm aus den Fioretti vor, die Josef sehr gefielen. Fioretti, die Blümlein Gottes, handeln vom heiligen Franz von Assisi.

Ich erzählte Wundergeschichten und Geschichten aus dem wirklichen Leben, von Wundern, die geschehen waren. Ich erzählte von der herrlichen Ukraine meiner Kindheit.

Josef saß am Fenster und hörte zu. Ich betrachtete im dämmernden Gegenlicht seine Schönheit, sah den jungen Schatten über den Boden und ins Bett gleiten. Josef legte sich neben mich und schlief mit dem Kopf auf meinem Arm ein.

Ich durfte nicht schlafen. Ich musste wach sein und ihn beruhigen, wenn er schlecht träumte, und sein schönes Gesicht vorsichtig streicheln. Ich musste wach sein, damit er mir nicht starb.

Im Spiegel begegnete ich meinem Gesicht. Obwohl ich nachts nur wenige Stunden schlief, war ich selten müde, und die Beschwerden, von denen ich sonst immer gequält wurde, verschonten mich jetzt. Das Gesicht, das ich im Spiegel sah, war glatt, frisch und lebendig. Ich schämte mich.

Josef bat mich manchmal, nach Hause zu gehen und auszuruhen. »Ich bin nicht müde«, sagte ich. Aber es kam vor, dass ich einschlief und meinen Josef allein ließ. Bei solchen Gelegenheiten wünschte ich, Josefs Schwester Anna wäre dort. Sie war ihrem Bruder sehr ähnlich, ein milder, guter Mensch.

Es war ein früher Morgen im Mai. Ich hatte die ganze Nacht bei Josef gewacht. Auf seinen dringlichen Wunsch hin war ich auf dem Weg nach Hause, um ein paar Stunden zu ruhen.

Das Leben ist merkwürdig. Plötzlich empfand ich keine Schuld mehr, dass ich ihn allein ließ. Ich lächelte, ich war froh. Dir kann der zweite Tod nichts anhaben ...

Das Mädchen lag nicht weit von meinem Hauseingang entfernt, direkt vor der Tür der Trattoria Oasi. Halb liegend, halb sitzend lehnte sie mit den Schultern an der Hauswand. Neben ihr stand ein kleiner Kasten mit geöffnetem Deckel. Sie war schmutzig, aber es war nicht der eingewachsene Schmutz eines Bettelkindes. Das Kleid war hochgerutscht, ihr Geschlecht nackt und weiß im blendenden Sonnenschein.

Ich wandte mich schnell ab. Die Straße drehte sich vor meinen Augen. Mir war schlecht, und ich war nahe daran, mich zu übergeben. Ich wollte weglaufen, blieb aber stehen. Dann wandte ich mich wieder Umbertos Tochter zu und begegnete dem Blick ihrer ernsten Augen. Ich kniete neben ihr nieder.

Die Kinder tragen das Geheimnis in sich, die Einsicht, dass sie ihr Leben noch zu leben haben. Aber sie wissen, was geschehen wird. Sie werden das Kind opfern müssen, um erwachsen zu werden. Diejenigen, die dringlicher als andere erwachsen werden wollen, haben die vergebliche Hoffnung, das Kind mit sich nehmen zu können.

Kinder haben mich immer geliebt. Sie sind ohne Schuld. Sie denken gut von allen. Sie sind sehr klarsichtig.

»Eva, was machst du hier?«

Sie sah mich mit müden, blinden Augen an. »Wer sind Sie?«, fragte sie.

»Ich bin es doch!«, schrie ich. »Nikolai Gogol.«

»Wer ist das?«

Plötzlich stand Umberto vor mir und sah mich böse an.

»Ich muss schon sagen! Ein Mensch, der bereit ist, den heiligsten Eid zu brechen, um sich eigene Vorteile zu verschaffen! Und dafür sogar ein kleines Kind zu opfern!«

Ich war es, der angeklagt wurde! Umberto klagte mich an, aber es war seine Tochter, die ausgestreckt und schamlos bettelnd auf der Straße lag.

Plötzlich lachte Umberto auf. Er stand vor mir, ein kranker Mensch. Was wollte er von mir? In was wollte er mich hineinziehen? Wer war *er*? Er kam aus einer anderen Welt.

Ich sah ihm ins Gesicht. Es war so leer wie das Blatt Papier, das er mir einmal gezeigt hatte. Sollte ich ihn so im Gedächtnis behalten?

»Sehen Sie in den Spiegel, schauen Sie genau hin, Signor Gogol!«

Wieder war ich der Angeklagte. Seine Worte waren hart, grob und hässlich. Und ich konnte mich nicht verteidigen!

»Der Bettler ist ein glücklicher Mensch, Signor Gogol. Er hat seinen Platz im Dasein!«

Umbertos Ton war milder geworden. Er sah auf einmal aus wie ein guter Mensch, einer, der glücklich war. Er machte mir Angst.

»Sie könnten auch La Bella getötet haben!«

Ich hatte der Hündin das Leben gerettet. War sie tot? Ich beklagte den Verlust. Ohne recht zu wissen, was ich sagte, schwatzte ich drauflos, über La Bellas Klugheit und all ihre anderen Verdienste. Dass ich verstand, wie schwer es für Umberto sein musste, der sie so sehr geliebt hatte, und …

»Hören Sie auf!« Umberto sah mich verächtlich an. »Es war ja nur ein Hund!«

Tut der Mensch Böses, weil er das Gute will? Er ist ein Teil der Wirklichkeit, weiß aber nicht, wer er ist.

Umberto wusste, wo ich wohnte. Er hatte Eva vor dem Hauseingang platziert. Warum?

Er nahm das Geld aus dem Kasten und schob den Kasten

unter sein Hemd. Er nahm Eva bei der Hand. Sie gingen zusammen fort. Ich widerstand dem lächerlichen Impuls, hinterherzulaufen und ihnen eine Münze zu geben.

Sie überquerten die Straße und verschwanden im Schatten der Via Zucchelli. Eva lächelte!

Ich rief eine Droschke, ließ mich in den Sitz fallen.

»Signore, wohin wollen Sie?«, fragte der Kutscher. »Signore!«

»Laude delle creature ...«

»Wo liegt das?«

In einem gewissen Land in einem gewissen Reich ... »Fahren Sie mich zur Villa Wolkonskaja!«, sagte ich. »Schnell!«

Ich hatte das ungute Gefühl, dass mit Josef etwas passiert war, während meiner Abwesenheit. Die Begegnung mit Eva und Umberto muss ein Vorzeichen gewesen sein, dachte ich. Und als ich hörte, wie jemand etwas hinter der Droschke herrief, war ich überzeugt, dass Josef gestorben war.

Aber er lebte!

Er drückte liebevoll meine Hand. Ich sah in seine milden, guten Augen. Alles Widerwärtige verschwand. Wer hatte gerufen? Dieser erschreckende Mahnruf!

Josef sagte: »Ich werde sterben, aber Gott wird für dich sorgen.«

Einige Wochen später starb Josef Wielgorski. Als ich den Tod herannahen sah, ging ich den russischen Priester holen. So schnell wie möglich kehrte ich zurück, um bei meinem Freund zu sein.

Bald würde Josef mich verlassen. Ich versuchte daran zu denken, dass das Leben ihm trotz allem zwanzig herrliche Jahre und mir eine Zeit des Glücks geschenkt hatte.

Ich betete für ihn. Der Priester gab ihm die Letzte Ölung. Es war still im Zimmer, nur ein schwaches Schluchzen war zu hören. Mein Blick schweifte immer öfter ab von seinem Gesicht. Auch die anderen, die sich am Sterbebett versammelt hatten, wollte ich nicht ansehen. Mein Blick suchte die Dinge, die verschlissenen Fransen des Teppichs und den blaugrauen Bettüberwurf.

Oft hatte ich zu Gott gebetet, Josefs Platz einnehmen, sein Leiden erdulden und seinen Tod, dessen Unvermeidbarkeit ich schließlich einsehen musste, sterben zu dürfen. Dieses Opfer hatte ich nicht bringen dürfen. Wie groß war meine Schuld? Was wusste ich selbst davon? Nichts, aber was änderte das? Wir alle drängen uns ins Leben, willkommen geheißen vielleicht von unseren Nächsten, sonst aber von niemandem. Wir schaffen uns einen Platz, verdrängen andere. Sie müssen mit ihrem Leben für unseren Platz im Dasein büßen. Es gibt immer einige, die geopfert werden müssen.

Die Geschichte von Josef Wielgorskis Tod ist nicht meine. Ich denke an all die Wörter, die der Erzähler verwirft, die Wörter, die nicht werden durften. Die im Dienste der Vollendung stehen, für ewig Unvollendete.

Plötzlich stürzte die Fürstin Wolkonskaja ins Zimmer. Sie hatte einen katholischen Priester bei sich. Er ging rasch zu Josef, beugte sich über ihn und flüsterte etwas. Sie sah ihn mit schmerzlichem Blick an.

Jetzt konnte auch ich Josef ins Gesicht sehen. Brauchte nicht ihm, brauchte keinem Menschen auszuweichen. Ich beobachtete die Anwesenden genau, ihre Trauer, jedes Zucken in ihren Gesichtern, all diese kleinen Zeichen der Erleichterung, die sie unbewusst machten: Diesmal bin nicht ich an der Reihe.

Die Fürstin Wolkonskaja wandte ihre Aufmerksamkeit von Josef dem katholischen Priester zu. »Es ist Zeit, ihn zum Katholizismus zu bekehren!«

Der Priester sah Josef an.

»Beeilen Sie sich!«

Der Priester zögerte.

»So beeilen Sie sich doch!«, rief sie, aber der Priester weigerte sich. Da beugte sich die Fürstin wieder über den sterbenden Josef. Dann richtete sie sich auf.

»Ich habe seine Seele gesehen!«, rief sie. »Wie eine kleine Taube verließ sie seinen Körper. Ganz und gar lebendig! Es war eine katholische Seele!«

Seltsam kühl registrierte ich, was sie sagte, und was die anderen Anwesenden sagten, wie sie sich durch das Zimmer bewegten, alles, was geschah. Ich musste das in Erinnerung behalten. Doch mehr darf ich davon nicht erzählen.

Josef Wielgorski war gestorben, Nikolai Gogol musste leben. Ich weinte. Ich wollte leben!

War das die Wahrheit?

Ich fuhr nach Marseille, wo sich die Gräfin Wielgorskaja mit ihrer Tochter Anna aufhielt. Ich wollte die Nachricht von Josefs Tod selbst überbringen. Die Gräfin bedeckte ihr Gesicht mit einem Schal und setzte sich auf den Fußboden, weigerte sich, sich von der Stelle zu rühren. So saß sie da, versteinert, zwei Tage und Nächte lang.

Ich blieb bei ihr.

»Sie sind ein sehr guter Mensch, Nikolai Wassiljewitsch«, sagte sie.

Ich dachte, ich sollte versuchen, sie zum Weinen zu bringen, was mir schließlich gelang. »Armer Josef«, sagte ich. »Er starb ohne seine Mutter …«

Tote Seelen

»Tote Seelen!«, brüllte er mit einer Stimme, die eines römischen Heerführers der Antike würdig gewesen wäre. »Niemals! Das können wir nicht durchgehen lassen!«

Im Herbst 1841 war ich nach Russland gefahren, um die Veröffentlichung von »Tote Seelen« zu überwachen. Der erste Teil war endlich vollendet.

Wie froh war ich, wie glücklich fühlte ich mich! Zurück in meinem geliebten Russland, um ihm die Erzählung zu schenken, an der ich sechs Jahre lang gearbeitet hatte.

»Niemals!«, brüllte der Vorsitzende des Zensurkomitees Golochwastow noch einmal.

Ich hatte das Manuskript Professor Snegryjow von der Moskauer Universität übergeben. Er war als sensibler und vernünftiger Zensor bekannt. Nachdem er es gelesen hatte, schlug er einige kleinere Änderungen vor. Ich akzeptierte sie, und das war's.

Das war's? Plötzlich besann er sich anders, vielleicht, weil er es nicht wagte, die endgültige Entscheidung selbst zu treffen. Damit war es eine Sache des Zensurkomitees.

In »Tote Seelen!«, war wieder die erregte Stimme Golochwastows zu hören. »Es gibt keine sterbliche Seele.

Der Verfasser entweiht die Unsterblichkeit der Seele! Das können wir nicht durchgehen lassen!«

Damit kein Missverständnis aufkommt: Ich habe mich nie gegen die Zensur als solche gewendet. Im Gegenteil, ich habe sie immer verteidigt. Belinski glaubte, ich scherzte, als wir einmal über die Zensur diskutierten. Er verstand nicht, zwischen Sache und Person zu unterscheiden. Die Menschen haben die Mängel, sie sind es, die verändert werden müssen. Nicht das Zarentum, nicht die Kirche, nicht das Militär, nicht die Ministerien, nicht die Leibeigenschaft als solche. Und also auch nicht die Zensur!

Es ist nur gut, dass so viele Institutionen und Behörden das Recht zur Zensur haben. Zählen wir mal ... Die Kirche hat es, die Militärbehörden, die Universität, die zweite Abteilung der privaten Kanzlei des Zaren. Und natürlich die dritte Abteilung. Das Kaiserliche Ministerium für Pferdezucht ebenso wie das zweite Ministerium. Was vergessen? Sicher, denn es gibt eine Unzahl von Leuten mit der Kompetenz eines Zensors – das ergibt viele Zensoren! Die Anzahl der Zensoren überschreitet übrigens immer weiter die Anzahl der publizierten Werke pro Jahr ... Jetzt fällt es mir ein: das Komitee für die Überwachung der Erbauung der Isaak-Kathedrale in St. Petersburg. Das darf man nicht vergessen!

Die Zensur ist nützlich. Sie lehrt den Autor, sein Werk zu verteidigen, sich mit Geduld, Demut, Wahrheitsliebe zu wappnen, mit ... Ja, eigentlich muss er über alle christlichen Tugenden verfügen.

»Tote Seelen, das ist unglaublich!«

Snegryjow, der das Manuskript gelesen hatte, brauchte einige Zeit, um Golochwastow verständlich zu machen, dass das Buch von Leibeigenen handelte, die gestorben, aber noch als Leibeigene registriert waren.

»Nein!«, schrie Golochwastow da.

»Nein!«, fielen die anderen Zensoren ein.

»Vielleicht«, lispelte da ein Mann namens Tunejadin, dem Aussehen nach ein rechter Lebemann, »vielleicht, wenn der Verfasser den Titel ändert in ›Noch registrierte Leibeigene‹.«

Die Zensoren dachten nach, ich hörte, wie es in ihnen knarrte.

»Nein. Was soll denn das bedeuten?«

Erneutes Knarren.

»Ein Angriff auf die Leibeigenschaft natürlich.«

»Stimmt! Stimmt!«

Snegryjow bat um das Wort. Vielleicht hatte er mir gegenüber ein schlechtes Gewissen. Er versuchte, den Inhalt des Buches zusammenzufassen. »Ein Schwindler, der sich als Kollegienrat Tschitschikow ausgibt, fährt ...«

»Was für ein Name!«

»Ein Mann namens Tschitschikow«, sagte Snegryjow geduldig, »reist in Russland umher und kauft tote Seelen auf, Leibeigene also. Auf den Reisen und bei der Durchführung der Transaktionen entstehen eine Menge Verwicklungen. Dem Verfasser ist es gelungen, seine erfundenen Figuren ...«

»Erfunden. Das behaupten sie alle!«

»Stimmt! Jeder erfahrene Zensor weiß, was sich darunter verbirgt! Scharfe, um nicht zu sagen ehrenrührige Angriffe auf höchst ehrenwerte Personen. Erfunden, haha!«

»Und warum sich die Mühe machen, Personen zu erfinden«, lispelte Tunejadin, »wenn es wirkliche gibt?«

Ich horchte auf. Hatte ich ihn unterschätzt?

»Kurzum!«, sagte Snegryjow. »Einige amüsante Szenen aus dem Alltagsleben, die auf durchaus lustige, aber keineswegs ...«

»Klingt nicht besonders lustig!«

»Der Autor hat die Idee zu der Erzählung übrigens von Alexander Puschkin!«, trumpfte Snegryjow auf.

Zensorstirnen legten sich in Falten, wie Fragezeichen. Puschkin? Puschkin? Der Name klang so merkwürdig bekannt.

»Ich glaube, ich hab's, ich glaube, ich hab's!«, rief ein kleiner dürrer Mann mit Schnupftabak in den Nasenhaaren.

Ich starrte ihn an. War das nicht Professor Analogin von der Petersburger Universität? Gewiss, er war es, offenbar war er inzwischen nach Moskau gezogen.

»Puschkin, war das nicht der mit ›Boris Godunow‹?«

Nun glätteten sich die Fragezeichen. »Ja, der!«

»Der mit ›Das Dorf‹!!«

»Mit ›Ode an die Freiheit‹!!!«, rief Kachenowski, der Geschichtsprofessor an der Moskauer Universität.

Es war offenkundig, dass die Erwähnung Puschkins nicht die beabsichtigte Wirkung hatte. Vielmehr nahm das Misstrauen gegen mich und mein Werk zu.

Tunejadin sah aus, als versuche er, einen längeren Titel aus seinen Tiefen hervorzukramen. Er kämpfte. Vergebens. Vor Anstrengung fiel er in Ohnmacht.

Ich betrachtete die versammelten Zensoren. Und das wollten geachtete Mitbürger sein? Gelehrte Männer? Spitzen und Stützen der russischen Gesellschaft?

»Der eherne Reiter!«

Tunejadin war aus seiner Ohnmacht erwacht und lispelte erleichtert: »›Der eherne Reiter‹ von diesem Puschkin, den haben wir doch auch zensiert? Es ging um die Reiterstatue Peters des Großen.«

»Nein, das muss beim Petersburger Komitee gelegen haben.«

»Bei den Trotteln!«

Die Zensoren ereiferten sich.

»Mein Bester, wollen Sie Peters abscheuliche Reformen verteidigen?«

»Eine Gegenfrage! Sprechen wir vom Zaren oder nicht?

Eine gewisse Achtung vor dem Zarentum wäre doch wohl angebracht!«

»Eine Bronzestatue ist meines Wissens nie von uns zensiert worden.«

»Es geht nicht um die Statue, sondern um das Gedicht ›Der eherne Reiter‹.«

»Dann sagen Sie das doch!«

»Warum fragen wir den Verfasser nicht selbst!«, sagte ein großer, bärenhafter Mann namens Sobakewitsch.

Aller Augen richteten sich auf mich.

»Wie war das? Ist Ihr Gedicht ›Der eherne Reiter‹ zensiert worden?«

»Ich habe es nicht geschrieben«, sagte ich müde.

»Da haben Sie's!«, rief Golochwastow. »Er leugnet sogar, es geschrieben zu haben! Das wird ja immer interessanter!«

Während die Zensoren darüber nachdachten, weshalb es immer interessanter zu werden begann, ergriff Snegryjow das Wort und versuchte noch einmal, den Helden des Buches zu beschreiben ... Weiter kam er nicht.

»Haben Sie ›Held‹ gesagt?« Kachenowskis Gesicht verzog sich zu einer erbosten Grimasse.

»Der Verfasser verteidigt sein Handeln in keiner Weise«, beeilte sich Snegryjow zu sagen.

»Trotzdem hat er einen Schwindler zum Helden gemacht«, sagte Golochwastow. »Was das für Folgen haben kann!«

Welche denn? fragte ich mich.

»Auf einmal taucht irgendein kleiner Tschinownik auf, macht es ihm nach und fängt an, tote Seelen ... noch registrierte Leibeigene aufzukaufen.«

»Und außerdem«, sagte Analogin, »hat dieser Tschitschikow sich nicht Kollegienrat genannt? Das geht nicht, höchstens Titularrat!«

Nun begann eine lange Diskussion der Zensoren über

die offizielle Rangliste, den eigenen Grad und den anderer, von der ersten bis zur vierzehnten Rangklasse, vom Kanzler und Wirklichen Geheimen Rat über den Geheimen Rat, Wirklichen Staatsrat und Hofrat bis zum Gouvernementssekretär, Provinzialsekretär und Kollegienregistrator. Dann waren die Titel an der Reihe, von Hohe Exzellenz und Exzellenz zu Hochwohlgeboren und Wohlgeboren. All diese Dinge, für die der russische Mensch eine so große Leidenschaft hegt. Schließlich erinnerte Golochwastow an seinen bereits geäußerten Gesichtspunkt, dass Tschitschikow für schwache und unselbständige Seelen ein schlechtes Beispiel abgeben könne. Die Zensoren nickten, alle außer Snegryjow, der den Kopf schüttelte.

»Sie nehmen die Sache zu leicht, Snegryjow«, sagte Golochwastow. »Wozu haben wir die Zensur, wenn nicht dazu, leichtgläubige Menschen vor den trügerischen Klauen der Lüge zu bewahren.«

»Das Schlimmste ist, mit ansehen zu müssen«, sagte Kachenowski, »dass unsere liebe Mutter Russland auf so infame Weise in den Schmutz gezogen wird.« Und der bärenhafte Sobakewitsch stieß seinen riesigen Zeigefinger so vorwurfsvoll und hart in das Manuskript, dass er den halben Papierstapel durchdrang.

»Hier steht ...« Er guckte in das Loch. »Hier stand, eine Seele sei nicht mehr wert als achtzig Kopeken. Wer ist denn so dumm, einen Leibeigenen für achtzig Kopeken zu verkaufen?«

»Die sind doch schon lange tot!«, hörte ich mich plötzlich einwenden. »Aber gut, ich biete Ihnen anderthalb Rubel.«

»Bieten Sie vernünftig!«, schrie Sobakewitsch.

»Der Preis gilt doch nur für einen Namen auf einem Stück Papier!«

»Vielleicht«, brummte Sobakewitsch, »aber eine Seele ist es doch, eine menschliche Seele. Dass jemand tot ist, hat überhaupt nichts zu bedeuten. Nehmen Sie diesen Wagenmacher Michejew, ein ausgezeichneter Kerl. Was für Federwagen er gebaut hat! Stark wie ein Bär.«

Es gibt heilige Narren in Russland, aber auch vollkommene Idioten.

»Der ist doch tot!«, schrie ich.

»Das habe ich gehört«, sagte Sobakewitsch. »Aber er hat doch gelebt und existiert. Er ist mindestens hundert Rubel wert! Oder nehmen Sie den Schmied, seine gediegenen Arbeiten, das sind, ja, Meisterwerke der Kunst!«

»Zwei Rubel höchstens …«, hörte ich mich stöhnen. Der Raum begann, sich um mich zu drehen. In meinem armen Schädel geriet alles durcheinander. War ich dabei, den Verstand zu verlieren? Sobakewitsch erschien mir wie ein Gespenst aus meinem eigenen Werk, und ich selbst saß da wie Tschitschikow und feilschte um den Preis. »Zweifünfzig dann eben.«

»Sie sind mir ein hartnäckiger Kerl«, sagte Sobakewitsch.

»Das ist mein letztes Gebot!«

»Schätzen Sie eine Menschenseele nicht höher ein als ein paar gekochte Steckrüben?«, brüllte Sobakewitsch.

»Es ist mein letztes Gebot!«, schrie ich wieder.

»Und Sie wollen Schriftsteller sein«, sagte Sobakewitsch verächtlich und kehrte mir den Rücken zu.

»Ich bin es!«, schrie ich. »Lesen Sie mein Manuskript!«

»Unverschämtheit!«

»Ja, es muss eine Grenze geben«, lispelte Tunejadin, der gerade aus einem kleinen Schläfchen aufwachte.

Mein Werk glitt mir immer mehr aus den Händen. Aber ich weigerte mich, die Schlacht verloren zu geben. »Herr Vorsitzender«, sagte ich. »Vielleicht wird in meiner Erzählung unser geliebtes Vaterland zum Teil in etwas düsterem Licht geschildert. Ich habe aber die Absicht, diesem Teil zwei weitere folgen zu lassen, wie in Dantes ›Göttlicher

Komödie‹. Tschitschikow wird sich, wie die ganze Erzählung, in eine erbauliche und idealistische Richtung entwickeln.«

»Noch mehr Teile?«, piepste Analogin. Seine Schnupftabaknasenhaare zitterten vor Schreck.

»Idealistisch!«, griff Kachenowski ein. »Da wittert meine alte erfahrene Nase so einiges!«

Und der Vorsitzende Golochwastow starrte mich an und brüllte: »Was haben Sie eigentlich geschrieben, Herr Puschkin?«

»Gogol ...«

Ich begann selbst zu zweifeln.

»Idealistisch!«, wiederholte Kachenowski und zeigte auf mein durchlöchertes Manuskript. »Hören Sie!« Er zog die Daumenschrauben an.

Kachenowski war für seinen messerscharfen Verstand und seine scharfe Zunge bekannt, und ich erbebte.

»Sie bluten!«

Erschrocken betastete ich mein Gesicht, die Nase, alles. Aber wer blutete, das war Kachenowski. Er hatte seine scharfe Zunge nicht gehütet und wischte sich Blutstropfen aus dem Mundwinkel. »Ich bin bereit, noch Schlimmeres für den Zaren und mein Land zu ertragen!«, prahlte er mit großartiger Handbewegung, sodass das Blut nur so spritzte.

»Wohin man in diesem Morast den Finger auch setzt, man findet nur Zweideutigkeit und Schmutz. Ein Zerrbild des ganzen Zarentums!«

War alles verloren? Waren sechs Jahre Arbeit vergeudet? Es schien so.

»Niemals!«, brüllte der Vorsitzende Golochwastow. »Niemals können wir das hier durchlassen! Zensiert!«

»Zensiert!«, stimmten die anderen Zensoren ein.

Ich sank auf meinem Stuhl immer tiefer zusammen.

»Zensiert! Zensiert!«

Ich sank unter den Tisch. Ich blickte mich zwischen Beinen und Stiefeln um. Die Situation kam mir bekannt vor. Genau, damals, als ich Puschkin zum ersten Mal begegnete! Als ich noch jung und ein werdender Schriftsteller war. Ein Wald von Beinen, ein undurchdringlicher Dschungel von Schuhen und Stiefeln hatte mich am Vorwärtskommen gehindert.

»Zensiert, zensiert!«

Dieser Wald hier bewegte sich. Die Zensoren markierten den Takt, indem sie auf den Boden stampften.

»Zensiert, zensiert!«

Sie waren wie Kinder am Neujahrsabend. Der Fußboden begann zu schwingen, und plötzlich setzte, ich glaube es war Sobakewitsch, seinen harten Stiefel auf meine rechte Hand. Da blieb er, sein ganzes Gewicht auf mir, stehen, denn das Rufen und Trampeln hatte plötzlich aufgehört.

Ich hörte die Stimme des Vorsitzenden Golochwastow von oben.

»Gestatten Sie, dass ich zusammenfasse!«

Einen Augenblick herrschte Schweigen, das Sobakewitsch nutzte und seinen Fuß ein wenig hob, so dass ich meine bereits stark geschwollene Hand darunter hervorziehen konnte.

Der Zusammenfassung zufolge hatte ich geradezu alles angegriffen: alle Personen, alle Institutionen, ganz Russland.

Und mir wurde sehr deutlich bewusst, dass ich wieder zu Hause war. Ich schloss die Augen. Ich hatte nichts gewollt, als meinem Land zu dienen … Oh Russland, Russland! Oh, Troika, schnell wie der Vogel! Nur von einem lebhaften Volk konntest du ersonnen werden, in einem Land, das Schönheit nicht liebt, dessen ebene Steppen sich um den halben Erdball ziehen, einem Land, in dem der Abstand zwischen den Menschen so riesig ist, dass es vor den Augen flimmert, wenn man versucht, ihn in Werst zu messen.

Oh, Russland, dahinstürmende Troika, die niemand einholen kann ... Russland, Russland, gib Antwort, wohin stürmst du? Aber du schweigst. Die Troika stürmt dahin, und andere Völker und Staaten weichen aus und machen den Weg frei ...

Das hatte ich geschrieben, jawohl.

Ich öffnete die Augen. So viele hässliche Visagen! Ich starrte in die Gesichter der Zensoren, die schwitzten, rot vor Anstrengung, sich unter den Tisch zu beugen. Schlappe Backen wabbelten, schimmlige Brotkrumen fielen aus den Bärten, rasselnde Atemzüge entrangen sich halb geöffneten Mündern. Seelenlose Augen starrten mich an. Tote Seelen.

»Da sind Sie ja!«

Langsam kroch ich auf den Stuhl zurück.

»Was um Himmels willen tun Sie unter dem Tisch?«

Ich antwortete nicht.

»Ssso!« Golochwastow biss zu. »Ist also das Komitee einhellig der Meinung, ›Tote Seelen‹ der Zensur zu unterwerfen?«

»Ja!!!«

Die Sitzung war zu Ende. Ich hörte, wie Tunejadin und Analogin über mein Aussehen diskutierten. »Und was für eine Nase, lang wie ein Storchenschnabel!« – »Die könnte einem jederzeit die Augen aushacken!«

Ich wandte ihnen mein schwerhöriges Ohr zu.

Snegryjow kam zu mir. »Über einen Punkt habe ich nachgedacht. Was Tschitschikow gewonnen hat, Seelen, Erfolg, Stellung, das war ja nur Schein. Er war nicht der, als der er sich ausgab. Er erzielte seinen Erfolg durch Lügen. Seine ganze Stellung beruhte auf falschen Voraussetzungen.«

»Ja, das wollte ich zeigen«, sagte ich.

»Tatsächlich?«, antwortete Snegryjow und sah mich forschend an. Dann ging er.

»Warten Sie!«, rief ich und lief ihm nach.

Aber da hielt mich der Vorsitzende Golochwastow auf. Er tauchte von nirgendwoher auf und packte mich an der Hand. »Sie verstehen doch, nicht wahr?«, sagte er. »Und wenn ich selbst es noch so gern hätte durchgehen lassen, es war unmöglich. Ich begreife sehr gut, dass das, was Sie geschrieben haben, nicht böse gemeint und dass es ganz unabsichtlich war.«

Unabsichtlich?

»Es wird sehr interessant werden, die Fortsetzung zu lesen. Unter uns, Sie sind sehr begabt, Herr Puschkin!«

»Gogol.«

»Gogol, ja natürlich.« Golochwastow drückte meine Hand so fest, dass mir Tränen in die Augen traten.

»Nun, lieber Freund, seien Sie nicht betrübt. Sie sind nicht der erste Schriftsteller, der es mit der Zensur zu tun bekommt. Kopf hoch!«

Golochwastow beugte sich zu mir: »Unter uns, lieber Freund, wie denken Sie über die Zensur?«

»Die Zensur ist notwendig ...«

»Ausgezeichnet! Ich höre, Sie sehen die Dinge richtig. Also, wir trennen uns als Freunde! Übrigens, unter uns, was hatten Sie unter dem Tisch zu tun?«

»Ich weiß nicht ...«

Ich rieb meine vom Stiefel malträtierte Hand und dachte an die seltsamen Stiefel auf der Via Isidoro. In Italien, dem Land der Möglichkeiten, waren Stiefel kleine Sendboten Gottes, leichte, luftige Wunder, die emporschwebten, lebendige Seelen unterwegs zu Gott.

In Russland dagegen herrschte die Wirklichkeit, Stiefel waren Stiefel, hart und seelenlos wie ihre Besitzer, jederzeit bereit, Herz und Hände zu zerquetschen.

Gen Jerusalem

Wahrheit und Lüge

Es war einmal ein Junge, der machte seinen Eltern viel Freude. Er war freundlich und gut, das ehrlichste Kind weit und breit. Er hatte einen Bruder, der das genaue Gegenteil war, schlecht und böse, immer bereit zu lügen. Entsprechend hießen die Brüder Wahrheit und Lüge. Es gab oft Krach, sie stritten miteinander.

Die Jahre vergingen und aus den Jungen wurden Männer, die Streitereien zwischen ihnen aber hörten nicht auf. Worum sie stritten? Um vieles, aber meistens ging es darum, was für ein Leben man führen sollte, eins in Wahrheit oder in Lüge.

Schließlich beschlossen sie, in die Welt hinauszuziehen und die ersten drei Menschen, die ihnen begegneten, zu fragen, was das Bessere sei.

Sie begegneten einem Bauern, einem Kaufmann und einem Priester. Alle drei erklärten, es sei sowohl leichter als auch besser, in Lüge zu leben. Ein Leben in Wahrheit zu führen sei zwar wünschenswert, aber leider nicht möglich.

Nun meinte Lüge natürlich, die Sache sei entschieden, Wahrheit aber sagte, er werde, auch wenn die ganze Welt behaupte, dass es besser sei zu lügen, weiter den Weg der Wahrheit gehen.

Die Brüder waren lange auf Wanderschaft. Lüge kam überall mühelos zurecht. Er lebte sehr gut mit seinen Lügen, während Wahrheit hart arbeiten und vieles entbehren musste. Trotzdem behauptete er hartnäckig, ein Leben in Wahrheit sei weitaus schöner als ein Leben in Lüge. Diese Hartnäckigkeit ärgerte Lüge sehr.

Eines Tages, als Wahrheit tagelang nichts zu essen bekommen hatte, bat er Lüge um ein Stück Brot. Lüge fragte sofort, was er dafür bekomme. Wahrheit antwortete, Lüge könne von ihm nehmen, was er wolle. Da sagte Lüge, er wolle für das Brot ein Auge von Wahrheit. Wahrheit war einverstanden.

Sie zogen weit umher. Eines Tages war Wahrheit wieder sehr hungrig und bat Lüge um ein Stück Brot. Lüge antwortete, er wolle dafür das andere Auge von Wahrheit. Wahrheit bat um Gnade und erklärte Lüge, dass er eine schwere Sünde beginge. Lüge aber lachte nur und bestand auf seiner Forderung.

So verlor Wahrheit auch das zweite Auge. Jetzt lachte Lüge noch mehr und verhöhnte Wahrheit und sagte, nun könne er sein wunderbares Leben in Wahrheit leben. Dann verließ er ihn.

Verlassen und blind fiel Wahrheit auf die Knie und betete lange und eindringlich zu Gott, er möge seine Hand nicht von ihm nehmen.

Schließlich hörte er eine Stimme, die sagte: »Geh nach rechts in den Wald. Dort findest du einen Pfad. Er führt zu einem Bach. Folge dem Bach, bis du zu der schmalen Brücke kommst. Dort geh ins Wasser. Dann wirst du wieder sehen können. Geh dann den Bach aufwärts, bis du die große Eiche siehst. Nimm die Leiter, die an der Eiche lehnt, und klettere auf den Baum. Jetzt ist Nacht, jetzt kannst du lauschen!«

Wahrheit ging nach rechts. Er kam in einen Wald und fand einen Pfad. Manchmal kam er vom Pfad ab, fand ihn aber immer wieder. Schließlich kam er zu dem Bach. Bei der schmalen Brücke ging er ins Wasser. Da erhielt er sein Augenlicht zurück. Er ging den Weg weiter, fand die Eiche und kletterte die Leiter hinauf.

Als es Nacht wurde, versammelten sich böse Geister zum Sabbat unter der Eiche. Sie schwatzten und lachten gemein, erzählten von all den wunderbar bösen Taten, die sie vollbracht hatten. Einer erzählte, er habe der Tochter des Zaren so zugesetzt, dass sie siech geworden sei. Innerhalb von drei Jahren werde sie tot sein. Alle bösen Geister jubelten. Nur dann, wenn die magischen Worte der Mutter-Gottes-Ikone zu ihr gelangten, könne die Zarentochter gerettet werden.

Die bösen Geister verbrachten die ganze Nacht bei der Eiche und verschwanden erst am nächsten Morgen. Da machte sich Wahrheit schnell auf den Weg. Er war verwirrt. Hatte er wirklich richtig gehört? Wie lauteten die magischen Worte? Hatte man eine Ikone jemals sprechen hören?

Trotz seiner Zweifel verbrachte Wahrheit Tag für Tag in der Kirche vor der Mutter-Gottes-Ikone. Er betete tagein, tagaus, Woche für Woche. Ein Monat verging, weitere zwei zogen ins Land. Oft wollte Wahrheit aufgeben. Wie viel er auch betete, Worte kamen nicht zu ihm. Ein Jahr verging, weitere zwei zogen ins Land.

Da hörte er die Ikone plötzlich sagen: »Ich bin die Wahrheit.«

Wahrheit zögerte. Hatte die Ikone gesprochen? Hatte er wirklich richtig gehört? Er, Wahrheit, konnte doch nicht zur Tochter des Zaren gehen und sagen: »Ich bin die Wahrheit.« Das wäre, als ob Wassili Afanasiewitsch sagen würde: »Ich bin Wassili Afanasiewitsch.« Aber Wahrheit machte sich trotzdem auf den Weg, und bald stand er vor der todkranken Zarentochter.

Kaum hatte er die Worte ausgesprochen, da wurde die

Kranke gesund und strahlte Wahrheit an, mit einem großen, warmen, leuchtenden Lächeln.

Nun dauerte es nicht lange, und die Zarentochter und Wahrheit feierten Hochzeit, und dann lebten sie lange und glücklich im prächtigen Palast des Zaren.

Alle Menschen im Palast waren schön und hatten glatte, weiße Hände und Gesichter, es gab Essen im Überfluss, und das Besteck war aus Silber, und die Teller waren aus Gold. Es war nicht ganz leicht für Wahrheit, sich an all das Neue zu gewöhnen, aber man gewöhnt sich an alles, so ist es im Leben.

Obwohl Wahrheit auf nichts zu verzichten brauchte, fand er, dass etwas fehlte. So kam es, dass er sich schließlich auf den Weg machte, um sein Dorf und seine Mutter noch einmal zu sehen.

Wem, glaubt ihr, begegnete er, als er auf den Hof kam? Richtig, da stand sein Bruder Lüge. Wahrheit war sehr vornehm angezogen, und Lüge erkannte ihn nicht wieder. Erst als Wahrheit ihn daran erinnerte, dass sie beide immer darum gestritten hatten, wie man sein Leben am besten lebte, erkannte Lüge, dass sein Bruder vor ihm stand, Wahrheit, dem er die Augen genommen und den er dann allein gelassen hatte.

Lüge zitterte vor Angst, denn er dachte, Wahrheit sei gekommen, um Rache zu fordern. Aber Wahrheit beruhigte ihn und sagte, er sei ihm dankbar. Das begriff Lüge nicht. Dagegen verstand er sich immer noch auf alle möglichen Tricks und Kniffe, und es dauerte nicht lange, bis er Wahrheit die ganze Geschichte entlockt hatte. Apropos entlockt – Wahrheit war sehr froh, Lüge die Wahrheit erzählen zu können.

Lüge machte sich eilig auf den Weg, fand den Wald und den Pfad, fand den Bach und die Eiche. Und er kletterte die Leiter hinauf und setzte sich hin, um auf die Nacht und die bösen Geister zu warten.

Jetzt geschah etwas Merkwürdiges. Die bösen Geister hatten Wahrheit nicht entdeckt, aber Lüge erkannten sie sofort am Geruch, und sie packten ihn und rissen ihn in Stücke.

Im Dorf rüstete die Mutter zum Fest für ihren Sohn Wahrheit. Was für ein Fest! Was später geschah, kann ich nicht sagen, denn ich ging schnell fort, um alles erzählen zu können, solange ich mich daran erinnerte, die ganze Wahrheit ...

1842 erschien »Tote Seelen«, nachdem es die Zensur in St. Petersburg passiert hatte. Was in Moskau Lüge war, galt in Petersburg als Wahrheit. Vielleicht.

Das Buch war in jeder Hinsicht ein großer Erfolg, obwohl kaum einer es verstand. Es war keine Gesellschaftssatire, sondern ein moralisches Werk.

Ich war ins Ausland gereist, um den ersten Teil von »Tote Seelen« zu schreiben. In Russland wäre es nicht möglich gewesen. Um mein Lebenswerk zu vollenden, musste ich mein Land nun wieder verlassen.

Der erste Teil allein machte nicht deutlich, wie bedeutend mein Werk war. Es war so groß, dass ich auf ein Zeichen Gottes warten musste, ehe ich abreisen konnte! Ich musste meine Geschichte erzählen, musste dem Leben, dem Traum und der Möglichkeit Gerechtigkeit widerfahren lassen. Ich kannte die Wahrheit, musste aber fähig sein, von ihr zu erzählen!

Ich war in Moskau, im tiefen Ernst, der das Leben war, wie ich erst jetzt zu begreifen begann. Und ich wartete auf das Zeichen.

Pogodin gab mir Wohnung und Essen. Er beherbergte auch meine Mutter und meine Schwestern, als sie mich besuchten. Er gab mir Geld, obwohl er eine große Familie zu versorgen hatte und kein reicher Mann war. In jeder Hinsicht setzte er sich für mein Fortkommen ein.

Er war vom ersten Augenblick an großzügig zu mir gewesen. Aber die Bedingungen hatte er keinen Augenblick im Unklaren gelassen. Heute tue ich dir einen Gefallen, morgen du mir. So verhält sich jemand, der nie etwas geschenkt bekommen hat. Und kannst du es mir nicht morgen vergelten, dann tust du's übermorgen, oder nächstes Jahr, oder in zehn Jahren, wenn du die Möglichkeit dazu hast. Aber Gnade dir Gott, wenn du mich dann im Stich läßt!

Ich stand in seiner Schuld, er forderte Artikel von mir. Aber ich hatte Anderes und Wichtigeres zu tun. Ich wollte meine Schuld bezahlen, wollte ihn nicht kränken, aber …

Ich wollte niemanden kränken. Viele meiner Freunde hatten sich in einer der beiden Bewegungen engagiert, die sich gebildet hatten, der slawophilen und der westlichen. Die Slawophilen waren der Meinung, Russlands Rettung liege in der Bewahrung der alten russischen Ideale und Gebräuche. Die Westlichen wollten Russland näher an den Westen heranrücken. Ich wollte es mir mit keinem verderben, tat es aber immer wieder.

Ständig geriet ich in unmögliche Situationen. Man lädt mich zum Essen ein. Ich will nicht gehen, aber wenn ich ablehne, wird es als Beleidigung verstanden. Ich muss gehen. Gehe ich aber, habe ich dauernd Angst, etwas zu sagen, das jemanden kränkt oder beleidigt. Ich bin angekleidet, ziehe den Rock aber wieder aus. Um mich in der nächsten Sekunde anders zu besinnen und ihn wieder überzuziehen. In der Tür zögere ich erneut. Jetzt denke ich daran, was sie von meiner blauen Krawatte halten werden. Wäre es nicht besser, die hellgelbe zu nehmen? Dann denke ich, dass es wohl doch das Beste ist, zu Hause zu bleiben. Dann gehe ich, manchmal.

Ich komme sehr verspätet an. Stehe nach dem Eilmarsch schwitzend und außer Atem vor der Tür, zögere wieder. Manchmal gehe ich nach Hause, manchmal hinein.

Ich brumme meine Entschuldigungen, die niemand versteht. Ein rücksichtsloser Mensch!, flüstert man. Läßt uns stundenlang warten! Der Erfolg als Schriftsteller ist ihm zu Kopf gestiegen!

Das war nicht der Fall. Ich war demütig und wollte niemanden kränken.

In solche Situationen geriet ich oft, so wie früher. Aber jetzt nahm ich sie ernster. Es war mir nicht mehr möglich, sie unter Scherzen zu begraben, eine lustige Geschichte daraus zu machen.

Die Menschen zogen falsche Schlüsse aus allem, was ich tat. Das quälte mich sehr. Die falschen Schlüsse gaben Anlass zu Gerüchten. Die Gerüchte über mich wurden immer verlogener. Und man sagte, ich sei dabei, den Verstand zu verlieren. Dabei suchte ich den Sinn in meinem Leben.

Manchmal dachte ich, nicht nur mein Schicksal allein hänge davon ab, ob es mir gelänge, »Tote Seelen« zu vollenden. Das Schicksal des russischen Volkes war mit meinem verkettet! Es war sehr wichtig, dass meine Seele von allem Unreinen befreit wurde. Diese Überzeugung wurde immer stärker in mir. Die Fortsetzung meiner Geschichte erforderte es. Die Seele des Autors entschied über die Geschichte.

Was hatte ich früher alles erzählt, das weder Tiefe noch Wahrheit besaß! Ich sah die Mängel jetzt deutlich. Wer war ich? Was war meine Aufgabe? Was war gut und was war böse? Was Lüge und was Wahrheit?

Alle diese alten Fragen kehrten vertieft zurück. Alles erhielt ein größeres Gewicht, betraf mich auf andere Weise als früher. Das Leben war ernster geworden.

Schon seit dem »Revisor« hatte ich am Lachen gezweifelt. Nach »Tote Seelen« wurde mein Zweifel noch größer. Es gab etwas Böses in der Welt, das vom Lachen nicht bezwungen werden konnte. Es gab eine Wahrheit im Leben, an die der Humor nicht herankam. Sie erforderte den tiefsten Ernst einer Erzählung, und eines Erzählers.

Ich hatte Angst. Eine Angst, die durch keinen Einfall, durch kein gesprochenes oder geschriebenes Wort überwunden werden konnte.

Ich konnte nicht mehr schlafen. Einschlafen konnte ich nur, wenn ich trank. Aber nach ein oder zwei Stunden wachte ich wieder auf. Die Sorge, nicht schlafen zu können, machte alles schlimmer. Allmählich bekam ich auch vor dem Schlafen Angst. Angst vor dem Träumen und Angst davor, was geschehen könnte, wenn ich schlief, auf was für Einfälle ich dann kommen könnte. Ich grübelte viel. Ich litt an Atemnot und war sehr krank.

Ich wollte abreisen, nur das konnte mich gesund machen. Aber ich musste auf das göttliche Zeichen warten.

Ich bereitete mich auf meine Abreise und auf meine Erzählung vor, indem ich den Psalter las. Bei den Lobpreisungen fand ich auch die Gebete der Geängstigten. Waren sie es, die die jubelnden Hymnen an Gott so himmlisch schön klingen ließen? In der Nacht hallte das Haus von Angstschreien wider. Am Tag läuteten die Glocken. Über Russland erklangen die heiligen Hymnen.

In der Seele des Menschen wüten die fürchterlichsten Kämpfe, aber dort liegt auch die Erlösung. Ich suchte das Gute in mir.

»Du hast dich verändert«, sagte Sergej Aksakow. »Du bist so mager und bleich geworden. Als ob du in Askese lebst. Isst du nichts mehr? Wie wär's mit einem guten Mittagessen?«

»Gern«, sagte ich.

Da lächelte er. Ich lächelte zurück. »Du jedenfalls scheinst nicht zu glauben, dass ich verrückt werde«, sagte ich.

Aksakow wurde ernst. »In deinen Augen ist so viel Güte und Liebe«, sagte er. »Als ob du einer anderen, wahreren Welt angehörst. Aber in deinem Gesicht lese ich noch etwas. Was hast du gesehen?«

»Nichts«, antwortete ich. »Noch nichts!«

Aksakows Worte machten mich froh. Mönche und Eremiten, viele heilige Männer haben sich in die Stille zurückgezogen, haben ihren Blick nach innen gerichtet. Liebe, das ist auch Einsamkeit und Stille. Wer die Wahrheit in seiner Seele sucht, der sucht Gott. Auf dem Gesicht eines solchen Menschen liegt eine tiefe, einsame Stille. Es ist die leise Demut dem Willen Gottes gegenüber, das Lauschen nach ihm. Die Heiligen sehen die Wahrheit im tief Verborgenen. Das Leben der Heiligen hat eine sehr klare Bedeutung.

Eines Tages, als Bischof Innozenz mich segnete, sah er mir lange und forschend in die Augen. Dann schenkte er mir eine Ikone des Erlösers! Ich erzitterte, voller Glück. Das Zeichen war gegeben. Jetzt konnte ich reisen.

Ich verließ Moskau. Der Dichter Nikolai Jasykow begleitete mich. Wir reisten in Europa umher. Ich hatte Jasykow sehr gern, er war ein großer Dichter und ein guter Mensch.

Als ich Russland verließ, wusste ich, dass ich lange fort sein würde. Ich wusste auch, dass ich zurückkommen würde. Aber die Rückkehr war nur über Jerusalem möglich.

Im Oktober kamen Jasykow und ich in Rom an. Wir teilten uns meine alte Wohnung in der Strada Felice! Wir beschlossen, zusammenzuleben.

Über seine Freunde weiß man weniger als über andere Menschen. Kommt es daher, dass niemand versteht, wie schwer es ist, in Liebe zu leben? Man muss mit grenzenlosem Vertrauen sein Gesicht dem anderen – und der einzig möglichen Wahrheit – offenbaren. Alles geben und alles begehren.

Jasykow log. Er versagte. Er verließ mich.

Vier Jahre später starb er, nachdem die Lungenkrankheit in sein Rückenmark gedrungen war.

Ich wohnte allein in Italien. Schrieb am zweiten Teil von »Tote Seelen«. Die Zeit verging. Ich versuchte zu leben. Wartete wieder. Was bedeutete es, in der Nachfolge Christi zu leben? Ich war krank. Ich wollte erzählen, wollte das Gesicht des Lebens zeigen. Ich ging auf Reisen, kurze und lange. Suchte die Bestätigung für ... Ja, für was? Dafür, wie ich leben und erzählen sollte? Etwas musste geschehen.

Die Wirklichkeit blieb sich gleich, war voller Lügen und Bosheit – wie immer. Aber jetzt war sie auch in das Leben selbst eingedrungen, in den Traum. Ich hatte geglaubt, die Wahrheit zu kennen. Wenn ein Mensch nicht weiß, was Lüge und was Wahrheit ist, wie soll er dann einen Sinn in seinem Leben finden können?

Imitatio Franziski

An einem warmen, schönen Tag kam ich in Assisi an. Nachdem ich mir ein Zimmer gemietet hatte, verließ ich die Stadt, wanderte ins Grüne. Ein kleiner Pfad führte durch die Felder zur Kapelle San Damiano. Eine Treppe endete auf einer Terrasse. Ich setzte mich auf eine schmale Steinbank, betrachtete die Weinberge und Olivenhaine, die weich gerundeten Hügel, all das Schöne.

Oft überkam mich jetzt die Wehmut, wenn ich etwas Schönes sah, als ob ich mich nicht ohne Vorbehalt freuen durfte. Die Wirklichkeit zwingt die Menschen dazu, sich zu erinnern. Die Erinnerungen berühren auch die Zukunft. Warum war ich allein nach Assisi gefahren? Warum hatte ich niemandem von meiner Reise erzählt?

Ich entdeckte meine Hand, entdeckte, dass man die Steinbank berühren konnte. Auf dieser Bank hatte vor über sechshundert Jahren der heilige Franziskus gesessen, fast blind, krank, schwer an seinen Wunden leidend. Hier hatte er seinen Lobgesang an die Schöpfung verfaßt, Cantico di frate Sole, Laude delle creature. Der Sonnengesang des heiligen Franziskus.

Ich dachte, ich würde mich später einmal daran erinnern können, dass ich in San Damiano gewesen war. Franziskus hat gesagt: Liebt Gott über alles und bereut eure Sünden. Franziskus war ein guter Mensch.

Ich bin bei Pian d'Arca gewesen, wo Franziskus den Vögeln predigte. Als er seine Predigt beendete, flogen Lärchen, Tauben, Nachtigallen, flogen alle Vögel des Himmels auf und in verschiedenen Richtungen davon, in Form eines großen Kreuzes, das sich über die Welt ausbreitete.

Ich bin in San Lazaro d'Arce gewesen, wo Franziskus die Kolonie der Aussätzigen besuchte. Er fiel vor den stinkenden, faulenden menschlichen Überresten auf die Knie. Streichelte ihre Gesichter. Küsste ihre wunden Lippen. Niemand ist unglücklicher als ein Aussätziger, denn er muss in der Einsamkeit leben, ohne andere Menschen ... Ist es so?

Das Leben ist wichtiger als die Lehre, sagte Franziskus.

Ich saß reglos auf der Steinbank. Pilger besuchten die Kapelle. Von Zeit zu Zeit ließ sich einer neben mir nieder. Ich betete schweigend. Herr, zeige mir einen Weg zu Freude, Demut und Güte.

Ich schaute auf den Platz hinunter, wo Franziskus seine letzten Tage verbracht hatte. Die kleine Laubhütte war vor langer Zeit verschwunden. Ich schloß die Augen. Nichts geschah.

Von weitem war Gesang zu hören. Ich öffnete die Augen. In der Ferne näherte sich eine kleine Prozession.

Gelobt seist Du, Herr, mit allen Deinen Geschöpfen,
besonders dem Herrn Bruder Sonne,
welcher der Tag ist, und durch den Du uns leuchtest.

Es waren Kinder. Manchmal verschwanden sie im hohen Grün. Sie trugen weiße Kleider. Mohn glühte rot an ihrem Weg.

Gelobt seist Du, Herr, für unsere Schwester, die Mutter Erde,
die uns erhält und uns leitet
und mancherlei Früchte hervorbringt nebst bunten Blumen und Kräutern.

Sie sangen.

Lobet und preiset den Herrn und saget Ihm Dank
und dient Ihm in großer Ergebung.

Der Gesang war zu Ende. Sie gingen auf dem schmalen Pfad hintereinander her. Ich hörte und sah sie im Licht, konnte aber nichts spüren.

Sie gingen schweigend. Ihre Gesichter waren ernst, ihre Augen voller Freude.

Sie waren angekommen. Um die kleine Schar versammelten sich Menschen. Sie sangen wieder.

Höchster, allmächtiger, gütiger Herr,
Dein sind der Lobpreis, die Herrlichkeit, die Ehre und jegliche Segnung.
Dir allein, Höchster, gebühren sie,
und kein Mensch ist würdig, Deinen Namen zu nennen.

Die hohen, hellen, klaren Stimmen der weiß gekleideten Kinder stiegen zum wolkenlosen Himmel auf. Das Sonnenlicht war unangenehm stark.

Ich wandte mich ab, ging die Treppe hinunter, an den Menschen vorbei. Pax et bonum. Ich blickte sie nicht an.

Mit welchem Recht ging ich in die Seitenkapelle und betrachtete das Kreuz? Ich betrachtete Christus von der Seite, sah den Frieden seines Gesichts nach dem Tode. Ich betrachtete ihn von vorn, sah seinen letzten Atemzug. Von der linken Seite sah ich den Todeskampf, die schmerzvollen Qualen. Mit welcher Absicht?

Man konnte dieses Kreuz aus drei verschiedenen Blickwinkeln betrachten. Man musste aber in der anderen Richtung herumgehen, nicht so wie ich.

Ich wanderte durch die Felder, zur Stadt. Dort lag ein Teil der Welt vor mir. Ich lächelte. Später weinte ich vor Freude. Eile, mein Freund, in die Berge, mit ihren Wohlgerüchen!

Von Zuversicht erfüllt ging ich später zum Monte Subasio. Die heiligen Stämme der Olivenbäume waren dick und rauh, knorrig und alt. Vielleicht waren das die Bäume, die schon in der Antike hier gestanden hatten. Ein Stückchen bergaufwärts begann das Unterholz, Wildoliven, Heidekraut, Myrten. Dort standen einzelne kleine Bäume, Lorbeer und Pinien.

Ich wanderte einen Pfad entlang, den Berg hinauf. Neben dem Weg fand ich einen Stock, den ich als Wanderstab benutzte. Höher und höher kletterte ich. Auf diesem Pfad hatte Franziskus einst Raupen aufgesammelt und zur Seite gelegt, damit sie nicht zertreten wurden.

Ich stand auf dem Gipfel des Berges. Vor langer, langer Zeit hatte sich am Hang unter mir ein Benediktinerkloster befunden. Von den Mönchen hatte Franziskus für einen Korb Fische Portiuncula gepachtet. Von dem Kloster war nichts übrig geblieben, aber ich sah es vor mir, die Mönche, den Korb Fische, Franziskus selbst. Ich sah alles! Was ich sehen konnte, das sah ich und war nicht erstaunt. Wie schön du bist, mein Geliebter. Wie schön du bist!

Die Welt hatte sich mir verwandelt, zeigte sich in immer neuen Formen, wie Wolken, die über den Himmel ziehen, oder Nebelschwaden an einem geheimnisvollen Morgen. Alle Geschichten des Lebens offenbarten sich mir. Sie waren wiedergekommen, und ich freute mich, denn es gab jemanden, der sie mir erzählte! Ich dachte, dass jeder Mensch, auch der unbedeutendste, die Welt durch sein Dasein verändert. Auch wenn er nichts ist als eine Erinnerung, birgt jeder Mensch in sich eine Möglichkeit.

Lange betrachtete ich alles, was nicht zu sehen war, und hörte alles, was nicht zu hören war. Und ich dachte, es sei das Werk des Franziskus, und dass ich vor einer entscheidenden Prüfung stünde.

Franziskus legte alles Eigene ab. Er entledigte sich seines eigenen Körpers. Er tat es nicht, um Christus zu werden. Als er vierzig Tage lang fastete, aß er, im Unterschied zu Christus, ein Stück Brot. Damit zeigte er, dass er nicht Christus, sondern wie Christus werden wollte.

Was einmal jemandem erzählt worden war, offenbarte sich mir, nur das. Im Himmel stehen eure Namen schon geschrieben, sagte Franziskus zu seinen Jüngern. In der Welt gibt es Gottes Blümlein, Geschichten über das Werk des Franziskus:

Es war ein Klosterbruder, ein Sünder, der sich bekehrt hatte. Er wollte Buße tun. Fünfzehn Jahre lang lebte er drei Tage in der Woche von Wasser und Brot, über die vorgeschriebenen Fastenzeiten hinaus. Er ging immer barfuß und schlief fast gar nicht. Eines Tages trat ein Engel Gottes vor ihn. Der Engel führte ihn auf einen hohen Berg und zeigte ihm den Regenbogen, der sich über den Himmel spannte. »Über diese Brücke musst du gehen!«

Die Brücke hatte kein Geländer, sie war schmal und glatt. Unter der Brücke strömte der Fluss, voll böser Toter, die nichts mehr wünschten als ihn herabzuziehen.

Es gelang ihm, die Brücke zu überqueren. Am Tor eines großen Palastes blieb er stehen. Der Wächter sagte: »Warte hier, ich hole den heiligen Franziskus, wir werden sehen, ob er dich wiedererkennt.«

Er wartete lange, viele hundert Jahre lang, wie ihm schien. Schließlich kam Franziskus dann doch und war mit fünf großen Sternen geschmückt. Das waren seine Wundmale, und sie strahlten mit solcher Kraft, dass sie die ganze Welt erleuchteten.

Franziskus sah ihn an und sagte: »Ich weiß, wer du bist!« Da wurde er zu den Wohnungen der Heiligen geführt, zu ewigem Leben.

Die Sonne war hinter Wolken verschwunden. Der Wind blies stärker. Dunkle Wolken verwandelten die Landschaft. Es war kühl geworden.

Dann kam der Regen. Ich stand auf, nahm den Stock und ging bergab den Pfad hinunter.

Es gibt einen anderen Berg, der heißt »Berg, wo der Herr dich sehen läßt«. Dorthin begab sich Abraham, um seinen Sohn Isaak zu opfern.

Ich dachte an den Schmied, der den Teufel gemalt und mit seinem Sohn vor dem Bild gestanden hatte. Er hatte Angst gehabt, der Sohn werde nicht verstehen, aber der Sohn hatte gesagt, er verstehe, und der Vater hatte den Arm um ihn gelegt und sie waren heimgegangen.

Das, was in der Geschichte nicht ausgesprochen wurde, war trotzdem enthalten: Der Vater würde der Kunst nicht jedes Opfer bringen können, aber seinen Sohn opfern konnte er!

Ein Vater kann den Sohn opfern. Ein Sohn kann niemals seinen Vater opfern.

Wie blind war ich doch gewesen dafür, was eine Geschichte ist, und was sie sein sollte. Eine Geschichte ist nicht im Verhältnis zu anderen Geschichten zu sehen, sondern im Verhältnis zum Leben. Ich war blind dafür gewesen, was das Leben ist, und was es sein sollte. Und dafür, was die Verschmelzung von Geschichten und Leben bedeutet, die größte Verantwortung. Wie viel Leiden erwartete mich noch, wie viele entsetzliche Stunden! Ich, der ich keinen Sohn hatte, welches war mein Opfer?

Die Wirklichkeit stand mir mit ihrem leeren, aber beobachtenden Blick gegenüber. Du bist in mir – in meiner Gewalt!

Ich beeilte mich. Der Regen war stärker geworden, hatte sich in einen Wolkenbruch verwandelt. Ich entdeckte eine kleine Höhle unter einem Felsblock und kroch hinein.

Der Regen fiel ununterbrochen, trommelte heftig auf den Felsblock und strömte vor mir herab. Ich saß wie hinter einem kleinen Wasserfall. Dahinter sah ich den Himmel, dunkelgrau und endlos. Ich schlug mit dem Stock in das herabströmende Wasser. Ich hatte keine Eile, aber allmählich begann der heftige Regen mich doch zu beunruhigen.

Einmal vor langer Zeit hatten Iwan und ich uns ausgezogen und waren in den Regen hinausgelaufen, waren lachend in der Nässe herumgehüpft. Nach einer Weile waren wir es leid gewesen, hatten uns ereifert und den Regen geschlagen, hatten ihn angeschrien, er solle aufhören.

Als das nichts half, waren wir dazu übergegangen, den Regen zu verhöhnen, denn er konnte uns ja nichts anhaben, da wir bereits nass waren. Wir lachten ihn aus. Irgendwann würde er aufhören müssen. »Regne nur!«, schrien wir. »Regne, regne, regne, die Sonne kommt doch immer wieder!«

Lange hatten wir so weitergemacht, bis Mutter uns entdeckte und hineinrief.

Gegen Abend hatte der Regen nachgelassen. Es war heller geworden, die sinkende Sonne schien ins Zimmer. Ich war ans Fenster getreten. Vater schritt entschlossen über den Hof. Ich winkte, aber er sah mich nicht. Ich klopfte an die Scheibe, aber er war schon auf dem Sommerabendweg verschwunden. Auf den Rosen glitzerten die Regentropfen im Sonnenschein.

»Jetzt könnt ihr hinausgehen«, hatte Mutter gesagt, und Iwan und ich waren barfuß hinausgelaufen.

Wir hatten behutsam über die langen Grashalme gestrichen, hatten eingeatmet, was dampfend aus der feuchten Erde stieg.

Die heftigen italienischen Regenschauer dauern meist nicht lange, aber dieser Wolkenbruch schien nicht wieder aufhören zu wollen. Einige Male wollte ich mich auf den Weg machen, aber dann wartete ich doch. Um nicht so lange vergeblich ausgeharrt zu haben, gelobte ich mir zu bleiben, bis das Unwetter vorbei war.

Ich kroch ein Stückchen tiefer in die Höhle. Sie verengte sich und wurde dann wieder weiter. Vielleicht hätte ich mich durch die enge Stelle hindurchschlängeln können, aber ich wagte es nicht.

Ich starrte in die Grotte. Es war dunkel, und ich konnte nicht erkennen, was darin war, was mich vielleicht anstarrte. Ich zögerte, nahm dann aber den Stock und steckte ihn langsam hinein. Immer tiefer hinein, ohne dass der Stock gegen etwas stieß. Den Boden konnte ich spüren, aber weder die Decke noch die Wände. Ich lauschte, es war nichts zu hören außer meinem eigenen heftigen Atmen. Wie tief reichte die Grotte? Ich wagte den Stock nur so weit hineinzustecken, dass ich meine Hand noch sehen konnte.

Die Dämmerung ging in Dunkelheit über. Ich klemmte den Stock quer vor das Loch. Er sollte herunterfallen und mich warnen, falls jemand aus dem Inneren herauszukommen versuchte. Ich nahm einen großen Stein und hielt ihn in der Hand, saß reglos da und starrte ins Dunkel.

Der Regen strömte unaufhörlich. In der Ferne, unten in der Stadt, waren schwache Lichter zu erkennen. Die Menschen saßen in ihren Zimmern, bei ein wenig Licht und ein wenig Wärme in einer kalten und düsteren Welt.

Am Himmel kein Mond, kein Stern, kein Trost. Ich fühlte, wie sich mein Gesicht zu einem boshaften Grinsen verzog.

Einer plötzlichen Eingebung folgend, warf ich den Stein hinaus. Ich hörte, wie er auf dem Boden auftraf und den Berg hinunterrollte. Ich nahm noch einen Stein und schleuderte ihn hinterher. Noch einen und noch einen, immer größere Steine. Nichts und niemand konnte mich hindern! Ich konnte jeden Stein nehmen, den ich wollte. Konnte ihn in der Hand halten, ihn weglegen oder ihn hinaus ins Dunkel werfen oder rollen oder schleudern. All diese Möglichkeiten, diese unendlichen Möglichkeiten erregten ein Gefühl des Entzückens in mir.

Mit äußerster Anstrengung gelang es mir, einen großen Stein herbeizuwälzen und hinauszustoßen. Ich hörte, wie er immer schneller wurde, wie er hart an Felsen und Blöcke stieß. Er riss andere mit sich. Funken flogen durch die Luft. Das Dröhnen der gewaltigen Steinlawine war lange zu hören.

Du bist verrückt, sagte ich zu mir. Sie haben Recht, die Leute, die behaupten, Gogol habe den Verstand verloren. Ich schaute in die dunkle Grotte und nach dem Stock, den ich kaum noch erkennen konnte. Was geschehen war, erschreckte mich. Ich hätte jemanden umbringen können.

Dort unten war ein kleiner Junge unterwegs. Wie ich war er vom Regen überrascht worden und hatte Schutz gesucht. Anders als ich aber hatte er sich nicht vorgenommen zu warten, bis das Unwetter abgezogen war. Er klettert den Berghang hinab, vorsichtig tastet er sich weiter. Er hört das Dröhnen, hört es nahen, versucht zu entkommen, aber es ist zu spät, und er sieht den Stein nicht mehr, der ihm den Schädel zertrümmert.

Jetzt war nichts mehr zu hören, nichts als das Geräusch des fallenden Regens.

Eine grenzenlose Heuchelei! Sogar mir selbst gegenüber tat ich, als hätte ich keine Ahnung, was mir die ganze Zeit bewusst gewesen war, nämlich was geschehen könnte! Ich war nicht einer plötzlichen Eingebung gefolgt, als ich den ersten Stein warf. Und ich hatte auch nicht ohne Grund aufgehört zu werfen. Die ganze Zeit über hatte ich gewusst, was ich tat, und war mir über die Möglichkeiten völlig im Klaren gewesen, die mir zu Gebote standen.

Ich wollte gehen, aber ich konnte meinen Schwur nicht brechen. Ich blieb sitzen, ohne Angst, aber sehr müde, und dachte daran, dass ich nicht einschlafen durfte. Ich wartete lange. Schließlich hörte der Regen auf. Jetzt konnte ich zurückgehen.

Wie ein Blinder tastete ich mich vorwärts, den gewundenen Pfad hinunter, Schritt für Schritt. Ich durfte nicht stürzen.

Ich lauschte gespannt, ängstlich, plötzlich die Schritte dessen zu hören, der mich verfolgte, eines Menschen, der kein Recht hatte, hier zu sein, und der mir sehr nahe war, obwohl er sich von mir entfernte. Das Dröhnen der herabstürzenden Steine würde ich hören, aber nicht rechtzeitig genug. Über mir, irgendwo auf dem Hang des Monte Subasio, stand ein Mensch und wälzte schwere Steinbrocken hinter einem anderen her, der sich durch die Dunkelheit vorantastete, auf der Suche nach einer Geschichte über das Mysterium der Schöpfung.

›Sag nichts!‹, würde ich schreien, wenn jemand mich anzusprechen versuchte. ›Rühr mich nicht an!‹, wenn jemand sich näherte.

In dem Zimmer, das ich in Assisi gemietet hatte, waren nur tote Dinge, nichts, das ich wiedererkannte. Es war nur ein Mensch im Zimmer, ich. Ich war der Fremde im Sessel, der Unsterblichkeit suchte. Reglos saß ich da, gespannt in mich hineinhorchend. Was bedeutete meine Unsterblichkeit! Was für eine schwarze, sündige Seele!

Da stand Der Unsterbliche vor mir. Er hielt ein Buch in der Hand. Darin waren die Sünden verzeichnet, die ich in Wort und Tat oder in Gedanken begangen hatte. Er lächelte böse.

Ich wollte schreien. Mein schmerzender Kopf wurde mit großer Kraft niedergezwungen. Von unten wurden meine Füße und Beine in meinen Körper gepresst. Mein Geschlecht wurde in den Bauch gedrückt. Ich rang nach Atem, konnte keinen Ton hervorbringen. Todesangst packte mich.

Ich wollte eine Kerze anzünden, wagte es aber nicht. Ich wollte mich bekreuzigen, konnte mich aber nicht rühren. Versteinert musste ich in der Stellung eines Lebenden ausharren.

Meinem halb geöffneten Mund entrangen sich zischende Geräusche, als ich versuchte, ein Gebet zu flüstern. Ich konnte nicht sprechen!

Ich wünschte nichts mehr, als dass der Schmerz und die Angst ein Ende nähmen, aber ich wagte nichts zu tun. Ich fror, wie ich noch nie gefroren hatte. Ich war verworfen worden, und die Eiseskälte war in meinen Körper gedrungen. Meine Hände waren leichenblass, die Adern jedoch schwarz. Ich konnte mich nicht bewegen! Das bedeutete Tod. Ich wollte leben. Der Unsterbliche betrachtete mich. Mit weit aufgerissenen Augen starrte ich in sein Gesicht. Ich hörte ihn sprechen. Ich presste meine Lippen zusammen. Ich war nicht bereit. Ich hatte eine Aufgabe. Ich hatte noch nichts geleistet. Ob auch »Tote Seelen« in dem Buch stand, in dem meine Sünden verzeichnet waren? Die Verantwortung dafür hatte ich. Eine Stimme flüsterte: »Der Tod ist Gottes größte Gabe an die Menschen.«

Als ich bei dem todkranken Josef wachte, hatte ich sein

Leben gestreichelt und geküsst! Das hatte der Tod geschehen lassen.

In einen heiligen Menschen kann Der Unsterbliche nicht eindringen. Bei Heiligen ist die Liebe zum Leben größer als bei anderen. Menschen können viel verzeihen, Heilige nichts.

Die Stunden vergingen. Was ich nicht für möglich gehalten hatte, geschah. Der Schrecken verebbte. Der Schmerz ließ nach. Gottes Wille geschieht, aber meine Wünsche erfüllte er nicht. Ich musste derjenige werden, der ich sein könnte, ich, der ich noch nicht einmal derjenige war, der ich war. Die Eiseskälte war gewichen. Ich fand mich auf dem Fußboden wieder. Winselnd kroch ich umher, ein Mensch in Angst.

Gottes Wille geschieht, aber die Verantwortung habe ich. Mein Leben gehört nicht mir, aber die Verantwortung dafür trage ich. Meine Geschichte ist nicht die meine, aber ich habe die Verantwortung dafür, wie sie verwendet wird. Sie kann ausgenutzt werden, sie wird ausgenutzt werden. Sie wird gegen mich verwendet werden. Sie werden über meine bitteren Worte lachen!

Kann der Mensch trotz all seiner Jämmerlichkeit Größe haben?

Er lebt weiter.

In sehr weiter Ferne machte sich die Dämmerung bereit. Der sterbende Franziskus lag in der Laubhütte nackt auf der Erde. Wie er auf diese Welt gekommen war, besitzlos, so wollte er sie auch verlassen. Die Vögel kamen zu ihm. Er sah sie nicht, denn er war blind. Den Tod aber sah er, und er hieß ihn willkommen. Er, der sich über das Leben so sehr gefreut hatte, er empfand die gleiche Freude über den Tod.

Ich bin dort gewesen, wo Franziskus gelebt hat und gestorben ist. Bin ich mehr als sechshundert Jahre zu spät gekommen?

Voce mea ad dominum clamavi ... Als der Tod kam, stimmte Franziskus jubelnd einen Psalm an. Er starb singend, nackt auf dem Boden der Laubhütte.

Bevor ich mein Zimmer am frühen Morgen verließ, brachte ich das Bettzeug durcheinander. Das Zimmermädchen sollte glauben, ich hätte im Bett gelegen und geschlafen und sonst nichts.

Am Tag danach erinnerte ich mich an einiges. Ich war noch am Leben, weil ich niemandem gestattete, sich mir zu nähern und zu bemerken, wie schlecht meine Kleider rochen, oder das Erbrochene auf dem Fußboden zu sehen oder den blutigen Schleim der Augen an meinen Händen.

Am nächsten Tag erinnerte ich mich an mehr. Im Laufe der Zeit wurde die Erinnerung immer deutlicher. Sie kehrte zurück, wurde stärker und stärker. Die Kinder sangen.

Als Franziskus verschied, erschien über den großen Wassern der Welt eine weiße Wolke, die zum Himmel aufstieg. Franziskus' verkrümmter und erstarrter Körper wurde wieder geschmeidig, wie der eines Kindes. Sein Gesicht wurde mild und schön, wie das eines kleinen Jungen im Schlaf.

Miserere in Feuer und Wasser

Papier, das brennt, kräuselt sich, fällt in sich zusammen, bäumt sich auf und fällt wieder zusammen. Es sieht aus wie schwarze Wellen.

Drei Jahre lang arbeitete ich an der Fortsetzung von »Tote Seelen«, kämpfte einen schweren Kampf, um den Willen Gottes zu erfüllen, und meine Aufgabe. Stets vor meiner eigenen Unzulänglichkeit auf der Flucht, begab ich mich auf Reisen, weg von Unruhe, Enttäuschungen, Selbstvorwürfen, von Überdruß und Einsamkeit. Das Reisen linderte den Schmerz. Von Rom fuhr ich nach Florenz, nach Capri und noch einmal nach Assisi ... Nach Bad Gastein, Ems, Koblenz, Frankfurt, Marseille, Nizza, Ostende.

Ich reiste von Kurort zu Kurort. Kein Arzt konnte mich heilen. Sie untersuchten mich. Fanden nichts. Sagten, meine Krankheiten seien eingebildet. Als ob sie darum weniger quälend gewesen wären!

Ich legte neue Blätter in den Kamin. Man muss, wenn die Hände kalt wie Eisklumpen sind, darauf achten, dass man sie nicht zu dicht ans Feuer hält. Man spürt ja die Hitze nicht.

Dennoch war ich auf dem Weg! Auf dem Weg zu größerer Vergeistigung, größerem Ernst. Täglich las ich im Buch

Gottes. Manchmal schlug ich es aufs Geratewohl auf. Was ich dann las, das bedachte ich stets besonders.

Ein jegliches hat seine Zeit, und alles Vornehmen unter dem Himmel hat seine Stunde. Geboren werden und sterben, pflanzen und ausrotten, was gepflanzt ist, würgen und heilen, brechen und bauen …

Ein jegliches hat seine Zeit. Verbrennen hat seine Zeit. Ich dachte an mein Werk und an meine Freunde, die Menschen. Viel zu viel und zu lange hatte ich nur über meine eigene Seele nachgedacht. Viel zu lange hatte ich so getan, als existiere er nicht, der Schauplatz Welt. Der heilige Mensch braucht nicht ins Kloster zu gehen, er verwandelt die Welt in ein Kloster.

Ein Prophet muss einsam und schweigsam sein, aber er spricht nicht zu sich selbst. Er erzählt den Menschen, von Liebe.

Ich musste ihnen allen erzählen, was ich gelernt hatte, musste sie dazu bringen, ihre Verantwortung und ihre Aufgabe zu erkennen.

Aber als ich das Böse in der Welt anklagte, musste ich mir sagen lassen, ich sei im Begriff, mich im Mystizismus zu verlieren. Wie konnten sie es wagen, meinen Worten zu misstrauen? Verstanden sie nicht, wer aus mir sprach!

Ich übergab Blatt für Blatt des zweiten Teils von »Tote Seelen« dem Feuer. Nichts konnte mich dazu bewegen, herauszugeben, was nicht gut genug war. Eher wollte ich hungern. Aber das brauchte ich nicht, Zar Nikolaus in seiner Güte hatte mir dreitausend Rubel geschenkt.

Wenn Gott es anders gewollt, wenn meine Aufgabe eine andere gewesen wäre, dann hätte ich auf Wassiljewka sein, hätte auf der Bank am Teich oder auf der Veranda sitzen können. Ich hätte meinen Söhnen zugeschaut, die im Garten spielen, wie Iwan und ich damals dort gespielt hatten … Gottes Wille geschehe!

Im Unterschied zu Holz brennt Papier geräuschlos. Aber Worte, die brennen, geben zuweilen ein leises Schluchzen von sich.

Ich schaute ins Feuer. Alles geschieht gleichzeitig, aber alles hat seine Zeit.

Jetzt wartete ich. Schließlich stieg die Erinnerung in mir hoch, die so oft wiederkehrte: Es ist ein früher Herbstabend auf Wassiljewka. Es regnet. Auf der Erde liegt ein Haufen Lumpen, den Vater in Brand setzen will. Er hat Mühe, das Feuer zu entfachen, vielleicht haben die Lumpen zu lange im Regen oder auf dem feuchten Boden im Geräteschuppen gelegen. Mit einem Knüppel stochert Vater ärgerlich in dem Haufen herum.

Schließlich fängt er Feuer. Dicker schwarzer Rauch steigt zum grauen Regenhimmel auf. Ein alter zerrissener Sack aber will nicht brennen. Vater zieht ihn heraus, hält ihn am Knüppel über die Flammen. Er brennt trotzdem nicht.

Der Regen fällt. Ich friere. Neben mir steht Iwan und fröstelt. »Geht hinein, ihr beiden«, sagt Vater. Sein Haar ist vom Regen dunkel und nass. Das Wasser tropft ihm ins Gesicht. Hartnäckig hält er den Sack über das Feuer. Er qualmt gewaltig, brennt aber nicht.

Plötzlich tut mir der Sack schrecklich Leid. Einer Eingebung des Augenblicks folgend reiße ich ihn an mich und renne fort. Ich höre nicht, dass Vater mir etwas nachruft, und diese Stille erschreckt mich.

In der Nähe der Eiche verstecke ich den Sack, bedecke ihn mit Zweigen und Laub. Seltsam, denke ich, dass ich mich nicht verbrannt habe. Und seltsam, dass der Sack nicht gebrannt hat. Und seltsam war es, dass Vater mich nicht zurückgerufen hatte. So hocke ich lange unter der Eiche und denke nach. Schließlich gehe ich hinein.

Ich bin darauf gefasst, dass Vater mich bestraft, aber er

tut es nicht. Auch Mutter sagt nichts, aber ich sehe ihr an, dass Vater ihr erzählt hat, was geschehen ist. Ich möchte so gern wissen, was Vater gesagt hat. Plötzlich erscheint es mir unerhört wichtig, das zu erfahren. Ich fühle, dass ich dafür alles Mögliche tun würde, sogar, sie fragen. Aber ich stehe vor ihnen, unfähig, ein Wort herauszubringen ...

Hier verliert sich die Erinnerung. Alles weitere ist verschwunden. Ich weiß nicht, ob ich sie schließlich gefragt habe, und ob ich jemals erfahren habe, was Vater gesagt hatte. Ich weiß nicht, was aus dem Sack geworden ist, nichts.

Auch diesmal erfuhr ich nichts. Wie immer blieb mir nur die Verzweiflung. Ich würde das Wissen nie erlangen.

Ich betrachtete die Asche meines verbrannten Manuskripts und wartete wieder. Auf die Erinnerung an den Sack, der nicht brennen wollte, folgte fast immer eine andere, oder eher ein unvollständiges und undeutliches Bild. Zwischen beiden bestand nur eine äußerliche Ähnlichkeit, beide hatten sie mit Misserfolgen zu tun. Sonst aber war ihnen nichts gemein. Diesmal tauchte das Bild nicht auf.

Die Asche meines Manuskripts sah aus wie eine graue, verbrannte Landschaft. Ein Manuskript ist schnell verbrannt.

Mut ist eine Voraussetzung für den Künstler, aber auch Angst. Gesundheit ebenso, aber auch Krankheit. Größte Sensibilität und äußerste Härte!

Die Arbeit von drei Jahren war verbrannt und verschwunden. Freude, Trauer – Befreiung! Ich war frei, von vorn anzufangen. Versteht ihr? Ich durfte noch einmal anfangen!

Jetzt kam das Bild doch noch. Vor meinem inneren Auge erschien die Peter-Pauls-Festung mit dem Wall, der sie umgibt. Dort hängen tote Männer an Galgen. Sie sehen aus wie die Männer auf der Zeichnung mit den fünf erhängten Dekabristenführern, die Puschkin angefertigt hatte. In meinem Bild aber hängen nur zwei von ihnen. Die anderen drei sind lebend auf die Erde gefallen. Die Schlingen haben sich gelöst. Aus der Volksmenge dringt der Schrei einer Frau, und ihre Worte sind wie in die Luft geschrieben: »Nicht mal richtig erhängen können sie die Menschen! Dieses elende, elende Russland!« Das Gesicht der Frau tritt sehr deutlich hervor, denn es ist von großer Trauer erfüllt.

Das ist alles. Man soll nur so viel sagen wie man weiß.

Nachdem ich mein Manuskript verbrannt hatte, fuhr ich nach Paris. Ich habe diese Stadt nie geliebt. Aber dort hatte ich die Möglichkeit, die Familie Wielgorski zu treffen. Nachdem Josef gestorben war, hatte ich mit seiner Schwester Anna und mit der Mutter Luise Karlowna korrespondiert. Ich zählte mich zu den engsten Freunden der Familie.

In Paris traf ich auch Graf Alexander Tolstoi, einen bedeutenden Mann, der zweimal Provinzgouverneur gewesen war. Tolstoi erschien mir als ein ungewöhnlich harmonischer Mensch, sehr freundlich und gut. Er behandelte mich die ganze Zeit mit großer Hochachtung. Er war ein frommer Mann, und wir sprachen oft über religiöse Fragen.

Er hörte mir aufmerksam zu, wenn ich erzählte, auch wenn ich von Unruhe und Angst sprach und von der Frage, was aus meinem Leben werden sollte.

Ich zeigte ihm das Porträt von mir, das Pogodin im »Moskowitjanin« publiziert hatte. Hätte Pogodin mich zuvor gefragt, so hätte ich dem nie zugestimmt. Es war eine Freundschaftsgabe, ich hatte ihm das Porträt geschenkt, weil er so eindringlich darum gebeten hatte. Es stellte einen Mann im Morgenrock mit ungepflegtem, struppigem Haar dar … Ich als ein verlotterter Kerl!

Und dieser Blick, er war gleichzeitig lasziv verschleiert und scheußlich durchdringend!

Tolstoi sagte nichts zu dem Bild, erzählte aber von seinem Vertrauten, Vater Matwei. Er war ein heiliger Mann, der vielen Menschen in seelischer Not geholfen hatte. Vater Matwei war in Russland, aber Tolstoi erbot sich, ihm zu schreiben und von mir zu erzählen. Treffen konnte ich ihn erst, wenn ich nach Russland zurückkehrte. Aber jetzt konnte ich das noch nicht, genauso wenig wie nach Jerusalem fahren.

Tolstoi erzählte von der Prießnitzschen Kaltwasserkur in Gräfenberg. Vincenz Prießnitz' Methode war einfach, keine Brechmittel, kein Aderlass, nichts dergleichen. Reines, kaltes Wasser, das war das ganze Geheimnis.

Wir beschlossen, im August nach Gräfenberg zu fahren und zusammen die Kur zu machen.

In der Nacht träumte ich, wir seien schon in Gräfenberg. Ich saß in einer Wanne mit kaltem Wasser. Tolstoi wusch mich. Ich fror und wurde aufgescheucht, um spazieren zu gehen.

Auf den Spaziergang folgten Teilbad, Vollbad, Sitzbad, nasse Umschläge, neptunische Gürtel. »Trink«, sagte Tolstoi und hielt mir ein Glas Wasser nach dem anderen hin. »Das nützt doch alles nichts«, meinte ich. »Ich werde nicht gesünder.«

Da sagte Tolstoi, er habe von einem anderen, besseren Arzt gehört, einem Doktor Haas. Plötzlich standen wir vor einem Wald. Vincenz Prießnitz lächelte und winkte uns nach, als wir darin verschwanden.

Wir gingen nach rechts, folgten dem Pfad. Es war unangenehm still dort. Ängstlich eilten wir weiter. Dann lichtete sich der Wald, der Pfad verschwand. Wir blieben unentschlossen stehen. Unterhalb von uns befand sich der fließende Bach. Tolstoi blickte mich mit einem eigenartigen Gesichtsausdruck an. Es sah aus, als ob er Angst vor mir hatte!

Über den Bach führte eine schmale Brücke. In der Mitte stand ein Häuschen, das wie ein kleiner Pavillon aussah. Auf dem Dach befand sich eine Spitze, die eine Kugel durchbohrte. Ganz oben war eine Wetterfahne in Form eines Pfeils.

Am Ende der Brücke, auf der anderen Seite, stand eine riesige Eiche. Hinter ihr ragte halb versteckt etwas hervor, das eine Kurbel zu sein schien. An dieser stand ein sehr großer, schwarz gekleideter Mann.

Der schwarz gekleidete Riese hob den Arm und gab jemandem auf unserer Seite des Baches ein Zeichen. Nach kurzer Zeit kamen zwei Männer langsam auf die Brücke zu. Der eine, ein kleiner Mann von ungefähr fünfunddreißig Jahren, hatte einen schleppenden Gang. Schräg hinter ihm folgte ein Kerl mit einem grauen Bart und einem langen Stab in der Hand. Der schwarz gekleidete Riese auf der anderen Seite winkte noch einmal.

Sie betraten die Brücke. Als sie das Haus erreicht hatten, öffnete der mit dem grauen Bart die Tür und trieb den Kleinen hinein. Jetzt war ein knarrendes Geräusch zu hören. Der schwarz gekleidete Riese drehte an der Kurbel. Ein Tau spannte sich über den Bach. Es führte unter das kleine Haus, das mitten auf der Brücke stand. Der Riese drehte, das Tau spannte sich immer straffer, und plötzlich öffnete sich eine Luke im Fußboden des Hauses. Der Kleine flog mit einem Schrei durch die Luft ins Wasser.

Im selben Augenblick war die Stimme des Riesen zu hören. Mit gefalteten Händen las er laut:

> Gott, sei mir gnädig nach deiner Güte,
> und tilge meine Sünden nach deiner großen Barmherzigkeit.

Wasche mich wohl von meiner Missetat
Und reinige mich von meiner Sünde.

Er brach plötzlich ab, als er den Kopf des Kleinen auftauchen sah. Ich erstarrte. Obwohl ich den Mann im Wasser nie gesehen hatte, erkannte ich sein Gesicht wieder.

Mit Hilfe seines langen Stabes versuchte der mit dem grauen Bart, den Kleinen unter Wasser zu drücken. Der Riese las weiter, und während ich zum Bach lief, hörte ich, wie er mit lauter Stimme herunterleierte:

Denn ich erkenne meine Missetat,
und meine Sünde ist immer vor mir.
An dir allein habe ich gesündigt
Und übel vor dir getan,
auf dass du Recht behältst in deinen Worten
und rein bleibest, wenn du richtest.
Siehe, ich bin in sündlichem Wesen geboren,
Und meine Mutter hat mich in Sünden empfangen.

Ich sprang ins Wasser und schwamm auf den Kleinen zu, der wieder an die Oberfläche gekommen war. Ich fasste ihn bei seinem weichen Haar. Aus seiner Nase lief Wasser. Er keuchte mit halb offenem Mund. Es gelang mir, den Stab des Graubärtigen zu ergreifen. Er versuchte, ihn mir zu entwinden. Der Riese schrie wütend. In der Ferne rief Tolstoi nach mir. Ich fühlte, wie der Stab aus meiner Hand glitt. Ich musste den Kleinen loslassen. Er starrte mich an, blicklos, aus kleinen, trüben Augen. Bevor er unter Wasser verschwand, veränderte sich sein Gesichtsausdruck, zeigte Erleichterung, einen stillen Triumph. Eine deutliche, triumphierende, höhnische Freude! Dann war er verschwunden.

Im nächsten Augenblick wurde ich nach unten gezogen. Ich schrie. Vergeblich versuchte ich, mich aus dem Griff des Kleinen zu befreien. Ineinander verschlungen sanken wir in die Tiefe.

Ich lag am Strand.

»Warum haben Sie versucht, ihn zu ertränken?«, fragte mich der Riese.

»Dies ist Doktor Haas«, sagte Tolstoi.

»Ich habe versucht, ihn zu retten«, sagte ich.

»Hätte ich das Miserere zu Ende sprechen können, wäre er jetzt gesund«, sagte der Riese. »Wie Sie vielleicht verstehen, können wir es nicht wiederholen. Sie haben alles verdorben!«

Plötzlich waren wir wieder bei Vincenz Prießnitz. »Sie arbeiten zusammen«, sagte Tolstoi. »Die schwierigsten Fälle werden zu Doktor Haas geschickt …« Tolstoi räusperte sich und sagte dann mit feierlicher Stimme: »Es ist entschieden meine Meinung, dass vieles Rätselhafte dazu bestimmt ist, rätselhaft zu bleiben. Wir Menschen suchen ständig Erklärungen, aber dadurch offenbaren wir nur unsere Beschränktheit und unser Unvermögen, das Leben in seiner Unendlichkeit zu erfassen. Indem wir ständig Ursachen finden wollen für alles, was geschieht, versuchen wir, das Leben zu entschuldigen, und uns selbst.«

»Ich suche keine Ursachen«, sagte ich. »Ich suche Ziele. Ich suche die Lösung des Rätsels, das ich bin.«

Ich erwachte. Was für ein eigenartiger Traum! Und doch, dachte ich, man müsste nur wenig daran ändern, und er käme der gewöhnlichen Wirklichkeit sehr nahe, hätte überhaupt nichts Eigenartiges mehr.

Ich schaute auf das dunkle Paris hinunter, auf die menschenleeren Straßen. Ich richtete meinen Blick nach oben, zum sternklaren Himmel. Ich dachte an die seltsamen Stiefel in Rom. Sie waren in den Himmel entschwebt. Das war natürlich nicht ganz wahr, aber Lüge war es nicht.

Wahrheit und Lüge … Wie lange war es her, dass Vater

das Märchen erzählt hatte, damals, als er noch lebte, als Iwan lebte, und als wir zusammen in der Kalesche saßen, unterwegs in der ukrainischen Nacht. Als der Himmel unendlich und die Nacht unendlich und die Reise endlos gewesen waren.

Jenes Märchen aber handelte von etwas ganz anderem als von Wahrheit und Lüge! Weit vor mir lag Jerusalem.

Nun habe ich es erzählt und mehr gesagt, als ich weiß. Ihr habt zugehört und wisst es nun!

Briefwechsel

Ich bekam einen Brief von Anna Wielgorski aus Petersburg. Sie bedankte sich für einige Ratschläge von mir und ging dann schnell dazu über, enthusiastisch von einem neuen Schriftsteller zu berichten. Einem phantastischen Dichter, einem neuen Gogol!

Wortreich beschrieb sie, wie Feodor Dostojewski der Durchbruch gelungen war. Grogorowitsch hatte sein Manuskript zu Nekrasow mitgenommen und vorgelesen. Um vier Uhr morgens waren sie zu Dostojewski geeilt, hatten ihn geweckt, umarmt und geküsst. Und Nekrasow war von dort zu Belinski gelaufen. Ein neuer Gogol! Ein neuer Gogol ist geboren!

»Ihr glaubt wohl, Schriftsteller wie Gogol wachsen wie Pilze aus dem Boden!«, hatte Belinski eingewendet. Aber er hatte das Manuskript gelesen, und am nächsten Tag war er zu Dostojewski gegangen und hatte ihm gesagt, er würde ein großer Dichter werden. Dann hatte er eine sehr erfreuliche Rezension geschrieben, in der er Dostojewski als Fürsprecher der Armen und Kämpfer gegen soziale Ungerechtigkeiten darstellte.

Anna hatte das Buch beigelegt, »Arme Leute« hieß es. Es war offensichtlich, dass Dostojewski begabt war, aber für ein großes Kunstwerk war seine Zeit noch nicht gekommen. Sein Roman war meiner Novelle »Der Mantel« sehr ähnlich, was mich aufbrachte und mir zugleich schmeichelte.

»Ein neuer Gogol.« Belinski sah, was er sehen wollte. »Gogol ist alles, was wir haben!«, hatte er gesagt, als »Tote Seelen« erschien. »Gogol ist der Dichter der Wirklichkeit.«

Dichter der Möglichkeit wollte ich sein. Belinski rühmte »die soziale Tendenz« in meiner Dichtung. Es hatte nie eine gegeben. Meine Helden mussten alles Unsaubere, das in mir war, übernehmen, das war alles!

Ich hatte den zweiten Teil von »Tote Seelen« verbrannt. Immer wieder hatte ich von vorn angefangen, hatte das Böse in der Welt ausmerzen wollen, indem ich gute Beispiele gab. Aber die Gestalten, die ich erschuf, lebten nicht. Ich wollte unmittelbar zum russischen Volk sprechen, aber meine Worte waren nicht lebendig genug. Vielleicht sollte ich in einer ganz neuen Form schreiben, vielleicht mein Schreiben ganz neu überdenken.

Als der erste Teil von »Tote Seelen« 1846 nachgedruckt wurde, fügte ich einen Brief an die Leser hinzu. Ich bat sie, mir Fakten aller Art über das Leben in Russland mitzuteilen und lud sie zur Mitarbeit ein. Sie sollten sich in meine erdichteten Gestalten hineinversetzen und sagen, was man in einer künftigen Auflage verändern könnte. Für diesen Brief wurde ich ausgelacht und verhöhnt.

Wie gut ich früher geschrieben hatte, und wie einzigartig meine Sprache gewesen war, es fehlte ihr an Einfachheit und Wahrheit. Die Sprache ist Gottes größte Gabe an die Menschen. Die Gemeinschaft mit meinen Lesern sollte sein wie die des Abendmahls, voller Ernst und Andacht. Es genügte nicht, sich über das Gute nur ganz allgemein zu äußern, ich musste, innerhalb dieser Gemeinschaft, zu jedem einzelnen Individuum sprechen. Zu allen, und doch zu jedem einzeln.

Manche glauben, Sprache und sogar die Kunst sei nur Satzbau! Ich aber hatte eine moralische Verantwortung, und das bedeutet, eine klare Absicht. Was ich schrieb, war nichts wert, wenn es nichts bewirkte. Kunst an sich hat keine Berechtigung!

Ich wollte meine Briefe verschicken, der zweite Teil von »Tote Seelen« musste warten. Ich hatte meine ganze Kraft den »Ausgewählten Stellen aus dem Briefwechsel mit Freunden« zu widmen.

Ich sah die Briefe durch, die ich an Pogodin, Tolstoi, Danilewski und viele andere geschrieben hatte, und bearbeitete sie. Es waren private Briefe gewesen, jetzt wurden sie mehr, das war meine Idee. Privat, an einen gerichtet, jetzt aber auch an alle! Das war eine ganz neue literarische Form, nie war etwas Vergleichbares auf Russisch geschrieben worden!

Ich schrieb über Literatur und Kunst, über die Leibeigenschaft, über die Pflichten der Gutsbesitzer und der höheren Staatsdiener, über Kirche, Religion, Moral, Verantwortung, über alles Große, aber auch über die kleinen Dinge, über das, was der Mensch wissen muss, um sein Leben führen zu können. Ich sprach direkt zum russischen Volk.

Der Schriftsteller ergriff das Wort und auch der Verkünder. Einst hatten die Dekabristen versucht, eine umfassende gesellschaftliche Umwälzung herbeizuführen. Jetzt stand Russland vor einer geistigen Revolution.

Die »Ausgewählten Stellen« erschienen Neujahr 1847. Ich war in Neapel, als mich aus Russland die erste Reaktion auf mein Buch erreichte. Ich dachte, es sei ein dummer Scherz.

Ich erhielt einen Brief nach dem anderen. Sie waren alle gleich feindlich, auch die Briefe meiner Freunde. Graf Tolstoi machte mir Vorwürfe, weil ich geschrieben hatte, ihm fehle die echte Liebe zu Gott. Bischof Innozenz behauptete, ich prahle mit meiner Frömmigkeit. Aksakow war beleidigt, Pogodin wütend. Wieder waren alle gegen mich, wie nach dem »Revisor«.

Ich musste meine Pilgerfahrt nach Jerusalem aufschieben, denn in dem Zustand, in den ich durch all die böswilligen Angriffe geraten war, konnte ich unmöglich reisen. Gogol ist eingebildet und ein Heuchler, Gogol leidet an Größenwahn, Gogol ist verrückt ... Da war sie wieder, die Formel, die alles erklärte und zur Folge hatte, dass niemand meine Worte ernst zu nehmen brauchte! Gogol ist verrückt.

Was für ein Wirbelsturm von Missverständnissen! Gab es denn keinen einzigen Menschen, der verstand, was ich geschrieben hatte!

Ich wartete gespannt auf Belinskis Reaktion. Er hatte meine Werke immer bewundert. Gewiss, er hatte sich verändert, schien gegen alles und jeden zu kämpfen, während er früher die Versöhnung mit der Welt angestrebt hatte. Früher war er fromm und gläubig gewesen, jetzt war er Atheist und Sozialist. Aber er war ein sehr versierter Kritiker, der ein literarisches Werk beurteilen konnte, und »Ausgewählte Stellen« war ein literarisches Werk. Ich wartete.

Dann erschien Belinskis Reaktion im »Zeitgenossen«. Sie war in höhnisch-humoristischem Ton gehalten, geschrieben von einem Unzufriedenen, der etwas ganz anderes erwartet hatte. Hatte auch er alles missverstanden? Ich schrieb einen Brief an Belinski. Er war im Ausland – in Begleitung Turgenjews! –, um seine Lungenkrankheit zu kurieren. Wieder wartete ich gespannt auf Antwort.

An »Ausgewählte Stellen« hatte ich größere Hoffnungen geknüpft als an irgendein anderes meiner Werke. Deshalb brauchte ich lange, um seine Schwächen zu erkennen. Als ich sie schließlich sah, gab ich meine Unzulänglichkeit offen zu. Ich gab zu, kein vollendeter Meister zu sein. Da warf man mir vor, den taktischen Rückzug anzutreten. Sagte ich, was ich bereute, wurde ich der Heuchelei beschuldigt. Gogols selbstmitleidige Reue habe etwas Krankhaftes, hieß es dann. Es ist der umgekehrte Größenwahn eines Geistesverwirrten.

Ich hatte geglaubt, mit »Ausgewählte Stellen« würde eine neue Zeit anbrechen, nicht nur in der russischen Literatur. Ich hatte versucht, einfach und ohne Umschweife zu den Menschen zu sprechen. Nun sah ich ein, dass meine Aufgabe darin bestand, in lebendigen Bildern zu erzählen. Ich musste darstellen, wie man in dieser Welt lebt und was es bedeutet, Mensch zu sein, eine tote oder eine lebendige Seele zu sein. Die Fortsetzung von »Tote Seelen« ließ sich durch nichts anderes ersetzen!

Erst nach einem halben Jahr hatte ich mich so weit erholt, dass ich mich wieder dem zweiten Teil von »Tote Seelen« widmen konnte. Da kam Belinskis Brief aus Salzbrunn.

»Sie haben nur teilweise recht, wenn Sie in meinem Artikel einen *verärgerten* Menschen erblicken; dieses Beiwort ist viel zu schwach und zu milde, um den Zustand auszudrücken, in den mich die Lektüre Ihres Buches versetzt hat. Aber Sie haben ganz und gar nicht Recht, wenn Sie das Ihren in der Tat nicht ganz schmeichelhaften Äußerungen über die Verehrer Ihres Talentes zuschreiben. Nein, hier lag ein gewichtigerer Grund vor. Beleidigte Eigenliebe läßt sich noch verwinden, und ginge es wirklich nur darum, würde ich genügend Klugheit besitzen, diesen Gegenstand mit Schweigen zu übergehen, aber beleidigte Wahrheitsliebe, beleidigte Menschenwürde lassen sich nicht verwinden; man darf nicht schweigen, wenn unter dem Mantel der Religion und im Schutz der Knute Lüge und Sittenlosigkeit als Wahrheit und Tugend gepredigt werden.«

Hatte ich Lüge gepredigt? Ich hatte die Wahrheit gesagt, ein wenig zu direkt. Das passte nicht allen! Als ob ich Russland und das russische Volk nicht kannte. Ich hatte viel und lange über die Menschen und über mein Werk nachgedacht. Belinski behauptete, ich sei kein denkender Mensch!

»Unglücklicherweise haben Sie in Ihrem bizarren Buch die Rolle eines solchen eingenommen. Das ist misslungen, und nicht etwa darum, weil Sie kein denkender Mensch wären, sondern weil Sie nun schon seit so vielen Jahren Russland aus Ihrer *schönen Ferne* zu betrachten gewohnt sind, wo doch bekanntlich nichts leichter ist, als die Dinge aus der Entfernung so zu sehen, wie wir sie sehen möchten; weil Sie in Ihrer *schönen Ferne* völlig wie ein ihm Fremder dahinleben, ganz für sich und in sich oder in der Eintönigkeit eines kleinen Kreises von Gleichgesinnten, die unfähig sind, sich Ihrem Einfluss zu widersetzen. Deshalb ist es Ihnen entgangen, dass Russland seine Rettung nicht im Mystizismus, nicht im Asketismus oder im Pietismus sieht, sondern im Fortschreiten der Zivilisation, der Aufklärung und der Menschlichkeit. Es braucht keine Predigten (es hat ihrer genug gehört!), keine Gebete (es hat ihrer genug heruntergeleiert!), sondern das Wiedererwachen des Gefühls der Menschenwürde im Volke, das so viele Jahrhunderte hindurch in Schmutz und Unrat verloren gegangen war – es braucht Rechte und Gesetze, die nicht den Lehren der Kirche entsprechen, sondern dem gesunden Menschenverstand und der Gerechtigkeit, und die möglichst streng gehandhabt werden.

Das spürt sogar die Regierung (die sehr gut unterrichtet ist, was die Gutsherren mit ihren Bauern treiben und wie viele der ersteren alljährlich von den letzteren umgebracht werden) – was durch ihre zaghaften und fruchtlosen halben Massnahmen zu Gunsten der weißen Neger und durch die komische Einführung der dreischwänzigen Peitsche an Stelle der einschwänzigen Knute bewiesen wird.

Prediger der Knute, Apostel der Ignoranz, Vorkämpfer für Obskurantismus und Dunkelmännertum, Verherrlicher tatarischer Sitten – was tun Sie? ... Blicken Sie auf die Erde nieder: Sie stehen ja am Rande eines Abgrunds! Dass Sie sich mit einer solchen Lehre auf die orthodoxe Kirche stützen, kann ich noch verstehen: sie war von jeher ein Bollwerk der Knute und eine Handlangerin des Despotismus; aber warum haben Sie Christus mit ins Spiel gezogen? Was haben Sie Gemeinsames zwischen ihm und irgendeiner, vor allem aber der orthodoxen Kirche entdeckt? Er brachte den Menschen als erster die Lehre von der Freiheit, Gleichheit, Brüderlichkeit und besiegelte und bekräftigte mit seinem Martertod die Wahrheit seiner Lehre.

Ihrer Ansicht nach ist kein Volk der Erde so religiös wie das russische: Lüge! Die Grundlage der Religiosität sind Pietismus, Demut, Gottesfurcht. Der Russe aber kratzt sich, wenn er den Namen Gottes ausspricht, am Hinterteil. Und vom Heiligenbild sagt er: Taugt's was, beten wir vor ihm, taugt's nichts, decken wir Töpfe mit zu ...

Ich will mich nicht weiter über Ihren Dithyrambus auf den Herzensbund des russischen Volkes mit seinen Herrschern auslassen. Ich sage geradezu: Dieser Dithyrambus hat nirgends Sympathie erweckt und hat Sie sogar in den Augen von Leuten herabgesetzt, die Ihnen Ihrer Richtung nach sonst sehr nahe stehen. Was mich persönlich anlangt, überlasse ich es Ihrem Gewissen, sich weiter an der Betrachtung der göttlichen Schönheit der Autokratie zu berauschen (das ist nicht riskant und zudem, wie es heißt, auch vorteilhaft für Sie); bloss sollten Sie es vernünftigerweise auch weiterhin aus Ihrer *schönen Ferne* tun: aus der Nähe ist es nicht so schön und auch nicht ganz so ungefährlich …«

Der Zar ist das irdische Abbild Christi, daran konnte Belinski nichts ändern. Er ist für seine Untertanen wie ein Vater, so wie der Gutsbesitzer für seine Leibeigenen. Die Liebe der Untertanen strömt über die zum Zaren empor zu Gott. Das ist keine Idee von mir, sondern so hat Gott es eingerichtet!

»Manche wollten sich schon bei dem Gedanken beruhigen, Ihr Buch sei die Folge einer geistigen Störung, die an ausgesprochenen Wahnsinn grenze. Aber sie gaben dieses Urteil bald wieder auf: Es ist klar, dass Ihr Buch nicht an einem Tag, in einer Woche oder einem Monat entstanden ist, sondern im Laufe von ein, zwei oder auch drei Jahren; es hat Zusammenhang; durch die zwanglose Darstellungsweise blickt ein wohldurchdachter Plan hindurch, und die Hymnen auf die Obrigkeit sind der irdischen Position des gottesfürchtigen Verfassers recht förderlich. So konnte sich in Petersburg das Gerücht verbreiten, Sie hätten dieses Buch zu dem Zweck geschrieben, eine Anstellung als Erzieher beim Sohn des Thronfolgers zu bekommen. Schon vorher war in Petersburg Ihr Brief an Uwarow bekannt geworden, in dem Sie betrübt davon reden, dass man die Ansichten über Russland, die Sie in Ihren Werken äußern, falsch auslege, und weiter Unzufriedenheit mit Ihren früheren Büchern äußern und erklären, Sie würden mit Ihren Schriften erst dann zufrieden sein, wenn derjenige, welcher usw. Nun urteilen Sie selbst, soll man sich wundern, wenn Ihr Buch Sie in den Augen des Publikums sowohl als Schriftsteller wie auch noch als Mensch herabgesetzt hat?«

Ich hatte dafür gesorgt, dass das Buch dem Zaren, seiner ganzen Familie, auch den Minderjährigen und allen Großfürsten übergeben wurde. Wer, wenn nicht der Zar, konnte die Besserung der Missstände veranlassen? Hätte ich mein Buch den Leibeigenen geben sollen, die nicht lesen können?

Alles, was mit dem Zaren zu tun hatte, war meiner Seele so nahe. Als er in Rom gewesen war, hatte ich sein Gesicht gesehen. Es war vergeistigter gewesen denn je.

»Soweit ich sehe, verstehen Sie das russische Publikum nicht recht. Seine Wesensart wird durch den Zustand der russischen Gesellschaft bestimmt, in der neue Kräfte gären und zum Durchbruch drängen, aber, von einem schweren Joch bedrückt und ohne einen Ausweg finden zu können, nur Pessimismus, Trübsal und Apathie verbreiten. Einzig in der Literatur gibt es trotz der tatarischen Zensur noch Leben und Vorwärtsentwicklung. Daher steht auch der Schriftstellerberuf bei uns in so hohem Ansehen und lässt sich literarischer Erfolg selbst bei geringem Talent so leicht erreichen. Der Titel Dichter, die Bezeichnung Schriftsteller haben bei uns längst den Flitterglanz der Epauletten und der farbenprächtigen Uniformen in den Schatten gestellt. Aus demselben Grunde wird bei uns jede sogenannte liberale Tendenz so besonders mit allgemeiner Aufmerksamkeit ausgezeichnet, auch wenn die Begabung dürftig ist, und sinkt die Beliebtheit selbst großer Dichter so rasch, sobald sie sich, sei es aufrichtig oder unaufrichtig, zu Liebesdiensten für Orthodoxie, Autokratie oder dem krassen Nationalismus hergeben. Ein frappantes Beispiel ist Puschkin, der nur zwei oder drei alleruntertänigste Gedichte zu schreiben und die Livree eines Kammerjunkers anzulegen brauchte, um sofort die Liebe des Volkes zu verlieren. Und Sie sind sehr im Irrtum, falls Sie im Ernst annehmen, dass Ihr Buch nicht wegen seiner üblen Tendenz durchgefallen sei, sondern wegen der Schroffheit der Wahrheiten, die Sie angeblich allen und jedem ins Gesicht gesagt haben. Gesetzt den Fall, Sie könnten das von Ihren Kollegen von der Feder annehmen, wie aber konnte das Publikum in diese Kategorie geraten? Haben Sie ihm etwa im ›Revisor‹ oder in den ›Toten Seelen‹ weniger schroff, mit weniger Überzeugungskraft und Talent, weniger bittere Wahrheiten ins Gesicht gesagt? Und wirklich raste es damals vor Wut, aber das brachte den ›Revisor‹ und die ›Toten Seelen‹ nicht zu Fall, während Ihr letztes Buch schmählich und radikal durchgefallen ist. Und hier hat das Publikum Recht; es sieht in den russischen Schriftstellern seine einzigen Führer, Beschützer und Erretter vor der Finsternis der russischen Autokratie, Orthodoxie und des krassen Nationalismus und ist daher stets bereit, einem Schriftsteller ein schlechtes Buch zu verzeihen, wird ihm aber nie ein böswilliges verzeihen.

Nicht ohne ein gewisses Gefühl der Genugtuung sage ich Ihnen, dass ich das russische Publikum ein wenig zu kennen glaube. Ihr Buch hat mich erschreckt, weil es einen ungünstigen Einfluss auf die Regierung, auf die Zensur, nicht aber auf das Publikum haben kann. Als in Petersburg das Gerücht umging, die Regierung wolle Ihr Buch in einer Auflage von vielen Tausenden von Exemplaren drucken und möglichst wohlfeil in den Handel bringen, ließen meine Freunde die Köpfe hängen; ich sagte ihnen aber schon damals, dass das Buch allem zum Trotz keinen Erfolg haben und bald vergessen sein würde. Und tatsächlich ist es mehr durch all die Artikel bekannt geblieben, die darüber erschienen sind, als durch sich selbst. Ja, der russische Mensch hat einen tiefen, wenn auch noch nicht entwickelten Instinkt für Wahrheit!

Ihre Bekehrung konnte, das gebe ich zu, auch aufrichtig sein. Aber der Gedanke, dem Publikum von ihr Kenntnis zu geben, war höchst unglücklich. Die Zeiten naiver

Frömmigkeit sind auch für unsere Gesellschaft längst dahin. Sie weiß bereits, dass es sich überall gleich gut beten läßt und dass nur solche Leute Christus in Jerusalem suchen, die ihn entweder nie im Herzen getragen oder ihn verloren haben ...«

Ich hatte viel davon gesprochen, dass ich nach Jerusalem fahren würde, aber vom Zweck der Reise hatte ich nichts verraten. Nichts wusste Belinski davon, nichts!

»Nein, Sie sind nicht erleuchtet, nur verdüstert; Sie haben weder den Geist noch die Form des heutigen Christentums erfasst. Nicht die Wahrheit der christlichen Lehre, sondern krankhafte Furcht vor Tod, Teufel und Hölle schlägt einem aus Ihrem Buche entgegen.«

Ich konnte nicht mehr. Es war unheimlich, alles war missverstanden worden. Und dann dieses: »Eine krankhafte Furcht vor Tod, Teufel und Hölle...«

Du suchst Zuflucht bei der Religion, wenn die Schaffenskraft versiegt, sagte Belinski. Du bist ein sehr einsamer Mensch. Ein einsamer Mensch geht unter, genauso wie der, der glaubt, zwei Herren dienen zu können.

Dann starb Belinski. Niemand konnte behaupten, ich hätte irgendwie Schuld daran gehabt. Belinskis Tod war der Wille einer höheren Macht.

Noch lange nach seinem Tod richtete Belinskis Brief großes Unheil an. »Ausgewählte Stellen« wurde bald vergessen, der Brief aber wurde in immer neuen Abschriften verbreitet, schürte Gegensätze, rief zum Kampf auf. Das böse Gift verbreitete sich. Überall sammelten sich Menschen, um über Belinskis Ideen zu diskutieren. In einer solchen Gruppe las Dostojewski den Brief an mich vor. Er wurde deswegen zum Tode verurteilt, nach einer Scheinhinrichtung jedoch begnadigt.

Einfältige Menschen legten mir Dostojewskis Schicksal zur Last, doch was ihn für acht Jahre nach Sibirien brachte, war Belinskis Brief, nicht meiner.

Und doch quälten mich die ungelösten Fragen, die Zweifel und all die Angst, diese entsetzliche Angst!

Ich wurde in den dunklen Abgrund geworfen. Ich konnte nicht schreiben.

Vater, vergib mir! Vater, vergib deinem Sohn!

Dreh dich nicht um

Gib, oh Herr, dass er sicher reise
und Segen finde im Heiligen Land
und dass er glücklich heimkehre!

Ich hatte vor meiner Reise nach Jerusalem ein Gebet verfasst, das ich Mutter und meinen Freunden schickte, allen, die für mich beten sollten.

Sie sollten Gott bitten, mir Kraft zu geben, dass ich ein besserer Mensch werde und wieder mit neuem Mut an meine Arbeit gehen könne, dass meine Gebete Versöhnung und Liebe bringen und das Reich Gottes errichten könnten.

Meine so lange aufgeschobene Pilgerfahrt nach Jerusalem sollte beginnen.

Als Kind hatte ich voller Angst Veränderungen beobachtet. Ein Laubblatt war in meinen Händen zu nichts geworden, ein Mensch war hinausgegangen, um für immer zu verschwinden. Jetzt wünschte ich mir nichts mehr als eine durchgreifende Veränderung, wünschte mir die Möglichkeit dazu.

Es war keine Reise wie die vielen anderen, die ich gemacht hatte, sondern eine letzte Möglichkeit, Aufklärung über meine Zukunft, mein restliches Leben zu erhalten.

Ich reiste ab, ohne irgendein Vorzeichen abzuwarten, fuhr unrein und unwürdig, aber in der Hoffnung auf die Gnade Gottes.

Ich reiste allein von Neapel nach Malta, um dort den Dampfer nach Smyrna zu besteigen. In Smyrna würde mich mein Reisebegleiter erwarten, der russische Generalkonsul in Beirut, der kein anderer war als Konstantin Basili, mein Klassenkamerad aus Neschin.

Ich, der mystische Zwerg, hatte trotz allem einige Freunde gefunden. Mit ihnen, den ältesten, teilte ich eine gemeinsame Jugend. Aber wer war Basili heute? Und wer war ich?

Nach einer unangenehmen Seereise erreichte ich Malta, eine englische Insel schlimmster Art. Dort musste ich eine Woche ausharren und auf das Schiff nach Smyrna warten.

Am letzten Abend auf Malta streifte ich durch die Straßen Valettas.

Als ich um eine Ecke bog, sah ich in der Ferne eine Menschenmenge, die langsam näher kam. Ich blieb stehen. Es war eine seltsame Schar, ein ungeordneter Zug, der auf der Straße hin und her schwankte. Nach und nach erkannte ich einzelne Gestalten in der Menge, ernste, schweigende Menschen, aber auch lachende und schreiende. Ein Greis humpelte laut singend neben den anderen her, weiter hinten gingen einige Frauen, und am Ende rannten halbwüchsige Kinder lachend durcheinander und wirbelten hellgraue Staubwolken auf.

Die Menschen waren einfach gekleidet, einige zerlumpt und schmutzig wie Bettler. Insgesamt waren es vielleicht zweihundert Personen. Der Lärm schwoll an, und aus den Nebenstraßen schlossen sich immer neue Menschen an.

Fensterläden wurden rasch zugezogen. Ich stand unentschlossen da.

Jetzt waren Rufe zu hören: »Nieder mit den Tyrannen!« Laute Rufe, die noch zunahmen, und plötzlich hatte sich die lockere Lumpenschar in eine disziplinierte Truppe Soldaten verwandelt. Sie waren jedoch schlecht bewaffnet, mit Knüppeln und Stöcken. Einige hatten ein Messer im Gürtel stecken, andere eine Heugabel auf der Schulter. Keiner trug eine Pistole, aber sie hatten alle einen entzückten Gesichtsausdruck.

»Nieder mit den Tyrannen!«

Laute Rufe, der Zug bewegte sich schneller. Vorwärts!

Am vierzehnten Dezember 1825 hatten die Aufständischen in St. Petersburg ernst und still auf dem Senatsplatz gestanden. Die Soldaten hatten sich im Viereck aufgestellt, um die Anführer in der Mitte. Sie waren umringt von regierungstreuen Regimentern. So hatten sie dagestanden, einen ganzen Tag lang. Warum musste ich immer wieder an diesen Aufstand denken?

Ich drückte mich an die Hauswand, verharrte reglos, sah sie Glied für Glied vorbeimarschieren, all diese Gesichter.

Ein Mann von ungefähr fünfunddreißig Jahren löste sich aus der Menge. Er trat dicht an mich heran, sagte aber nichts. Er stank säuerlich, und er war mir so nahe, dass ich nicht weggehen konnte, ohne ihn zu berühren. Ich fühlte mich unbehaglich. Auf diesem Gesicht lag kein Entzücken, nur ein rohes, trotziges Grinsen.

Er sagte etwas, das ich nicht verstand. Da machte er mir mit Gesten deutlich, dass ich ihm folgen sollte. Ich bekam Angst. Ob er mich mit Gewalt zwingen würde, wenn ich mich weigerte?

Jetzt geschah etwas Merkwürdiges. Sein boshaftes Grinsen verschwand, und er bat mich inständig, flehte mich an, ihm zu folgen. Ich verspürte eine unerklärlich tiefe Trauer, und ohne zu wissen, was ich tat, umarmte ich ihn und atmete für einen kurzen Moment begierig seinen Gestank ein.

War ich bereit, ihm zu folgen? Ich konnte mich nicht von der Stelle rühren, er versperrte mir den Weg.

Eine Frau bahnte sich ihren Weg zurück durch die Menschenmenge. Sie blieb vor uns stehen, blickte mich misstrauisch an. Sie hatte ein geschwollenes, blaues Jochbein. Vielleicht hatte der Mann sie geschlagen, der mir den Weg versperrte. »Komm«, sagte sie.

Da blickte er mir in die Augen und grinste wieder höhnisch. Er ging, und auch ich machte ein paar Schritte. Es war, als habe er so von mir Besitz ergriffen, dass ich seinem Körper folgen musste. Aber ich gehörte nicht zu ihnen.

Danach war ich in ausgelassener Stimmung, als hätte ich an einem lustigen Verwechslungsstück teilgenommen.

»Nieder mit den Tyrannen!«

Wieder ertönten die Rufe. Es waren die Jungen am Ende des Zuges, die sie mit ihren hellen Stimmen wiederholten. Einige von ihnen bemerkten mich, schielten von Zeit zu Zeit zu mir herüber. Dann fassten sie den Entschluss. Sie warfen mit Steinen nach mir. Ohne stehen zu bleiben, bückten sie sich und sammelten Steine auf, drehten sich um und warfen sie auf mich. Es waren kleine Steine, die keinen Schaden anrichteten, und die Jungen warfen sie gleichsam im Vorübergehen, als wollten sie sich ein wenig amüsieren, etwa so, wie man eine Katze bewirft. Sie lachten dabei.

Sie hatten alles Recht zu werfen! Und ich lachte und winkte ihnen nach.

Als sie verschwanden, hing hinter ihnen noch lange eine graue Staubwolke in der Luft.

Am Abend hörte ich Schüsse, aber ich schlief ungewöhnlich schnell ein und wachte die ganze Nacht nicht auf.

Die Fahrt von Malta nach Smyrna verbrachte ich zumeist in meiner Kabine. Manchmal meide ich die Menschen, weil ich sie fürchte, öfter aber deshalb, weil ich nicht enttäuscht werden möchte. Ich will ihr leeres Geplapper nicht hören. Sie schleichen sich an einen heran und schmeicheln, dabei geht es ihnen nur um kurzfristigen Gewinn für sich selbst.

Der Mensch ist nicht so! Warum verhält er sich dann, als wäre er so?

Und ich?

Die Morgendämmerung war noch nicht lange vorbei. Basili und ich ritten an der Spitze eines langen Zuges von Arabern zu Pferd und zu Fuß durch die Wüste. Es waren Führer, Träger und Wachen. Wir ritten über unendliche Sanddünen. Hier und dort gab es eine dünne Schicht aus staubigem Moos, einen kleinen Fleck Gras und ein paar niedrige, trockene Büsche. Einmal sah ich in weiter Ferne ein Araberzelt. Es sah aus wie ein umgekehrter Tonkrug. Dies war das Land, in dem einmal Milch und Honig geflossen waren.

Es war heiß. Ich war müde, ich wurde unruhig. Basili lächelte und sagte, ich solle mich gedulden. Ich merkte, dass die Araber mich beobachteten, und war verdrossen.

Gegen Mittag kamen wir an eine Oase. Sie wurde von einigen staubigen Bäumen beschattet. »Sykomoren«, behauptete Basili. »Die alten Ägypter verwendeten sie für ihre Mumiensärge.«

Ich hatte Basili nie wirklich nahe gestanden. Am nächsten war ich ihm noch gekommen, als wir in Neschin Theater gespielt hatten. Aber das war Theater gewesen, Leben war trotz allem etwas anderes. Seltsamerweise verhielt Basili sich auch jetzt wie ein Schauspieler in einem Theaterstück. Als ich darauf zu sprechen kam, schob er es auf die Araber. In ihren Augen sei er ein mächtiger Mann, über ihm stehe nur der große Pascha. Er wolle sein Ansehen nicht riskieren.

Als ich mich weigerte, das Spiel mitzuspielen, reagierte Basili feindselig. Er wurde ärgerlich und misstrauisch. Alles, was ich sagte, fasste er als Kritik auf. Schließlich nahm er mich beiseite und sagte, den Arabern gegenüber hätte ich jeden Augenblick darauf zu achten, wie ich mich verhielt. »Der einzige Schutz, den wir auf dieser Wüstenwanderung haben, ist die hohe Meinung, die sie von mir haben.«

Wir brachen von der Oase mit den Sykomoren auf. Stunde für Stunde zogen wir durch die Wüste. Ich litt sehr unter dem langen Ritt und der staubigen, trockenen Hitze. Basili überhörte meine Klagen. Die Araber beobachteten uns. Ich verlor die Fassung und brüllte Basili an.

Da schalt er mich aus. Er verhielt sich so drohend, dass ich glaubte, er wolle mich schlagen. Von da an betrachteten die Araber ihn mit Respekt. Mich beachteten sie nicht mehr.

Gegen Abend waren am Horizont Palmen zu erkennen. Die Konturen einer kleinen Stadt zeichneten sich ab. Aus der Ferne war sie schön und glänzend, aus der Nähe staubig und schmutzig. Sidon, Tyrus, Bethlehem, egal wie sie hieß.

Wie anders waren doch die heilige Plätze, die ich in der Schrift kennengelernt hatte. Der wirkliche Jordan war nur ein Rinnsal in einer nackten Felsenlandschaft. Nichts war, wie ich es mir vorgestellt hatte. Wieder einmal! Alles war unfruchtbar, grau und trist. Und das sollte einen Sinn haben?

Es war das Jahr 1848, überall Unversöhnlichkeit und Aufruhr wie 1825 in Russland, und ich reiste durch das Heilige Land, verzweifelt über all die Kämpfe, über »Ausgewählte Stellen«, über meine Unfähigkeit, ein neues Werk zu schaffen und darüber, was das Heilige Land nicht war.

Schließlich kamen wir in Jerusalem an. Vom Ölberg aus blickten wir auf die Stadt hinunter. Das Weiß der flachen Hausdächer hob sich scharf gegen den blauen Himmel ab.

Es gibt einen Felsen auf dem Ölberg, in dessen hartem Gestein man den Abdruck eines Fußes erkennen kann. Jede Einzelheit ist so deutlich, als sei der Fuß einmal in weiches Wachs gedrückt worden.

Ich stand allein davor und betrachtete den Abdruck des Fußes unseres Erlösers lange und ehrfürchtig.

Ich zog meine Schuhe aus, betastete den harten Stein mit meinen nackten Füßen. Ich preßte den Fuß hart auf den Felsen. Ich wusste, dass mein Fuß höchstens einen schnell verschwundenen Abdruck von Feuchtigkeit im Staub hinterlassen würde. Trotzdem drückte ich so fest, dass mein Bein zu zittern begann und sich schließlich verkrampfte.

Plötzlich wurde mir bewußt, dass Basili ein wenig entfernt stand, mich betrachtete und meinen nackten Fuß neben dem Abdruck des Erlösers sah. Ich versuchte nicht, ihm eine Erklärung zu geben, er hätte doch nichts verstanden. Schweigend verließen wir den Ölberg. Es war Tag, es war hell, die Sonne schien. Nichts war wie bei meinem Abstieg vom Monte Subasio bei Assisi.

Zum Grab des Erlösers kommt man durch einen Vorraum, der ebenso klein ist wie die Grotte, in der sich das Grab selbst befindet. Ein Priester hielt den Gottesdienst ab. Ein Diakon, der zum Gebet rief, befand sich hinter der Mauer zum Heiligen Grab. Schwach hörte ich seine Stimme, und noch schwächer den Chor.

Mir wurde die Ehre zuteil, die Nacht am Grab des Erlösers verbringen zu dürfen. Und die Ehre, das Abendmahl am Grab statt an einem der Altäre einnehmen zu dürfen. Veränderte mich dies? Verschwand das Unreine aus mir? Ich war nicht fähig, meine weltlichen Wünsche zu opfern!

Ich war nach Jerusalem gekommen, um die Erfahrung zu machen, wie hart mein Herz war. Es war hart, ungeheuer hart!

Wochen und Monate waren vergangen. War meine Pilgerfahrt von Gott gewollt? Warum waren meine Gebete so schwach, war mein Glaube so klein? Meine Härte dagegen war groß, meine Gleichgültigkeit noch größer. Entweihung, nichts als Entweihung!

Meine Seele war tot, ich erlebte nichts. Vergessen oder Gleichgültigkeit hüllte alles ein. Irgendwo in Samaria pflückte ich eine Wiesenblume, irgendwo in Galiläa eine zweite. In Nazareth regnete es. War ich wirklich in Nazareth im Heiligen Land? Ebenso gut hätte ich mich auf irgendeiner gottvergessenen Poststation in Russland befinden können.

»Vergiß dein Versprechen nicht«, sagte Basili und lächelte.

Wir hatten Jerusalem verlassen und zogen am Ufer des Toten Meeres entlang. Ich hatte Basili gelobt, mich nicht umzudrehen, bevor er mich dazu aufforderte.

Es gibt viele Geschichten, die davon handeln, dass jemand, oft aus unklaren Gründen, sich nicht umdrehen, ein bestimmtes Zimmer nicht betreten, einen Kasten nicht öffnen darf, was auch immer. Wenn er es trotzdem tut, geschieht etwas Entsetzliches. Und dennoch drehen alle sich um. Ich hatte sie immer für einfältig gehalten.

Jetzt erfuhr ich selbst, wie unendlich schwer es war, sich nicht umzudrehen. Es war so irritierend wie ein schlimmes Jucken. Mit der Zeit tauchten auch quälende Phantasien auf. Jeden Augenblick drohten die Ungeheuer der Wirklichkeit sich von hinten auf mich zu stürzen, ohne dass ich die Möglichkeit hatte, mich umzudrehen und ihnen ins Auge zu blicken.

Ich verstand sie nun besser, all jene, die sich umdrehten. Aber warum hatten sie überhaupt das Versprechen gegeben? Wegen der großen Reichtümer, die sie erwarteten, wenn es ihnen gelang, auszuhalten? Aber oft war keine Belohnung mit dem Versprechen verbunden. Meistens wussten sie auch nicht, warum es ihnen abverlangt wurde, nur, dass etwas geschehen würde, wenn sie versagten, etwas Entsetzliches. Trotzdem legten sie den Schwur ab!

Sie werden sich umdrehen. Sie werden den verbotenen Raum betreten. Sie können der Versuchung nicht widerstehen, den Kasten zu öffnen. Hinter ihnen, oder in dem Zimmer, oder in dem Kasten liegt ihr Leben.

Drehen sie sich deshalb um – besessen von der Leidenschaft, zu sterben und zu leben? Wie in der Geschichte.

Ich richtete den Blick in die Ferne. Die Stunden vergingen. Lange würde ich nicht mehr aushalten. Wir zogen einen leicht ansteigenden Hang hinauf, durch eine eintönige, verbrannte Landschaft ohne Bäume oder Büsche, ein totes Land, ein totes Meer. Und all diese toten Seelen.

Das ist lächerlich, sagte ich mir. Es ist Zeit, dieses Spiel zu beenden. Ich wollte mich umdrehen, aber ich tat es nicht.

Nach vier Stunden gab Basili den Befehl, Halt zu machen.

»Du kannst dich jetzt umdrehen«, sagte er.

Vor mir lagen die Berge, die das Tote Meer im Halbkreis umgaben. Sie hatten keine scharfen Gipfel, keine Unregelmäßigkeiten, sie waren wie die Wände eines Kelches.

Die Sonne ging unter. Das Tote Meer verwandelte sich, nahm die Farbe des Sonnenuntergangs, die Farbe von Blut an. Es war das Blut des Jahres 1848, all des Neuen, das geschehen sollte, vergossenes Blut. Weit in der Ferne erkannte ich den Schwarzen Reiter. Seine Kleidung war schwarz, und sein Pferd war schwarz.

Das Wasser wurde schnell dunkler, als ob es sich mit Tinte mischte, Blut und Tinte für eine Geschichte.

Es gibt die Geschichte über einen Schmied, der das Bild des Teufels gemalt hatte. Manchmal bespritzte er das Bild mit Weihwasser und bat Gott um Glück. Schließlich hielt der Böse es nicht mehr aus. Er verkleidete sich als Schmiedegeselle und bat den Schmied, ihn anzustellen, auch ohne Kost und Unterkunft.

Ein Mann kam gefahren, der hielt an der Schmiede an. »Ich habe gehört, ihr könnt in eurer Schmiede alte Menschen in junge verwandeln«, sagte der Mann. »Gewiss«, sagte der Schmied, der glaubte, der Mann mache einen Scherz.

Aber der Geselle nahm ein Messer und schnitt den Mann in Stücke. Dann nähte er die Stücke zusammen, strich den Körper mit Ton ein und legte ihn ins Herdfeuer, bis er glühte. Dann nahm der Schmiedegeselle den Körper heraus, schlug den Ton ab, und ein stattlicher junger Mann stand da! Der Schmied und sein Geselle wurden von dem stattlichen Jüngling reich belohnt.

Am nächsten Tag kam ein anderer Mann zur Schmiede. »Ich habe gehört, ihr könnt in eurer Schmiede alte Menschen in junge verwandeln«, sagte der Mann.

Jetzt wiederholte sich, was am Tag zuvor geschehen war.

Am dritten Tag kam wieder ein Mann gefahren. Diesmal war der Geselle nicht da, und der Schmied tat das Gleiche, was er den Gesellen hatte tun sehen. Kein stattlicher junger Mann stand auf. Der Mann war tot.

Ich verließ Jerusalem als derselbe große Sünder, als der ich gekommen war. Nichts, nicht einmal meine inständigsten Gebete, hatten mich verändert. Eine neue Bestätigung dafür, wie unwürdig ich war. Warum wurde mir immer wieder bestätigt, was ich schon wusste?

Es gab keine Hoffnung. Keine Gnade würde mir widerfahren. Es gab das Böse, das Niedrige, die ganze Wirklichkeit eben. Guter Gott, wie unheimlich groß und leer ist deine Welt! Basili sah mich erschrocken an, er erkannte, wie groß meine Angst war. Alle haben Angst, denn alle wissen, dass nichts ohne Gottes Willen geschieht.

Ich stürzte tief in das Entsetzen der Kindheit zurück. Ich

sah Iwans totes Gesicht. Der Unsterbliche lachte höhnisch. Und Mutter erzählte mir vom Jüngsten Gericht, von Sündern, die sich mit ihren Nägeln gegenseitig zerrissen und zerkratzten. Sie schrien voller Entsetzen.

Meine Angst wuchs, meine Schuld wuchs.

Aber es gab auch noch etwas anderes!

Als ich mich umdrehte, hatte ich die weich gerundeten Seiten der Berge im Sonnenuntergang aufglühen gesehen. Diese Berge, die eigentlich nur eine Anhäufung unfruchtbarer, grauer Steine waren, glänzten in unbeschreiblicher Schönheit. Der Kalk schimmerte von der rötlich blauen Flüssigkeit.

Wisst ihr, was aus diesem Kalk stammt? Wisst ihr, dass das fliegende Tier, der Rabe, aus ihm die beiden kleinen Flaschen mit dem Wasser des Todes und dem des Lebens holt? Mit dem Wasser des Todes wird der Tote bespritzt. Und er wächst zusammen und wird heil. Dann wird er mit dem Wasser des Lebens bespritzt. Und er wird lebendig.

Ich sah das Schöne aus der Ferne. Erst als wir ein ganzes Stück zurückgelegt hatten, sah ich es. In weiter Ferne, in den letzten Strahlen der untergehenden Sonne, als wir Jerusalem schon verlassen hatten … Aber ich sah, was möglich war! Ich sah die schimmernde Schönheit des Lebens!

Tief gerührt wandte ich mich zu Basili um und dankte ihm für das Geschenk, das er mir schließlich gemacht hatte. Mit Tränen der Freude in den Augen sah er mich an.

Mit diesem Bild im Kopf kehrte ich nach Russland zurück.

Im fremden Land

Drinnen und Draussen

Nach zwölf Jahren im Ausland kehrte ich für immer nach Russland zurück. Ich fuhr nach Moskau. Dort wohnte ich einige Monate bei Pogodin und zog dann zu Graf Tolstoi, dem guten Menschen, den ich in Ostende kennengelernt und mit dem ich einige Zeit in Paris verbracht hatte.

In Tolstois Haus, das am Boulevard Nikitschki lag, floß das Leben langsam dahin wie ein sehr alter Strom. Die Familie und die Gäste, oft Mönche und hohe Kirchenmänner, bewegten sich langsam und würdevoll. Es herrschte eine andächtige Stimmung. Gespräche wurden mit ruhiger, ernster Stimme geführt. Man redete über Heilige, über Narren in Christus und wundertätige Ikonen. Man erzählte von merkwürdigen Vorzeichen und Wundern, die in Gottes schöner Welt geschehen waren. Man las in der Bibel und betete. Alle Fastenzeiten wurden genau eingehalten.

Ich suchte die Menschen, um Versöhnung zu finden und zu geben. Ich glaubte, in Tolstois Haus Frieden und Ruhe zum Arbeiten finden zu können. Innerhalb der hohen Steinmauern herrschte die gelassene Heiligkeit jenseits der Kämpfe der Welt.

In einer Welt außerhalb der Welt leben ... Doch den

Kämpfen entkam ich nicht. Und in all diesen Kämpfen wurde von mir eine Stellungnahme verlangt.

Beide, die Slawophilen und die Westlichen, behaupteten, Russland dienen zu wollen. Keiner fand etwas Gutes am anderen, aber mir fiel es schwer zu erkennen, dass die Unterschiede so groß waren, wie die heftigen Angriffe glauben machten. Beide Parteien wollten soziale Reformen. Nach meiner Meinung gingen sie zu weit, denn welchen Nutzen sollten gesellschaftliche Veränderungen haben, wenn sich das Herz der Menschen nicht änderte? Manche dachten in ihrer Einfalt, dies könne durch die Reformen geschehen. Als ich meine Zweifel zum Ausdruck brachte, wendeten sie sich gegen mich.

Es war eine Zeit, in der Begriffe wie Freundschaft ihre Bedeutung verloren. Niemand fragte mehr nach dem Charakter eines Menschen, oder ob er ein guter Mensch sei. Die Frage lautete: Was ist er? Das bedeutete: Ist er slawophil oder westlich eingestellt? Aus Freunden wurden Feinde.

Belinski war bis zu seinem Tod Anführer der westlich Gesinnten. Pogodin und Konstantin Aksakow gehörten zu den führenden Slawophilen. Ich hatte in beiden Lagern sehr gute Freunde.

Auf allen Gebieten wüteten unversöhnliche Kämpfe. Die Radikalen standen gegen die Konservativen, die Atheisten gegen die Gläubigen, und jede Bewegung teilte sich wieder in eine Reihe anderer auf. Diese Unterteilung schien überhaupt nicht wieder aufzuhören, sodass jeder Mensch alle anderen und schließlich auch sich selbst bekämpfte.

Dieses Chaos quälte mich. Ich wollte nicht Stellung nehmen, konnte es nicht. Alle brachten ihren Standpunkt mit großer Sicherheit zum Ausdruck. Mir schien oft derjenige, mit dem ich zuletzt gesprochen hatte, Recht zu haben. Ich wollte der Freund aller sein, aber dadurch wurde ich ihrer aller Feind.

Man flüsterte sich schlimme Dinge über mich zu. Man sagte nicht laut, was man dachte. Und dass man es vermied, Klartext zu reden, geschah nicht aus Respekt vor meiner Meinung. Alle wollten den Zaren der russischen Literatur auf ihrer Seite haben, den Namen!

Ich versuchte, mich dem zu entziehen. Ich wollte Frieden, wollte schreiben. Aber von allen Seiten wurde an mir gezerrt. Wo stehen Sie eigentlich in der Frage der Literatur, Nikolai Wassiljewitsch? Sind Sie Romantiker? Romantischer Realist? Realistischer Romantiker? Satirischer Realist? Realistischer Satiriker? Grotesker Realist … Früher hatte ich solche Atteste selbst ausgestellt. Das wollte ich nun nicht mehr. Ach, aber wo stehen Sie? Warum schreiben Sie? Sehen Sie sich nicht als einen, dem es darum geht, die Wahrheit zu sagen? Doch, so sehen wir uns alle. Aber ich will Russland nicht durch Aufruhr und Kampf verändern, sondern durch Versöhnung. Aber Sie müssen doch erkennen … Ich muss nichts! Sind Sie eigentlich Realist, Herr Gogol?

Belinski war für eine engagierte Literatur eingetreten, die von der Wirklichkeit handelt und auf der Seite der Armen steht, eine realistische Kunst.

Viele aus der älteren Generation hatten dagegen protestiert, viele, die klassische oder romantische Ideale vertraten. Eigentlich aber hatten sie gegen nichts protestiert. Die realistische Kunst, für die Belinski eingetreten war, hatte es nicht gegeben. Vielleicht hatte er sie allerdings heraufbeschworen, denn in diesen Jahren stürmten sie plötzlich vor, Dostojewski, Turgenjew, Herzen, Gontscharow, wie sie auch hießen. Sie waren alle sehr gut ausgebildet, hatten vornehme Schulen und Universitäten besucht. Sie waren jung, begabt, neugierig, den Anforderungen der neuen Zeit angepasst. Eifrig, auf dem Sprung. Vorwärts! Wie ich selbst früher. Vorwärts! Mit Wehmut und leisem Neid betrachtete ich ihre Luftsprünge. Etwas werden, Dichter werden!

Wie viele Enttäuschungen, wie viele Widrigkeiten lagen noch vor ihnen!

Was trieb sie an? Der gleiche Wunsch, der mich trieb, der Wunsch, Russland zu dienen? Was es auch war, es spornte sie an zu schreiben. Zu schreiben! Alles erschien ihnen möglich.

Kaum Schriftsteller, brauchten sie nicht darum zu kämpfen, es zu bleiben. Doch um wie viel schwerer ist das! Gewiss, jeder von ihnen rang schwer um jedes Werk, aber diese waren noch nicht zu einem untrennbaren Teil ihrer selbst geworden. Sie brauchten nicht um ihr Leben zu kämpfen.

Die meisten schrieben anders als ich, sachlicher und nüchterner, auch in ihren Seelenschilderungen. Manchmal hatte ich die Sehnsucht, zu schreiben wie sie und der Typ von Autor zu werden, als der ich verstanden worden war.

Diese jungen Männer glaubten, sie schrieben über die Wirklichkeit. Sie schrieben über die Liebe. So schilderten sie unser Land.

Die Zeit verging. Ein neues Jahr begann. 1848 ging zu Ende, aber nicht die wütenden Kämpfe. Es wurde Herbst. Die Blätter fielen. Die Bäume an den Boulevards von Moskau waren kahl. Nichts wuchs. Dann kam der Schnee, eine strenge Kälte. Würde es jemals Sommer werden?

Auch die Gläubigen verstrickten sich in Kämpfe, gegen die Weltlichen und Sündigen – und gegeneinander. Wollte auch Tolstoi meinen Namen nur benutzen?

Tolstoi war ein guter Mensch, ebenso seine Frau, Anna Gruzinskaja. Sie waren gut zu allen und zueinander. Stets benahmen sie sich sehr ruhig und freundlich. Es gab keine harten Worte, keinen Krach oder Zank. Sie lebten in einer Ehe, die ihnen Frieden gab, einer hellen Ehe ohne dunkles, aufreibendes Leiden. Vergeistigung inmitten der Welt.

Ich dachte an Mutter und Vater. Ich dachte an Josef, der in Rom von mir gegangen war. Ich dachte an seine Schwester Anna Wielgorski. Ich war so etwas wie ein Lehrer für sie geworden, ein Vertrauter in geistigen Fragen. Ob ich sie heiraten könnte? Sie war eine Frau, vor der ich großen Respekt hatte – die einzige, in die ich verliebt gewesen war.

Ich müsste sehr deutlich machen, dass ich eine geistige Gemeinschaft wünschte.

Wir würden in Moskau leben, ein stilles Leben führen. Zur Zeit des ersten Frühsommers würden wir in die Ukraine reisen.

Ich führe meine Braut nach Wassiljewka. Wir spazieren den Großen Rosengang entlang, gehen auf den Wegen, die Vater angelegt hat. Die Sonne scheint für uns. Die Nachtigallen singen, und ihr Lied war nie klarer und reiner. Wir wandern über die grünenden Felder. Wir sitzen am hellen Vorsommerabend auf der Veranda. Trinken Tee, unterhalten uns ohne Eile. Die Sonne scheint, alles glänzt in unbeschreiblicher Schönheit. Und auf dem Hof spielen zwei kleine Jungen. Iwan und ich lachen glücklich.

Anna liest mir aus dem Evangelium vor: »Das ist mein Gebot, dass ihr euch untereinander liebet, gleichwie ich euch liebe. Niemand hat größere Liebe denn die, dass er sein Leben lässt für seine Freunde. Ihr seid meine Freunde, so ihr tut, was ich euch gebiete. Ich sage hinfort nicht, dass ihr Knechte seid; denn ein Knecht weiß nicht, was sein Herr tut. Euch aber habe ich gesagt, dass ihr Freunde seid; denn alles, was ich habe von meinem Vater gehört, habe ich euch kundgetan. Ihr habt mich nicht erwählt, sondern ich habe euch erwählt und gesetzt, dass ihr hingehet und Frucht bringet und eure Frucht bleibe; auf dass, so ihr den Vater bittet in meinem Namen, er's euch gebe. Das gebiete ich euch, dass ihr euch untereinander liebet.«

Friedvolle Tage, stilles Leben. Ein einfaches, gutes Leben, keine Angst, keine aufreibenden Kämpfe. Ein Frieden, der mir Kraft gibt zu schreiben, zu vollenden, was ich zu vollenden habe.

Würde es Mutter glücklich machen, wenn ich Anna heiratete?

Einmal war ich heimlich nach Assisi gefahren, jetzt reiste ich heimlich nach St. Petersburg. Als ich vor dem Haus der Wielgorskis stand, dachte ich zum ersten Mal daran, dass ich zurückgewiesen werden könnte.

Der Schnee fiel in großen weißen Flocken. Ich blieb unentschlossen stehen. Dann drehte ich mich um und ging.

Ich kehrte an diesem Tag mehrere Male zurück. Die Fenster waren hell erleuchtet. Drinnen war es warm und schön.

Größeres Vermögen besaß ich nicht. Auch war ich kein stattlicher Mann. Aber die Familie Wielgorski mochte mich. Und schließlich war ich trotz allem jemand, Russlands größter Dichter. Warum trat ich nicht ein?

Einmal hatte ich vor Puschkins Haus gestanden, 1828, als ich gerade nach Petersburg gekommen war. Auch damals hatte es geschneit, und ich hatte lange gezögert. Ich war in ein Café gegangen und hatte mich mit Likör gestärkt. Schließlich hatte ich es gewagt, noch einmal hinzugehen und anzuklopfen. Der Diener hatte gesagt, Puschkin empfange nicht, weil er die ganze Nacht wach gewesen sei und Ruhe brauche. Ich hatte mich geschämt, weil ich mich aufgedrängt hatte. Die ganze Nacht hatte Puschkin gearbeitet. Einige seiner wunderbaren Gedichte waren entstanden … Das war nicht der Fall gewesen. Er hatte Karten gespielt und getrunken!

Es wurde Abend, und ich verließ das Haus der Wielgorskis, ohne mein Anliegen vorgebracht zu haben. Ich ging durch die Straßen von St. Petersburg. Ich wanderte nicht ziellos umher, wie meine Beine mich glauben machen wollten. Ich suchte, aber nach was? Nach wem?

Kein Volk träumt so viel wie das russische. Keines schämt sich seiner Träume so sehr. Auch ich hatte Träume. Aber ich war kein Träumer. Dazu kannte ich die Menschen zu gut! Ich lief zum Senatsplatz. Es war kalt. Ich wanderte den Newski Prospekt auf und ab. Es wurde Nacht, und es wurde Morgen.

Es war früh, noch dunkel. Ich hatte nicht den gefunden, den ich suchte.

Ich sah den Schnee auf ein Schafott fallen. Darum herum standen bewaffnete Soldaten. Etwas entfernt waren drei grobe Pfähle in den Boden gerammt. Erregte Stimmen von Zuschauern, die sich versammelt hatten, waren zu hören.

Jetzt kamen die Gendarmen auf ihren Pferden geritten. Sie eskortierten über zwanzig kleine, geschlossene Wagen. Unter dem Schafott hielten sie an. Die Türen gingen auf, und die Gefangenen stiegen aus. Sie umarmten sich gegenseitig, wobei sie ängstlich nach den drei Pfählen schielten.

Die Gefangenen wurden auf das Schafott geführt. Ihre Gesichter waren grau, einige ausdruckslos, einige ängstlich. Manche hatten die Augen geschlossen, andere beteten mit halb geöffnetem Mund. Einige flüsterten miteinander.

»Die Mützen ab!«

Das Urteil wurde vorgelesen: Tod durch Erschießen!

Den zum Tode Verurteilten wurde das weiße Hemd übergezogen, das Leichenhemd. Neben mir atmete jemand schwer. Ich sah mich um. Entsetzte Gesichter, aber auch erleichterte. Eine Hinrichtung läßt die Menschen Befreiung und Freude empfinden, sogar so große Freude, dass sie ungeduldig auf die Vollstreckung des Urteils warten. Aber da sind auch Trauer und Scham. Als trüge man selbst die Verantwortung für das Geschehen. Erleichterung und Trauer. Verbrechen, Schuld, Strafe, Versöhnung …

Der Priester ging zwischen den zum Tode Verurteilten hin und her. Alle küssten das Kreuz.

Drei Gefangene wurden zu den Pfählen geführt. Man fesselte sie. Weiße Kapuzen wurden ihnen über den Kopf gezogen. Trommelschläge ertönten. Unter denen, die auf dem Schafott warteten, erkannte ich ein Gesicht, das mir bekannt erschien. Es strahlte einen seltsamen Frieden aus. Wessen Gesicht war es? Konnte es Graf Morozow sein, der schon seit dem Dekabristenaufstand so sehnlich auf seine Strafe wartete?

Die Trommeln wurden lauter. Die Soldaten legten an.

Kein Schuß fiel. Die heftigen Trommelwirbel verstummten plötzlich.

Niemand sollte erschossen werden. Es war eine Scheinhinrichtung. Zur Warnung, und um den Gefangenen, den Soldaten und den Zuschauern die Allmacht und Güte des Zaren Nikolaus vor Augen zu führen. In seiner unendlichen Güte begnadigte Zar Nikolaus die zum Tode Verurteilten. Das Urteil wurde abgemildert in sibirisches Arbeitslager.

Die Gefangenen wurden weggeführt. Ich versuchte, einen Blick auf Morozow zu erhaschen. Ich wollte sein Gesicht in diesem Moment sehen. Vielleicht war er es doch nicht. Wer war es dann?

Etwas entfernt sah ich ein anderes Gesicht. Das Gesicht einer jungen Frau in der Menschenmenge, und sie schrie laut: Dieses elende, elende Russland!

Ihr Gesicht war von Trauer erfüllt, aber es war auch erleuchtet von einem großen, warmen Lächeln!

Es war hell geworden. Der Schnee fiel immer noch. Jetzt kann ich zurückgehen, dachte ich und verließ den Ort der Hinrichtung. Als sei das, was dort geschehen war, der Grund für meine Reise gewesen.

Fremde

Ich war in ein fremdes Land zurückgekehrt, aber vieles war wie früher. Ich kam den Menschen nicht nahe.

Ich wohnte im Hause Tolstois. Dort waren alle freundlich zu mir, aber ich war sehr einsam. Tolstois Vertrauter in geistlichen Fragen, Vater Matwei, wurde mein Beichtvater. Wir korrespondierten, und es war mir ein Trost, aber nicht Trost genug.

Ich stand vor einer gigantischen Aufgabe. Nur ich konnte sie lösen, ich, das jämmerlichste Geschöpf der Welt.

Ich war so lange im Ausland gewesen, dass mir die Menschen in meinem Land wie Fremde erschienen, auch die, die ich lange gekannt hatte. Die mir am allernächsten gestanden hatten, waren tot.

Eines Tages ging ich den Boulevard Nikitschki entlang in Richtung Tverskaja. Schon von weitem bemerkte ich den Mann, der mir entgegenkam. Ich sah das Wiedererkennen in seinem Blick, und auch ich erkannte ihn wieder.

Wie unangenehm solche Begegnungen sind! Man erkennt jemanden durchaus wieder, kann ihn aber nicht unterbringen. Man erinnert sich nicht des Namens, nicht einmal des Zusammenhangs, in dem man ihm begegnet ist. Dies war ein gedrungener Mann, der einen Überzieher aus starkem, dunklem Stoff trug. Seine weiten, schwarzen Hosen waren ein wenig abgewetzt. Ich dachte daran, auf die andere Straßenseite zu gehen, doch es war zu spät. Schon stand ich vor dem Mann, der lächelte und mich sehr herzlich begrüßte.

»Lange nicht gesehen«, sagte der Mann.

Jetzt hätte ich sagen sollen, dass ich mich nicht erinnern könne, wer er sei. Ich tat es nicht. Wieder brachte ich mich in eine lächerliche und zugleich unangenehme Situation.

»Ich habe in all den Jahren oft an dich gedacht«, sagte der Mann und duzte mich ohne weiteres.

Als Antwort murmelte ich kaum hörbar etwas Unzusammenhängendes. Wegen solcher Äußerungen glauben die Menschen oft, dass ich unzurechnungsfähig geworden bin. Aber ich verschaffe mir auf diese Weise Zeit, entziehe mich so manchmal der Welt. Der Fremde blickte mich freundlich an. Seine Augen waren kastanienbraun. Sein Haar fiel von den Schläfen gerade herab. Es war dunkel und licht. Unter der schmalen Nase trug er einen kleinen Schnurrbart. Er hatte schmale Lippen, das Kinn war klein. Wer war er? War es wirklich das Gesicht, was mir so bekannt vorkam?

Ich dachte an Beloussow in Neschin, aber es gab keine Ähnlichkeit. Ich überlegte, ob er ein Schulkamerad sein könnte, aber er war viel älter. Ich dachte an Drugojew, dem ich bei Troschtschinski begegnet war, und an den Schwachsinnigen, der dort aufgetreten war. Ich suchte weit zurück in der Erinnerung, bis hin zu einem Fremden, der von Ilja Muromets erzählt hatte. Keiner war es.

Ich hätte mich rasch verabschieden sollen. Aber als er vorschlug, zu ihm nach Hause zu gehen, begleitete ich ihn. Er führte mich in das Gewirr von Gassen und kleinen Straßen, das es in Moskau nur einen Steinwurf von den großen Boulevards entfernt so oft gibt.

Wir durchquerten einen Toreingang, wo es nach Kohl

roch. Gingen eine schmale Treppe hinauf, bis wir oben zu einer Dachwohnung kamen, deren Tür einen Spaltbreit offen stand. Wir gelangten in einen Flur und dann in ein Zimmer mit gelben, etwas schadhaften Tapeten. »Maria!«, rief der Fremde. »Komm und sieh, wen ich mitgebracht habe!«

Eine Frau in einem Kleid, das die Arme frei ließ, kam aus einem hinteren Zimmer. Ich merkte, dass der Mann mich beobachtete. »Nein«, sagte er. »Wie lange her es doch ist.«

Er trat zu der Frau, flüsterte ihr etwas zu und führte mich in das hintere Zimmer. Auch dieses hatte gelbe Tapeten, auf denen kleine dunkle Flecken waren, als hätte man dort Wanzen totgeschlagen. Mitten im Zimmer standen ein einfacher Kieferntisch und zwei geflochtene Stühle.

Der Mann forderte mich auf, Platz zu nehmen. Er lächelte freundlich, ein wohlbekanntes Lächeln. Die Frau kam mit einer Flasche Wodka und zwei Gläsern, einem Teller mit Brot, Salz, Honig, Gurkenscheiben, ein wenig Meerrettich. Sie wich meinem Blick aus. Der Mann blickte ihr nach, als sie ging.

Wir stießen an. Er schenkte nach, betrachtete mich weiterhin freundlich. Wir aßen und tranken, unterhielten uns immer entspannter. Die Zeit verging. Lange war meine Seele nicht so ruhig gewesen. Ich vergaß, dass ich nicht wusste, wer der Mann war. Je mehr der Abend fortschritt, desto offener sprach er, und schließlich erzählte er eine Geschichte.

»Wie du weißt, habe ich am Krieg gegen Napoleon teilgenommen. Als Kosak gehörte ich natürlich zur Kavallerie. Es war in der Schlacht bei Borodino. Wir gerieten in heftiges Gewehrfeuer. Links und rechts fielen meine Kameraden.

Ich ritt einen Hügel hinunter, als sich mein Pferd plötzlich aufbäumte. Ich stürzte, das Pferd ging durch. Neben mir pfiffen die Kugeln. In einer solchen Lage handelt man meistens vernünftig, aber ich tat es nicht. Ich versuchte, mich mit den Händen einzugraben. Es hätte Tage gedauert, bis ich Schutz gefunden hätte.

Da entdeckte ich Grigorin. Er lag direkt vor mir, tot, ein Bein war unter seinem Pferd eingeklemmt. Das Pferd lebte, war aber schwer verletzt.

Ich hatte Grigorin immer um sein stattliches Pferd beneidet. Es hatte einen unerhört schönen Kopf. Jetzt waren die Lippen hochgezogen, und aus dem halb geöffneten Maul floss Blut. Ich kroch zu ihm und brachte mich hinter dem Pferd in Deckung.

Im Augenblick des Todes zuckte es zusammen und stieß ein schweres Keuchen aus. Auch der tote Grigorin zuckte. Sein Gesicht glitt zu mir herunter. Ich sah seinen starren, aber seltsam lebendigen Blick. Grigorin war einer meiner nächsten Kameraden gewesen, wir hatten mehrere Jahre zusammen gedient. Er war ein großzügiger Mann von starkem Charakter. Jetzt war er tot, und ich fühlte mich davon so wenig betroffen, als sei er ein völlig Fremder. Ja, so wenig, als wäre er ein Kakerlak gewesen!

Nichts bedeutete etwas, außer dass ich lebte! Ein Gefühl heftiger Gier nach Leben hatte mich ergriffen. Ich wollte leben!

Ich kroch dicht an den warmen Pferdeleib, lag still.

Grigorins Hand war zu meinem Kopf heruntergerutscht. Es war, als ob er mir das Haar zausen wollte, wie mein Vater, als ich noch ein Kind war. Ich erblickte eine Fliege auf dem Pferderücken. Aus irgendeinem Grund begann ich darüber nachzudenken, ob ich sie dort sitzen lassen sollte. Ich konnte mich nicht entscheiden, ob ich sie totschlagen sollte oder nicht. Belanglose Beobachtungen und Gedanken kamen mir in den Sinn, die lächerlichsten Ideen gingen mir durch den Kopf. So blieb ich eine ganze Weile liegen.

Aufstehen!

Obwohl ich mehr als alles andere zu leben wünschte, war ich plötzlich von der paradoxen Idee besessen, mich in diesem Kugelhagel aufrecht hinzustellen! Warum? Ich weiß es nicht. Aber ich weiß, dass ich zugleich von einer so allumfassenden und überwältigenden Liebe erfüllt war, dass ich nahe daran war, das Bewußtsein zu verlieren ... Ich blieb liegen, doch es fehlte nicht viel und ich wäre aufgestanden.

Ich habe mich immer für einen nüchtern denkenden Menschen gehalten. Was ich damals dachte und tat, läßt sich sicher durch die Umstände erklären, in denen ich mich befand. Wenn schon! Ich erkannte, dass Leben, Freiheit, Liebe etwas ganz anderes waren als die abstrakten Begriffe, für die ich bereit gewesen war, mein Leben zu opfern. Ich glaubte, ins Innerste des Daseins geschaut zu haben.

Ich streichelte den immer noch warmen Pferdeleib, drückte Grigorins Hand, beugte mich nieder und küsste die Erde.

Dieses Ereignis war es, was mich dann später veranlasste, in die Geheimgesellschaft Süd einzutreten. Verstehst du es jetzt besser, und verstehst du, wie dasselbe Erlebnis ...« Er schwieg.

Ich betrachtete den Fremden. Ich wusste nicht, wer er war, aber ich wusste, dass er irgendwann einmal viel für mich bedeutet hatte!

Ich durchforschte mein Leben, suchte wie ein besessener Jäger, nahm Witterung auf, glaubte, nahe daran zu sein. Im nächsten Augenblick war alles verschwunden.

Die Lampe brannte immer schwächer. Wir sprachen darüber, was es bedeutete, Mensch zu sein. Der Blick des Fremden war zärtlich und liebevoll. Plötzlich sagte er: »Ich habe meinen Teil der Übereinkunft erfüllt, jetzt bist du an der Reihe.«

Ich murmelte etwas und lächelte.

Zum ersten Mal war ein Anflug von Schärfe in seiner Stimme. »Es hat mich eine Menge gekostet«, sagte er mit verhaltenem Zorn. »Viel Leiden, wie es nicht jeder überlebt.«

»Ich versuche, als guter Christ zu leben«, antwortete ich. »Ich halte, was ich verspreche.«

»Ja, das versteht sich«, sagte er. »Das habe ich gewusst. Im übrigen, allein die Strafe ist Abschreckung genug, oder?«

Mit wem hatte ich einmal eine Übereinkunft getroffen, die offenbar so viel Leiden verursacht hatte? Eine Verabredung, von der ich meinen Teil noch zu erfüllen hatte … Ich dachte angestrengt nach. Die Wahrheit war, dass ich eine solche Übereinkunft nie eingegangen war. Konnte ich für etwas bestraft werden, das ich nicht getan hatte?

Merkwürdigerweise wurde mir erst jetzt wirklich klar, dass der Fremde mich für einen anderen gehalten hatte als den, der ich war. Musste das notwendigerweise bedeuten, dass ich ihm vorher nie begegnet war?

»Wollten wir wirklich den Zaren stürzen?«, fragte der Fremde. »Die Anführer logen hinsichtlich ihrer Absichten und belogen sich selbst. Aber nicht nur die Anführer, wir alle logen. Das war unsere einzige Chance. Wir bildeten uns ein, wir würden dann kein Schuldgefühl haben müssen. Warum wurde Rylejew krank? Warum verließ Trubezkoi, den kühnsten von allen, der Mut?

Wenn nicht vorher, so begriffen wir spätestens am vierzehnten Dezember auf dem Senatsplatz, dass sich der Aufstand gegen den Zaren richtete. Schuld und die Angst überwältigten uns. Wir mussten Väterchen Zar töten, um unser Land zu retten. Aber sich am Zaren zu vergreifen, das bedeutete, sich an Mutter Russland selbst zu vergreifen.

Wir wussten, dass wir, wenn wir nicht angriffen, verloren wären. Aber wir konnten nichts mehr tun, nur warten. Wie führt man einen Aufstand durch, von dem niemand wünscht, dass er gelingt? Jetzt warteten wir auf die Strafe, die die Schuld mildern sollte. Trotzdem, ich bin sicher, dass so gut wie jeder von uns den Aufstand wollte, dass jeder das Zarentum abschaffen und sogar den Zaren töten wollte. Aber erst einmal mussten wir uns auf irgendeine Weise von denjenigen befreien, die wir waren. Verstehst du?«

Ich antwortete nicht.

»Es ist, als habe jeder Mensch einen anderen in sich. Was tue ich, wenn ich das erkenne? Vernichte ich ihn? Versuche ich, eine Übereinkunft zu erreichen?«

Der Fremde lachte auf, ein Lachen, in dem Verbitterung und Zorn mitschwangen.

Ich erinnerte mich an die Puppen, mit denen ich als Kind gespielt hatte. In jeder war eine andere enthalten gewesen. Nicht nur Puppen, dachte ich, und nicht nur Menschen verbergen in sich weitere, sondern auch die Absichten der Menschen und ihre Wünsche, auch ihre Handlungen … Vor ein paar Monaten war ich nach St. Petersburg gereist. Weil ich um die Hand einer Frau anhalten wollte. Ich war zum Haus der Wielgorskis gegangen, hatte aber nicht versucht, hineinzugelangen. Was steckte dahinter? Es konnte kein Zufall sein, dass ich dort gewesen und den Newski Prospekt auf und ab gegangen war, auch nicht, dass ich vor dem Reiterstandbild auf dem Senatsplatz gestanden und den fast unwiderstehlichen Wunsch verspürt hatte, es zu zerstören! Wegen dieses Wunsches war ich gezwungen gewesen, die Scheinhinrichtung der zum Tode Verurteilten mit anzusehen.

War ich nach St. Petersburg gefahren, um ein Lächeln zu finden, das Lächeln einer Frau, die mich früher einmal gesucht hatte? Steckte hinter diesem Wunsch wiederum ein anderer, der Wunsch nach einer längeren Reise, weit fort oder weit zurück?

Wie sehr ich auch über meine heimliche Reise nach St. Petersburg grübelte, ich konnte keine vernünftige Erklärung finden. Die ganze Zeit über war noch etwas mehr da.

Ich dachte daran, was geschehen war, als der Schmied einmal nach Wassiljewka gekommen war, um ein Wagenrad zu reparieren. Eigentlich war nichts geschehen.

Ich betrachtete den Fremden und mir schoss durch den Kopf, dass ich nun endlich fertig sei mit dem Dekabristenaufstand. Ich würde nie wieder über ihn nachdenken müssen.

Dennoch, es blieb noch vieles andere, und plötzlich hörte ich mich rufen: »Du hast dein Versprechen nie gehalten!«

Im nächsten Augenblick kam ich zur Besinnung. Ich bat den Fremden um Verzeihung. Ich stand auf und umarmte ihn. Er befreite sich und sah mich mit einem eigenartigen Blick an. »Komm«, flüsterte er. Er zitterte. Ich hörte das Ticken der Standuhr in der Stille. Der Tod gibt dem Dasein Sinn, jenen Sinn, von dessen Vorhandensein wir uns ständig überzeugen müssen. Ich wartete erschrocken.

Da nahm er mich an der Hand und führte mich zu der Ikone. Bevor er meine Hand losließ, drückte er sie sanft. Wen hatte ich hinter der Maske dieses Fremden wiedererkannt? Niemanden! Und mehr gibt es darüber nicht zu sagen.

Der Raum lag im Dämmerlicht. An der Wand hing die Ikone. Vor der Ikone war das Licht. Unter dem Licht beugten die Menschen das Knie. Hinter der Ikone war Gott.

»Lass uns zusammen beten.«

Im Namen des Vaters, des Sohnes und des Heiligen Geistes.

»Wassili Afanasjewitsch …«

Wer sprach?

Wir saßen nebeneinander. Wir beteten vor der Mutter-Gottes-Ikone. Wir weinten. Wir beteten lange und inständig.

Danach sahen wir uns in die verweinten Augen, schenkten einander unsere nackten Gesichter, empfingen von ihnen ein Lächeln. Wie war das Leben von Sinn erfüllt!

Er begleitete mich zur Tür. Er küsste meine Stirn. Ich versprach, am nächsten Tag wieder zu kommen.

Ich stand auf der Straße. Die Laternen waren zu schwach, um das Dunkel zu erleuchten. Es war, als blicke man durch ein schmutziges Fenster. Die Konturen der Dinge waren verschwommen. Die Menschen, denen ich begegnete, hatten dunkle Gesichter. Sie blickten mir nicht in die Augen, aber ich spürte, dass sie mich beobachteten, wenn ich ihnen den Rücken zukehrte.

Der Abend war kühl. Tagsüber mochten vielleicht ein paar dünne Sonnenstrahlen bis hier herunter gelangen. Wenn überhaupt, dann waren sie ohne Wärme und nur dazu da, die Menschen zu verhöhnen … Die große starke Sonne in der Ukraine erhellte die Natur, gab den Menschen Wärme, den Blumen und Bäumen Farbe. Hier wohnten arme Leute. Wer hier noch lebte, dachte ich, würde bald sterben … Aber auch von hier aus war der Himmel wunderbar! Der schmale Streifen, der zu sehen war, war unendlich schön!

Schallendes Gelächter unterbrach mich in meinen Gedanken. Ein paar betrunkene Männer drängten sich in eine Kellertür. Ich ging schneller, bog um eine Ecke und kam in eine enge, dunkle Gasse.

Es war sehr still. Am Ende der kurzen Gasse standen zwei Jungen. Sie blickten zu mir herüber und ich überlegte, ob ich umkehren sollte. Meine Bewegungen wurden langsam und seltsam steif, wie die von La Bella, wenn sie einem unbekannten Hund begegnete. Ich wollte mich ihnen nähern, musste aber bei jedem Schritt großen Widerstand überwinden.

Der Jüngere der beiden hatte ein schönes, sanftes Gesicht. Wenn ich reich gewesen wäre, hätte ich mich seiner annehmen, ihn baden, ihm neue schöne Kleider geben und in jeder Weise helfen können.

Die Jungen sahen mich unverwandt an. Noch ehe ich bei ihnen angelangt war, streckte der Ältere die Hand aus. Einen Augenblick lang hielt ich es für die Geste eines Bettlers, und ich stieß die Luft aus. Aber die Hand wurde mir zum Gruß gereicht!

Sie kannten mich nicht. Ich betrachtete die Hand. Sie war schmutzig und mit kleinen, eiternden Wunden und langen roten Kratzspuren bedeckt. Ich konnte diese Hand nicht berühren. Ich tat, als sähe ich sie nicht, blieb aber vor den Jungen stehen.

»Was will denn der feine Herr von uns?«

Ich schaute ihn erstaunt an. War ich ein feiner Herr? Ich wollte nichts von ihnen! Er grinste schief und suchte meinen Blick. Es konnte nichts Gutes bei dieser Sache herauskommen. Ich hatte Angst, denn sie konnten mich ohne weiteres mit einem Messer niederstechen. Sie würden es nicht aus Bosheit tun. Dieser Gedanke erschreckte mich noch mehr.

Ich spürte, wie die Hand des Jungen meinen Arm berührte. Ich schrie auf. Die Hand war nicht mehr die des Jungen. Sie war faltig wie die eines alten Mannes.

Sie lachten. Ich lief fort. Als ich mich umdrehte, sah ich, dass die Jungen sich nicht von der Stelle gerührt hatten. Sie blickten nicht mehr in meine Richtung. Der Ältere hatte den Arm um den Jüngeren gelegt. Sie sahen einander lächelnd an. Ich dachte, sie seien glücklich. Aus welchem Grund? Weil sie nicht wussten, wer ich war?

Ich lag im Bett und horchte auf die Schritte Tolstois. Sie waren schwer und schleppend. Der Mensch weiß nichts von seinen innersten Wünschen.

Ich dachte an den Fremden, dem ich begegnet war. Es war ein Fremder gewesen! Er hatte etwas Bekanntes an sich gehabt, aber wir waren uns nie begegnet. Er hatte das ebenfalls gewusst!

Es gab keine andere Erklärung. Sehr schnell, vielleicht schon im ersten Augenblick, hatte er begriffen, dass ich nicht derjenige war, mit dem er einmal eine Übereinkunft getroffen hatte!

Traurig dachte ich, dass dies die Voraussetzung unserer Begegnung gewesen war: Wir waren Fremde füreinander.

Was geschehen war, ließ sich nicht wiederholen. Um zumindest die Erinnerung daran zu bewahren, gab es nur die Möglichkeit: sich nicht wiederzusehen.

Das Versprechen, wieder zu kommen, das ich ihm gegeben hatte, war wertlos. Ein anderer hatte es gegeben. Ich aber würde diesen Fremden nie vergessen, der ja doch wusste, wer ich war!

Ich sprach mein Abendgebet. Friede kam über mich, und ich schlief ruhig ein.

Abdruck

Eines Tages begegne ich auf dem Weg zur deutschen Konditorei einem Bettler. Er strahlt vor Freude und küsst immer wieder die Geldscheine, die ihm jemand gegeben hat. Auf dem Rückweg treffe ich ihn wieder, und er weint bitterlich. Jemand hat ihm die Scheine gestohlen. Ich gehe nach Hause, um meinen Kuchen zu essen.

An einem anderen Tag stoße ich direkt vor Tolstois Haus mit einem jungen Mann zusammen. Er schwankt wie ein Betrunkener, spricht unzusammenhängend wie ein Wahnsinniger. In der Hand hält er eine Pistole. Abends sehe ich denselben jungen Mann auf der anderen Seite des Boulevard Nikitschki vorübereilen. Welche Geschmeidigkeit und Freude in seinen Schritten! Welch glückseliges Lächeln! Eifrig wendet er sich der jungen Frau zu, die neben ihm geht.

Noch eine Pendelbewegung: Ich habe den ganzen Tag hart gearbeitet. Es ist sehr gut gegangen. Ich bin glücklich.

Ich gehe hinaus, um einen Spaziergang zu machen. Während meiner Abwesenheit kommt ein alter Freund, um mich zu besuchen. Man sagt ihm, ich sei nicht zu Hause. »Grüßen Sie Nikolai Wassiljewitsch und sagen Sie ihm, ich sei hier gewesen, um mich von ihm zu verabschieden!« Am selben Abend stirbt er.

Das Pendel schlägt, tack ... tack, treibt die Zeit in die Ewigkeit, Freude und Trauer, Trauer und Freude.

Ich stehe daneben, schaue zu, höre zu. Mir ist wehmütig zumute. Ich bin ein Fremder in meinem eigenen Land, in einem unheiligen Land, in dem unversöhnliche Kämpfe wüten. Ich muss ihnen entgehen!

Weit von Moskau und St. Petersburg entfernt wölbt sich Gottes Himmel über einem anderen Russland. Hier ist Russland eine ungebildete Alte, die im Steppengras gleichgültig nach ein bisschen Freude wühlt. Von den aufreibenden Kämpfen in Moskau und St. Petersburg weiß sie nichts. Wüsste sie etwas davon, würde es sie weniger kümmern als ein Flohstich. Im Übrigen ist sie es schon wieder leid, nach Freude zu suchen. Die Steppe ist so groß. Die Sonne ist untergegangen. Sie ist müde. Nichts bedeutet ihr etwas. Sie gähnt apathisch. Wie gut tut es zu schlafen ...

Ich kann in keinem dieser beiden Länder leben, nicht in dem des wütenden Kampfes, nicht in dem der stumpfen Erstarrung.

Es wurde dunkel. In der Fensterscheibe spiegelte sich das Gesicht eines alten Mannes. Ich war alt geworden. Mit einundvierzig Jahren sah ich älter aus als meine Mutter.

Ich erinnerte mich an etwas, das Schukowski einmal gesagt hatte. Das erste Zeichen dafür, dass man alt geworden ist, sei ein früher Aufbruch, wenn man irgendwo zu Gast war. Schukowski ging immer vor zwölf nach Hause, mit dem Recht des Älteren, wie er sagte. Wir anderen blieben. Jene, denen die Stunden des Tages nicht reichten, die sich ans Zusammensein und an die Gespräche klammerten, die Bummler, die nach Leben gierten, sie blieben. Auch die Hoffnungsvollen blieben, die befürchteten, etwas zu versäumen, nicht dabei gewesen zu sein in jener Nacht, als das Rätsel des Lebens gelöst wurde, als das Phantastische geschah, das Wunder ... ja, das, was nie geschah. Aber das natürlich mit Sicherheit geschehen würde, falls sie einmal früher gingen.

Wie lange war das her! Schukowski war damals erheblich älter gewesen als ich jetzt. Aber ich verstand ihn. Manchmal hatte ich ein mildes melancholisches Gefühl, wenn ich die Erwartungsvollen verließ. Für sie war der Abend noch sehr jung, und die Worte, besonders ihre eigenen, waren unendlich bedeutsam. Ich jedoch hatte alles schon gehört. Hatte gehört, wie Diskussionen in Streit ausarteten und in Feindschaft übergingen. Wie im Chaos Bruder gegen Bruder stand. Ich hatte es in Neschin, in St. Petersburg, in Moskau, ich hatte es überall erlebt. Mit nur sehr kleinen Variationen wiederholte sich alles. Die gleichen Kämpfe wüteten wie vor langer, langer Zeit im antiken Athen und Rom. War dadurch irgendetwas besser geworden? Nein, nichts!

Schon das eifrige jugendliche Necken bereitete mir Kummer und Verdruss. Ich ging. Während sich die Jungen hoffnungsvoll gegenseitig überschrien und höchstens darüber nachdachten, was sie am Abend darauf tun würden, ging ich in Gedanken zu Bett, beschäftigt mit der Frage, was ich mit den Jahren anfangen sollte, die mir blieben.

Wann war ich alt geworden?

Ich konnte nicht in Russland leben, aber auch nicht außerhalb. Als Schriftsteller musste ich außerhalb stehen, aber auch in der Welt leben. Und um leben zu können, musste ich ein Leben leben, das ich nicht leben konnte. Wie ungeheuer schwer war das alles, und wie leer!

Ich verbrachte meine Zeit in Tolstois Haus, innerhalb der hohen Steinmauern. Ich hatte Angst, war krank, schlief nicht und fror. Ich musste ruhiger, musste gesünder werden. Musste schlafen. Durfte nicht frieren.

Ich musste reisen!

Ich verließ Moskau im Frühjahr, als es noch kalt war. Ich reiste nach Süden, dem Sommer entgegen. War es 1850?

Im Frühjahr? Ich glaube es, aber je mehr sich meine Geschichte der Gegenwart nähert, desto schwerer fällt es mir, mich genau zu erinnern. Es fällt mir schwer, auseinander zu halten, was meine eigenen Worte sind und was andere gesagt haben. Und mich zu erinnern, was Worte waren, was Gedanken und was Handlungen. Es gibt so viel, was ich vergessen habe. Spielt das eine Rolle? Ich glaube, es bedeutet viel, ohne dass ich erklären könnte, warum. Erinnerungen sind Fragmente, kleine Häufchen kalter Asche, Reste eines Lebens, das jemand verbrannt hat. Aber an einiges erinnere ich mich doch, sogar sehr deutlich!

»Anhalten!«

Ich lehnte mich aus dem Wagen. Wieder einmal sah ich eine Schar Bauern übers Feld ziehen. Die Ikonen schwebten vor ihnen her. Ich bekreuzigte mich. Gott, gib uns eine gute Ernte!

Sie verschwanden aus meinem Gesichtskreis.

»Weiter!«

Mein Reisebegleiter hieß Maksimowitsch. Er war Ethnologe und Botaniker. Ich kannte ihn seit zwanzig Jahren. Ein alter Bekannter ... Trotzdem war ich einsam auf der Reise.

Ich war wieder unterwegs. Diesmal nicht in Italien, Deutschland oder Palästina. In Russland? War es eine Reise in die Erinnerung? Jedenfalls eine Reise der Hoffnung. Der Sehnsucht.

Unterwegs sammelte ich Pflanzen für meine Schwestern. Ich notierte die lateinischen und die russischen Namen. Maksimowitsch kannte sie alle. Aber manchmal hatten die Pflanzen auch einen lokalen Namen. Den wollte ich auch wissen. Ich fragte eine Bäuerin. Die heißt Rose von Orjol, sagte sie. Oder: Wir nennen sie Christi Wunden.

War es die Wirklichkeit, die ich schilderte, als ich die Namen später in mein Manuskript schrieb? Ich weiß es nicht. Aber ich fragte nicht wegen der realistischen Kunst. Ich wollte etwas, wofür ich leben konnte. Ich fand es nicht. Meine Unreinheit quälte mich sehr. Ich brauchte Gebet und Trost.

Wir besuchten heilige Stätten. Unter den Mönchen gab es einige, die ständig beteten. Ihre Stimmen waren sanft und voller Wärme. Sie sandten ihre Worte zum Himmel. Ich fühlte mich schwarz und kalt.

Wir fuhren nach Optina Pustyn. Dort traf ich Vater Makarius. Er war dafür bekannt, dass er Menschen helfen konnte, die sich in geistiger Bedrängnis befanden. Er hörte mir lange zu. Ich suchte Reue und Buße, aber er hatte Mühe, die richtigen Worte zu finden. Dann wurde er es müde, mir zuzuhören. Er sagte, ich sei alt genug, um die Verantwortung für mein Leben selbst zu tragen. Was er sagte, gefiel mir nicht. Heiligkeit allein ist nicht genug.

Ich reiste durch Russland. Musste ich meinem Land wegsterben, um in Christus leben zu können?

Die Menschen lebten nicht, wie sie leben sollten. Sie dachten: Wenn ich nur eine andere Aufgabe hätte, eine andere Arbeit oder eine andere Stellung im Leben, dann würde ich ein anderes Leben leben. Wenn sich die Gesellschaft änderte, würde ich ein Leben im Guten führen. Solche Gedanken waren die Quelle alles Schlechten.

Wollte ich nicht selbst verändern? Ja, aber nur das, was verdorben war, sonst nichts! Ich strebte danach, eine gestörte Ordnung wieder herzustellen. Aber ich lebte nicht, wie ich sollte! Und die Schuld daran lag bei mir. Für alle meine Taten und für alle meine Worte lag die Schuld allein bei mir.

Ich pflegte am Abend, wenn wir ein Nachtquartier bezogen hatten, einige Stunden zu schreiben. Niedrige und tote Worte schlichen sich in meine Geschichte ein und versteckten sich dort. Spürte ich sie auf, so versuchten sie mir einzureden, sie seien unentbehrlich. Einige waren es auch! Ihre Niedrigkeit und Niedertracht waren ein Teil der Geschichte. Sie waren notwendig für das Licht darin.

Die schlechten Worte, die nicht gebraucht wurden, merzte ich ohne Erbarmen aus, und mit großer Freude! Wie viel schwerer war es, die schönen Worte zu opfern, wenn sie ebenfalls um der Erzählung willen aus der Geschichte heraus mussten. Es durfte kein Wort zu viel und keins zu wenig geben.

Einmal las ich Aksakow eine Geschichte vor, die er in einer früheren Version gehört hatte. Er ließ sich darüber aus, wie unendlich viel besser die umgearbeitete Fassung sei. Ich hatte ein Wort verändert!

Die Wörter, die ich strich, gingen ihrer Wege und kamen nicht zurück … Doch! Sobald es dunkel wurde, kamen sie, streunten vor meinem Fenster umher. Ich hörte sie in der Nacht winseln wie junge Hunde. In Kursk kamen sie zurück und bei Charkow. Auch in Dörfern wie Demut und Inbrunst und in Städten mit Namen wie Gotteserfüllung und Bekehrung. Auch in Einsamkeit und Leiden. In Nachfolge Christi? Sind wir je dort gewesen?

Ich betete zu Gott, er möge mein Dunkel erhellen. Da bemächtigte sich der Unsterbliche meiner Augen und ließ ein falsches Licht auf die Heilige Schrift fallen:

Auf Geheiß Gottes hatte Abraham sich in das fremde Land begeben, um seinen Sohn Isaak zu opfern. Wusste Abraham nicht sofort, dass Gott nicht zulassen würde, dass er seinen Sohn opferte? Wusste er es nicht, als er den Altar baute, das Holz darauf legte und Isaak fesselte? Als Abraham das Messer hob, um seinen Sohn zu töten, wusste er, dass Gott ihn daran hindern würde.

Aber Abraham wünschte nichts mehr als seinen Sohn zu opfern!

Konnte er Isaak töten und Gottes Willen trotzen, indem er ihn befolgte? Das war nicht möglich.

Was wusste Isak? Dass das ganze Geschehen dazu da war, seine Auserwähltheit zu bekräftigen? Erst als er seinem Vater in die Augen sah, entdeckte er darin den Wunsch, ihn zu töten.

Der Mensch muss etwas haben, wofür er lebt. Die Geschichte stellt Gottes Güte und Allmacht in Frage.

Wir reisten durch die Ukraine. Um die Mittagszeit überquerten wir den Dnjepr. Die wilden Wellen des Flusses, ihr hohes Aufbäumen und prustendes weißes Lachen ließen wieder Freude in mir aufkommen.

Wir legten uns ans Ufer. Wasserspritzer trafen unsere gen Himmel gerichteten Gesichter. Ich schloss die Augen.

Durch das dumpfe Brausen des Dnjepr drangen helle Stimmen. Sie kamen von einem Ort flussaufwärts. Ich ging ihnen entgegen. Bei einem Wäldchen machte der Fluss eine Biegung. Dahinter strömte das Wasser ruhiger. Ich blieb stehen.

Eine Schar Jungen spielte hier, sie lagen am Ufer, tauchten im Fluss, schwammen gegen die reißende Strömung. Ihre schmalen, nackten Körper glänzten in der Sonne. Sie lachten und kreischten. Ich stand in dem Wäldchen und betrachtete sie lange. Schließlich entdeckten sie mich.

Sie wohnten nicht in der Nähe, erzählten sie. Sie kämen von weither, Genaueres erfuhr ich nicht. Sie behaupteten, Waisen zu sein. Kurz und misstrauisch beantwortete der Älteste von ihnen meine Fragen. Ich bezwang meinen Wunsch, ihm den Arm um die Schulter zu legen. Wohin wollten sie?

Er antwortete nicht. Keiner antwortete. Sie sahen einander an und schwiegen. Aber schließlich sagte der Älteste, sie seien unterwegs in die Ferne.

Ich lächelte.

»In ein gewisses Land in einem gewissen Reich«, verdeutlichte er.

»Warum, was wollt ihr dort?«, fragte ich.

Da sahen sie mich erstaunt an. Der Grund war, dass dort auch die Waisen glücklich in Gott lebten.

Ich fragte, wo dieses Land sei.

»An der Quelle des Flusses.«

»Wo entspringt er?«

»Dort, wo wir hingehen!«

Sie brachen in Lachen aus. Ich stimmte schnell ein. Wir lachten schallend. Natürlich, dort, wo sie hingingen! Wir lachten, dass uns die Tränen übers Gesicht liefen.

Dann hörten die Jungen einer nach dem anderen auf zu lachen. Sie blickten zu dem Wäldchen hinüber. Dann sahen sie mich an. Sie sammelten ihre Kleidungsstücke zusammen und zogen sich scheu zurück. Sie liefen am Ufer entlang flussaufwärts. Ich rief ihnen nach. Sie blieben nicht stehen, sondern liefen schneller.

Alles war vergänglich. Nur das, was mich mit anderen Menschen vereinte, würde mich in die Ewigkeit begleiten.

In der Ferne hörte ich Kirchenglocken läuten.

Wohin fahren wir jetzt? Nach Odessa, Nikolai Wassiljewitsch? Fahr zur Hölle, mir ist es egal!

Ich wurde in Odessa erwartet, aber diese Stadt war ebenso wenig mein Ziel wie irgendeine andere. Der Weg nach Odessa war schlecht, die Werstpfähle standen weiter auseinander als an jedem anderen Weg, den ich gefahren war! Was erwartete mich?

Wir kamen an, und ich blieb den Winter über in Odessa. Wohnte in der Nähe der Sabanajew-Brücke bei Andrei Troschtschinski, dem Neffen unseres »Wohltäters« Dimitri Troschtschinski.

Alles begann von vorn, man arrangierte mir zu Ehren Mittagessen und Soireen. Willkommen, lieber Nikolai Wassiljewitsch, herzlich willkommen! Wie waren sie alle freundlich!

Ich besuchte Leo Sergejewitsch, Puschkins Bruder. Dort war ein Junge, der mich anstarrte. Erwiderte ich den Blick, bekam er Angst und begann zu weinen. Ich dachte daran, dass Puschkin tot war, und war noch lange danach traurig.

Ich wurde nach Jagotino eingeladen, auf das Gut des Fürsten Repnin. Es war so nahe, dass ich nicht ablehnen konnte. »Sie haben sich verändert«, sagte die Fürstin Repnin. »Sie sind freundlicher, offener und demütiger. Ihre Seele strahlt ein wahres christliches Mitgefühl aus.«

Ihre Worte machten mich glücklich. Aber ich musste größte Wachsamkeit walten lassen, wegen meines Seelenfriedens.

Ich war möglichst viel allein. Mein Zimmer verließ ich erst nachmittags. Ich ging allein spazieren, bis es Zeit zum Essen war. Oft aß ich in einem Restaurant, das ein Treffpunkt für Schauspieler war. Ich trank Sherry und Wodka, sie tranken Champagner. Sie waren muntere Menschen und lachten herzlich über die Geschichten, die ich Verlassener ihnen erzählte. Lachten sie den überflüssigen Menschen Gogol aus?

Wie viele solche Menschen es doch gibt, die verurteilt sind, für immer außerhalb der Welt zu stehen! Alle diese Narren mit großen Träumen und nie ausgeführten Plänen! Diese armen Teufel, die um ihres unsicheren Glaubens willen zum Gastmahl geladen werden. Sie finden sich ein, zitternd. Auch einen überflüssigen Menschen wirft man nicht ins Dunkel hinaus.

Ich gab die Treffen mit den Schauspielern auf. Die ganze Zeit kämpfte ich darum, mir den Seelenfrieden zu bewahren, immer im Bewusstsein, wie wenig dazu gehörte, mich in Unruhe zu stürzen. Ich konnte mich nicht auf mich verlassen. Es konnte geschehen, dass mich die Vorstellung überkam, etwas Unangenehmes werde geschehen. Ich konnte mir einbilden, die Reise habe sonst keinen Sinn.

Ich bewachte meine Unruhe. Wenn Versöhnung das Ziel eines jeden Kampfes ist, warum dann kämpfen? Ich versuchte, mich von meiner Angst durch Spaziergänge zu befreien.

Odessas Umgebung ist kahl und karg. Die Stadt ist schlammig. Der Hafen gefiel mir am besten. Dort gab es große Kornlager, dort waren die Rücken der Hafenarbeiter zu sehen und die Rufe der Seeleute zu hören. Tagediebe, Huren und Halbwüchsige. Und das erwartungsvolle Drängen eines Prahms oder Schiffes am Kai.

Eine Erinnerung kam mir in den Sinn. Vater badete manchmal in einem großen runden Bottich, den er selbst auf den Hof rollte. Die Mägde mussten Wasser holen und den Bottich bis zum Rand füllen. Wenn Vater hineinstieg, lief der Bottich über. Vater lachte. Er genoss das Bad, er sang, er blieb lange im Bottich sitzen.

Dann musste Mutter ihn waschen. Ich erinnere mich, wie sich sein Körper unter ihren rhythmischen Bewegungen hin und her bewegte, und ich erinnere mich an die Wasserspritzer, die ihr Gesicht nass machten. Oder phantasiere ich? Nein, in diesem Fall nicht!

Ein jeder hat ja gesündigt und ermangelt der Herrlichkeit Gottes; und wird gerecht ohne Verdienst, durch Got-tes Gnade, durch die Erlösung, in Jesus Christus.

Jeden Tag wurde es Abend. Von meinem Fenster aus konnte ich die Menschen sehen, die die Sabanejew-Brücke überquerten. Die Welt draußen war voller Menschen. Ich zündete ein Licht an.

Es wurde schnell dunkel. Bald konnte ich nicht mehr hinaussehen, die Scheibe war schwarz, sie spiegelte nur mein altes Gesicht, mein ängstliches Gesicht, das Porträt eines Auserwählten.

»Gogol ist bereit, alles der Ehre zu opfern.« Das stimmte nicht, hatte nie gestimmt! Ich wollte, dass mein Name verbreitet war, aber zur Bestätigung meiner Existenz, als ihr Abdruck. Es geschah aus Angst vor der Nichtigkeit.

Ich presste mein Gesicht an die Scheibe und legte die Hände um die Augen. Dann sah ich hinaus. Auf der anderen Seite der Brücke stand eine junge Frau. Sie schaute aufs Wasser. Ohne Verkleidung zeigte sie ungeschminkt große Trauer, den Verlust ihres Lebens. Sie war umgeben von tödlicher Einsamkeit.

Ich ließ mich auf einen Stuhl sinken. Die Einsamkeit kam über mich, ich zitterte wie im Schüttelfrost. Ich suchte die Einsamkeit, aber als Abgeschiedenheit, nicht diese eiskalte Verlassenheit.

Ich sah wieder hinaus. Die Frau stand reglos an derselben Stelle. Plötzlich flog eine Taube vom Brückengeländer auf. Die Frau schaute ihr nach. Ihr Gesicht wandte sich zum Himmel. Für einen kurzen Moment begegneten sich unsere Blicke. Was sah sie?

Die Liebe ist das Heim der Seele. In der Liebe kann man wiederfinden, was man einmal verlassen musste. Als ich wieder hinausschaute, war sie verschwunden, die Frau, die nicht leben konnte.

Ich muss von dem erzählen, was nicht ist. Der Welt eine Erzählung als Möglichkeit zu schenken, das ist Schaffen, ist seine Freiheit und seine Macht.

Ich muss ständig die Zukunft suchen, die sich durch die Möglichkeit eröffnet. Das bedeutet nicht Flucht, sondern Rückkehr, den Weg hinaus in die Welt und den Weg zurück. In meinen Geschichten werden den Personen nicht immer die Wünsche erfüllt. Aber die wirklichen Menschen sollen durch meine Geschichten Wunder erleben können. Trotz der wahnsinnigen Kämpfe und all der tödlichen Gleichgültigkeit gibt es Geschichten. Es gibt sie noch, sie sind da!

Ein Dasein ohne mich hat keinen Sinn. Ein Dasein ohne Menschen hat keinen Sinn.

Den ganzen Abend lang wartete ich darauf, dass die Frau mich besuchen kommt. Doch sie erschien nicht.

Ich betete. Gott kann dem Menschen seine Wünsche erfüllen, selbst die, die der Mensch nicht kennt.

Was nicht geschehen kann

Dann kam ich endlich nach Wassiljewka. Es war im Frühjahr 1851, in der hellen Zeit, in der Bäume und Büsche blühen. Mutter stand vor dem Haus, ein wenig vor den anderen. Sie lächelte ihr junges Lächeln. »Willkommen, Nikoscha!«, sagte sie. Sie umarmte und küsste mich. Meine Schwestern jauchzten laut. Das Gesinde verbeugte und verneigte sich. Wie alt Warwara geworden war!

Ich ging im Garten umher, auf den Wegen, die Vater angelegt hatte. Sie waren geharkt und frei von Unkraut. Ich versuchte, längst verwischten Spuren zu folgen, meinem Weg hinaus in die Welt.

Das Gartenland war nicht mehr so groß, der Teich grün und zum Teil zugewachsen, die Rosenbüsche waren nicht so gepflegt. Was wollte ich noch? Ich wanderte umher und schaute und fragte mich, ob ich all dies auch gesehen hätte, wenn Anna Wielgorskaja als meine Braut bei mir gewesen wäre. War es wirklich leichter, sich mit dem zu versöhnen, was geklärt ist?

Wenn ich lange genug auf Wassiljewka blieb, würden die Nachtigallen anfangen zu singen, auch wenn Vater nicht mehr da war. Meisterlich wie eh und je würde die Nacht hindurch ihr Gesang erklingen.

Ich machte mich auf zu einer Hausbesichtigung. In meinem Zimmer hatte Mutter einige Zeichnungen an die Wand gehängt, die ich als Kind angefertigt hatte. Auf der Kommode lag »Abende auf dem Weiler bei Dikanka«, mit aufgeschlagener Titelseite. Mutter hatte meinen Namen eingekreist. Daneben stand auf einem Spitzendeckchen ein kleiner Kasten. Darin lag eine Trillerpfeife, die aus einer Nachtigallenfeder geschnitten war. Ich blies hinein. Sie war alt und trocken, kein Ton kam heraus. Ich wickelte sie in das Deckchen ein und legte sie in die Kommodenschublade.

Es war rührend zu sehen, wie stolz Mutter auf mich war. Hatte sie dies alles meinetwegen so angeordnet? Ist der liebevolle Stolz einer Mutter auf ihr Kind überhaupt zu verstehen? Mütter haben Verständnis für ihren eigenen Stolz, aber nicht für den anderer. Sie ärgern sich über jede Großtuerei. Väter lachen über diese Verrücktheit. Und die Kinder können sie verstehen, aber sie schämen sich und fühlen sich schuldig.

Mutter ging weiter als die meisten. Abgesehen davon, dass ich ihr zufolge die meisten von den Büchern geschrieben hatte, die je erschienen waren, deutete sie an, dass ich sowohl das Dampfschiff als auch die Eisenbahn erfunden hätte. Sie war nicht verrückt, die Zunge ging nur einfach mit ihr durch, so stolz war sie auf ihren Sohn.

Ich hatte mir geschworen, mich wie ein guter Sohn zu betragen, solange ich auf Wassiljewka war, und alles zu tun, was Mutter wollte. Es war nicht leicht, dieses Gelöbnis zu halten. Schon am ersten Tag erzählte Mutter, sie habe die Dorfbewohner und einige Nachbarn zu einer »kleinen Veranstaltung« in unseren Garten eingeladen.

Ich hatte mich auf die Ruhe und den Frieden auf Wassiljewka gefreut, auf Tage der Arbeit und Abende stillen Zusammenseins auf der Veranda. Ein Weilchen miteinander sprechen, bevor die Nacht hereinbrach. Als Mutter außerdem erwähnte, sie habe versprochen, dass ich lesen würde, weigerte ich mich. Ich gab vor, schlimme Vorahnungen zu haben. Das war ein Grund, den Mutter eigentlich hätte akzeptieren müssen. Aber wie die meisten Menschen, die fähig sind zu Vorahnungen, verließ sich Mutter auf keine anderen Zeichen als ihre eigenen. Unbesorgt stellte sie fest, ich brauche mich um meine Befürchtungen nicht zu kümmern, da sie nichts gespürt habe. Die Vorbereitungen für das Fest konnten fortgesetzt werden.

Ich wollte nicht aus meinen Geschichten vorlesen. In allem anderen war ich bereit, Mutter ihren Willen zu lassen. Ich würde ihr großen Kummer ersparen, dachte ich, wenn ich mich weigerte, aber schließlich gab ich doch nach. Gegen meinen Willen, denn ich war nicht als Autor nach Wassiljewka zurückgekehrt.

Die Leute hatten sich versammelt. Im Garten waren lange Tische gedeckt. Es gab alles, von gebratenen Hähnchen bis zu verschiedenen Sorten von Kompott. Getrockneter Fisch, gesalzene Pilze, heiße und kalte Suppen. Weizenpfannkuchen und Piroggen mit Mohnsamen. Gurken und Melonen. Eingemachtes, Marmelade, Gelee, Honig. Kaltes und Warmes gemischt. Wunderbare Düfte. Wodka und Liköre. Alle Herrlichkeit der Welt!

Alle aßen mit gutem Appetit, plauderten fröhlich und lachten. Viele sahen mich verstohlen von der Seite an. Ich war sehr nervös.

Als ich aufstand, wurde es völlig still. Ich begann meinen Vortrag. Ich las »Die Johannisnacht«, oder richtiger, ein kleines Stück daraus. Die Stille machte mich so nervös, dass ich schnell zu »Weihnacht« überging, zu all den Merkwürdigkeiten, die geschahen, als der Böse den Mond stahl. Keiner der Anwesenden schien sie jedoch als besonders merkwürdig zu empfinden. Oder was drückten ihre Blicke aus? Langweilten sie sich?

Ich wurde immer nervöser, stammelte eine halbe Seite herunter, ging zu einer anderen Erzählung über und, als ich nur unbewegte Mienen sah, schnell weiter zur nächsten!

Bei alledem, worüber die Menschen in St. Petersburg und Moskau brüllend gelacht hatten, verzogen die Anwesenden keine Miene. Ich hatte das Gefühl, als stünde ich vor den von mir selbst erfundenen Figuren und versuchte vergeblich, ihnen verständlich zu machen, wie lustig sie waren. Ja, hier waren sie alle versammelt, Gutsbesitzer aus der guten alten Zeit, Iwan Iwanowitsch und Iwan Nikiforowitsch. Saß da nicht auch der Schmied, der den Teufel so fürchterlich gemalt hatte, dass die Leute ausspuckten, wenn sie vorübergingen? Und die schöne Oxana und Agafja Fedosejewna …

Auf sehr eindrückliche Weise erlebte ich den großen Unterschied zwischen Sorotschinzy und St. Petersburg oder Moskau. Mir wurde erschreckend deutlich, dass das, was in den Kreisen der Gebildeten so merkwürdig und faszinierend erschien, hier nur gewöhnliches Leben war. Darüber konnte man Bücher schreiben? So dachten die Menschen, denen ich auf Wassiljewka vorlas. Im übrigen wohnte der Schmied nicht in Dikanka, wie es im Buch stand, sondern in Sorotschinzy, und Agafja Fedosejewna war es nicht gewesen, die dem Assessor das Ohr abgebissen hatte, sondern ihre Schwester. Das wussten alle. Und von dem Kosaken Korzj und seinem Knecht Pjotr hatte der Amtsschreiber so oft erzählt, dass man ihn aufforderte, den Mund zu halten, sobald er wieder anfangen wollte. Lustig war es nicht einmal beim ersten Mal gewesen.

Als die Petersburger über meine Figuren lachten, hatten sie sich über die Menschen amüsiert, die jetzt vor mir saßen. Ich hatte sie lächerlich gemacht, sie dem Spott ausgeliefert. Sie waren keine Menschen gewesen, sondern nur Material für meine Werke, wie der Ton für den Töpfer.

Keiner von ihnen hatte mir das erlaubt. Ich hatte keinen Auftrag dazu bekommen. Hatte ich überhaupt gute Absichten verfolgt? Ich hatte einfach meine Feder schreiben lassen. Für Geld, für ... Eines Tages würde mein Name um die Welt gehen! Und ich hatte sie verraten, um emporzukommen. Ich musste vorankommen! Ich kam mit denen zusammen, die ich kennenlernen musste, mit denen, die mir nützlich sein konnten, wie Pogodin gesagt hatte. Ich, der davon geredet hatte, die Ungerechtigkeiten in der Welt auszumerzen!

Ich hatte geschrieben, ohne etwas von den Bedingungen des Schaffens und noch weniger von denen des Lebens zu verstehen. Das hatte mich berühmt gemacht! Und ich erzählte einfach weiter, vertauschte die Maske, wenn es gelegen kam. Was für ein lustiges Spiel! Ich genoss es ohne Scham. Wollüstig wälzte ich mich im Erzählen, manchmal stand ich sogar neben mir selbst und lachte schallend über das Spektakel. Auch ich!

Glaubt nicht, wenn behauptet wird, es gebe nichts Schwierigeres als heiter zu schreiben! Ernst zu schreiben ist viel schwieriger. Glaubt auch nicht, wenn gesagt wird, es sei leicht zu vergessen, woher man kommt. Es ist schwer! Wer es versucht, muss einen sehr hohen Preis zahlen.

Mein literarischer Erfolg beruhte nicht nur auf Unwissenheit, sondern auch auf Verrat. Er beruhte auf falschen Voraussetzungen.

Ich sah die Zuhörer nicht an. Ich wollte fliehen, den Garten verlassen, über die Felder, in die Steppe fliehen, wollte alle und jeden verlassen. Alles!

Aber ich blieb stehen. Ohne die Zuhörer anzusehen, griff ich nach den »Aufzeichnungen eines Wahnsinnigen«, die kamen jetzt gelegen! Ich hätte gewünscht, dort stünde: »Je nobler eine Klasse, desto dümmer!«

Im nächsten Augenblick packte mich die Verzweiflung. Was versuchte ich jetzt? Die freundlichen Menschen in

St. Petersburg auszuliefern und zu verhöhnen, um hier besser dazustehen ... So irrten meine Gedanken hin und her, während ich las, immer verzweifelter.

Als ich schloss, war ich überzeugt, dass man nie ein größeres Fiasko erlebt hatte.

Der Beifall kam völlig überraschend. Er war kräftig und sehr herzlich, eine warme Welle vertrauensvoller Sympathie. Ein alter Bauer umarmte und küsste mich. »Nikolai Wassiljewitsch, Ihnen ist eine große Gabe geschenkt worden, zerstören Sie sie nicht!« Tränen glänzten in seinen schmalen, eingesunkenen Augen, und er umarmte mich noch einmal.

Ich war sehr gerührt und hatte ebenfalls Tränen in den Augen. Ich trat ein wenig beiseite. Sie ließen mich in Ruhe. Nach einer Weile kam Mutter zu mir. Ich ließ mein kleines Notizbuch in der Tasche verschwinden, das ich immer bei mir trug. Ich hatte ein paar Worte über das Unerwartete hineingekritzelt, das gerade geschehen war, um es später in einer Geschichte zu verwenden. Das hatte ich mir nicht verkneifen können!

»Sie mögen dich«, sagte Mutter.

Hätte ich mich damit nicht begnügen können? »Und meine Erzählungen?«, fragte ich.

»Wir sind Schriftsteller und Lesungen nicht gewohnt«, antwortete Mutter. »Wir verstehen nicht immer alles. Ich auch nicht.«

»Ist es so schwer zu verstehen?«, fragte ich.

»Das wohl nicht. Aber es ist, als ob etwas fehlt. Es ist etwas mehr darin. Das spüren wir. Etwas mehr, das die Gelehrten verstehen. Aber das hat nichts zu bedeuten. Nikolai, wir sind alle so stolz auf dich!«

Warum? Ich musste versuchen, es zu vergessen!

Ich ging zurück an den Tisch. Keiner sagte etwas über meine Lesung. Dafür war ich sehr dankbar. Alle plauderten und scherzten. Es wurde eifrig getrunken. Am Ende war es eine sehr geglückte Veranstaltung. Wir sangen. Das Fest dauerte bis in den späten Abend. Alle waren betrunken, und ich tanzte einen Trepak.

Spät am Abend hörte ich, wie Warwara einigen Frauen laut aus meinem Buch vorlas, das ich auf dem Tisch liegen gelassen hatte. Stolpernd buchstabierte sie sich durch den Text. Sie las nicht besser als ich, aber die Erzählung … ja, sie wurde zu einer anderen, einer ganz anderen:

»Nein, ich habe nicht die Kraft, dies noch länger zu ertragen. Mein Gott! Was sie mit mir tun! Sie gießen mir kaltes Wasser auf den Kopf! Sie beachten mich nicht, sie sehen mich nicht, sie hören nicht auf mich. Was habe ich ihnen getan? Weshalb quälen sie mich? Was wollen sie von mir Armen? Was kann ich ihnen geben? Ich habe und besitze nichts. Ich halte es nicht aus, ich kann nicht alle ihre Qualen ertragen, mein Kopf brennt, und alles dreht sich vor mir. Rettet mich! Holt mich! Gebt mir eine Troika windschneller Pferde! Setz dich, mein Kutscher, läute, mein Glöcklein, stürmt los, meine Pferdchen, und tragt mich aus dieser Welt hinaus! Weiter, weiter, dass ich nichts mehr sehe, nichts. Dort wölbt sich der Himmel vor mir; ein Sternchen flimmert in der Ferne; der Wald fliegt mit schwarzen Bäumen und mit dem Mond dahin; grauer Nebel breitet sich unter meinen Füßen aus; von der einen Seite das Meer, von der anderen Italien; da werden auch russische Hütten sichtbar. Schimmert da mein Haus in der Ferne? Sitzt meine Mutter vor dem Fenster? Mütterchen, rette deinen armen Sohn! Laß eine Träne auf sein schmerzendes Köpfchen fallen! Schau, wie sie ihn quälen und martern! Drück dein armes Waisenkind an deine Brust! Für ihn gibt es keinen Platz auf dieser Welt! Man jagt ihn! Mütterchen! Hab Mitleid mit deinem kranken Kind …«

Am nächsten Morgen wachte ich sehr früh auf. Es war noch nicht hell. Ich erinnere mich an einen Morgen vor langer Zeit, kurz bevor ich nach Neschin musste. Auch damals hatte ich mit dem Gesicht zur Wand gelegen, auch damals hatte ich gewusst, dass jemand im Zimmer war. Reglos hatte ich auf Geräusche gehorcht. So hatte ich lange dagelegen. Nichts war zu hören gewesen, aber ich hatte gewusst, dass jemand da war. Ich hatte Angst bekommen, mich immer mehr aufgeregt.

Schließlich war es unerträglich geworden. Da hatte ich mich unendlich langsam umgedreht.

Auf einem Stuhl neben der Tür hatte Vater gesessen. Einen Augenblick lang hatten wir einander angeschaut. Dann hatte er sich erhoben, hatte, ohne etwas zu sagen, die Tür geöffnet und war hinausgegangen.

Vater hat mir nie eine Erklärung gegeben, und ich war nicht alt genug, um eine zu verlangen. Es hätte mich ohnehin keine Erklärung befriedigt. Dunkel ahnte ich, dass der Bote aus der anderen Welt verschwunden war, bevor er Zeit gefunden hatte, seine Botschaft zu übermitteln.

Unendlich langsam drehte ich mich auch jetzt um. Niemand war da. Ich war erleichtert, aber auch wehmütig, irgendetwas war fur immer verloren. Und jetzt erreichte mich die Botschaft, die Erinnerung daran, dass ich eine Schuld zu begleichen hatte. Worin sie bestand, wollte ich nicht wissen. Wüsste ich es, würde ich nichts sagen dürfen. Gott, gib mir die Kraft, nichts zu verraten, zu verschweigen, was verschwiegen werden muss. Gib mir die Kraft, dem sündigen Wunsch zu widerstehen, alles verstehen zu wollen. Meinetwegen und der Menschen wegen. Der Geschichte wegen – damit alles offenbart werde!

Die Zeiten flossen ineinander. Ich ging auf den Pfaden der Kindheit, verfolgte alte Spuren und sah die glänzenden Steine am Wegrand, die Veranda, den Hof, den Teich, die Falle, die Eiche … In der Gegenwart ging ich durch das Vergangene. Die Zukunft kam hinzu. Alles floss zusammen.

Es gab auch Dinge, an die ich mich nicht erinnern konnte, und solche, von denen ich nicht erzählen darf.

Da ist noch mehr! Mutter hatte gesagt, dieses Gefühl habe sie bei meinen Geschichten. Das gleiche Gefühl hatte ich während meines Besuchs. Da war noch mehr! Etwas, das geschehen musste. Aber es geschah nichts. Was geschehen musste, konnte nicht geschehen.

»Alles hat einen Sinn«, sagte Mutter. Ich fragte: »Auch das, was nicht geschieht?« Sie blickte mich an, als sei ich ein kleiner Junge. »Natürlich«, antwortete sie. Ich fragte: »Und was ist der Sinn?« Sie lächelte den kleinen Jungen an. »Das weiß nur Gott allein.«

Ich wollte das Gefühl haben wie damals, als ich in Neschin war und in den Ferien nach Hause kam. Die ersten Tage waren unendlich. Ganz am Anfang war der Sommer ohne Ende und das Glück ewig.

Ich streifte in der Gegend umher, versuchte, sie zu sehen wie sie war.

Eines Tages wurde ein Weg durch ein Wäldchen geschlagen, und ich beaufsichtigte die Arbeit. Es war sehr heiß. Mutter und meine Schwestern kamen mit Essen und Getränken. Ich gab den Leibeigenen zu essen und zu trinken. Ich sagte zu ihnen: »Arbeitet, dann werdet ihr das Himmelreich gewinnen.«

Als alles fertig war, gab ich jedem zwei Rubel.

Ich gab den Bedürftigen. Dem Bettler gab ich Almosen, dem Arbeiter Lohn. Einmal hatte ich fünftausend Rubel gegeben, sie sollten unter armen Studenten verteilt werden. Wenn man kein Geld hat, ist man nicht versucht, unnötige Dinge zu kaufen. Dann ist man frei.

Die Menschen sagten zu mir, ich solle auch an mich denken. Das tat ich. Meine Gaben waren Leihgaben. Was ich gab, würde mir in der anderen Welt vergolten.

Manchmal wurde ich nach meiner Reise an die heiligen Stätten gefragt. Ich sagte, da wäre nichts zu erzählen, ich wüsste nicht, wo sie seien.

Es gab friedliche Abende, an denen Mutter und ich uns ruhig unterhielten oder schweigend und aufmerksam den Geräuschen aus dem Garten lauschten. Wie kurz waren diese Stunden ... Mehr nicht.

Eines Tages erzählte mir meine Schwester Elizaveta, sie werde heiraten. Alle sahen mich an, froh und erwartungsvoll. Da sagte ich zu ihnen, wenn sie wirklich wollten, dass Elizavetas Ehe glücklich werde, dürfe sich niemand – auch nicht Elizaveta selbst – im Voraus freuen. Es sei besser, sich auf die Kümmernisse und Schwierigkeiten einzustellen, die kommen würden, auf all die Verdrießlichkeiten. Dann, möglicherweise, bliebe Elizaveta allzu viel Kummer in ihrem Leben erspart.

Ich habe Angst vor der Wirklichkeit, ich hasse sie! Sie erstickt den Traum, alles Leben!

Mein Ernst bedrückte die anderen. Verlangte ich zu viel? Sah ich das Dasein anders als andere Menschen? Ich weiß nicht. Aber das untätige Leben meiner Schwestern auf Wasiljewka war in meinen Augen nur sinnlos. Sinnlos diese unaufhörlichen Besuche bei Nachbarn, dieses oberflächliche Gerede über alles und nichts: Stellt euch vor, eine neue Landstraße von Moskau nach St. Petersburg! Kerzen aus Stearin! Die Daguerreotypie!

Wozu war das gut? Wurden die Menschen besser davon? Nein, sie wurden schlechter! Vieles war nur ein vergebliches Dekorieren der Leere!

Und ich selbst? Ich erfüllte meinen Lebenszweck am wenigsten von allen.

Ich versuchte jetzt, mich zu verhalten wie ein gewöhnlicher Mensch. Das hatte Eindruck gemacht. Die Menschen verwechselten meine Scheu nicht mehr mit Hochmut. Sie nahmen sie als Demut, und meine Müdigkeit als Weisheit.

Meine Angst als Vergeistigung. Ich ließ sie glauben, ich sei ein guter Mensch.

Sie sollten ruhig wissen, wie viel Niedertracht und Bosheit in mir steckten! Manchmal entlarvte ich mich und verhielt mich so, dass niemand daran zweifeln konnte, was für ein abscheulicher Wurm ich war. Aber auch das wurde mir zum Vorteil ausgelegt: Gogol ist jedenfalls kein Heuchler!

Ich wollte ein guter Mensch werden, wollte versuchen, Christus ähnlich zu werden. Aber in mir war noch so viel Unreinheit! Ich musste strenger sein gegen mich selbst, alle sündige Schwachheit bekämpfen. Das war sehr schwer.

»Mein Gott, wie klein und dünn Nikolai geworden ist«, sagte Warwara. »Wie alt, wie ernst, wie schrecklich traurig!«

Ich streifte wehmütig umher, wanderte über die Felder. Ich wusste, dass Mutter mir nachsah. In Palästina hatte ich mich nicht umdrehen dürfen. Jetzt hatte ich nichts versprochen. Nichts würde geschehen, wenn ich mich umdrehte. Aber ich tat es nicht!

Es war ein klarer, sonniger Tag. Kein Wind wehte, kein Blatt rührte sich an den Bäumen. In der Ferne ragten fünf Kirchenkuppeln auf, mit glänzenden Kreuzen. Rings herum nichts als schimmernde, goldene Stille. Eine solche Stille hat so große Kraft, dass sie durch nichts gebrochen werden kann, außer wenn jemand einen beim Namen ruft.

Schließlich ging ich zum Grab meines Vaters. Es war am Tag vor meiner Abreise. Die Erde war geharkt und alles war sehr schön, als wäre es meinetwegen in Ordnung gebracht worden. Ich weinte.

Eine Erinnerung kam mir in den Sinn. Ich hatte einmal von Vater ein kleines Gemüsebeet zugewiesen bekommen, um es selbständig zu pflegen. Dort pflanzte ich Melonensamen. Eines Tages waren kleine grüne Pflanzen zum Vorschein gekommen. Ich jätete, wässerte, sah die Pflanzen wachsen. Nach und nach nahmen die Früchte die Form von Melonen an. Wie lange sie brauchten, um reif zu werden!

Vater zerteilt eine Melone für mich. Als ich sie esse, rinnt mir der Saft übers Kinn. Vater lacht. Ich halte ihm eine Melonenhälfte hin. Er nimmt sie und führt sie an den Mund, während er mich lächelnd aus den Augenwinkeln ansieht. Langsam macht er den Mund weit auf.

Die Sonne scheint ihm ins Gesicht, und er muss blinzeln. Dann beißt er in die Melone, schlürft und schmatzt. Auch aus seinem Mund rinnt der Saft, und er ist gezwungen, sich schnell vorzubeugen, um sich nicht zu bekleckern. Er lacht laut auf, den Mund voller Melone. Ich lache auch.

Ein kleiner, kleiner Samen war gewachsen und hatte sich in eine große, saftige Melone verwandelt. Eine rätselhafte, aber wunderbare Veränderung hatte stattgefunden. Es gab also auch Veränderungen, die nicht schlimm und beängstigend, sondern gut waren.

Vater zaust mir das Haar. »Das war die beste Melone, die ich je gegessen habe«, sagt er. Dann legt er mir den Arm um und wir gehen zusammen zum Haus.

Herr, erfülle meine Seele mit Stille! Befreie mich von Zweifel, Eitelkeit und Leere, von all der Unruhe, die ein ängstlicher Mensch in sich birgt. Gott, gib mir Vertrauen, gib mir die Kraft, Gutes zu tun, Dir zu Gefallen! Lehre mich beten am Grabe meines Vaters, für unser Vaterland, für alle Menschen, für Versöhnung mit den Feinden, für die Wiederkehr der Liebe, für die Errichtung Deines Reiches, oh Herr!

Am nächsten Tag verließ ich Wassiljewka. Ich nahm mit, was ich mitnehmen musste. Was nicht geschehen konnte, war nicht geschehen.

So sei es.

Wieder zu Hause – oder wieder von zu Hause fort. Ich war zurück in Moskau, zurück im Herbst, einem langen und schwermütigen Herbst. Ich war verzweifelt. Es wurde Winter, in Tolstois Haus herrschte Kälte. Um warm zu werden, musste ich oft aufstehen und in meinem Zimmer hin und her gehen. Vor und zurück, wie eine Bewegung in die Zukunft und wieder zurück, weit zurück; alles im Unbekannten.

Ich war krank, hatte Angst. Im Werden lag Freude, im Unterwegssein Freiheit, aber es war entsetzlich, nichts zu sein.

Erinnert Ihr Euch an Jasykow? Er und ich hatten einmal beschlossen, zusammenzuleben. Er hatte die Über-einkunft gebrochen. Er hatte eine Schwester namens Jekaterina Chomjakowa, und sie war einer der feinsten Menschen, die ich gekannt habe.

Die Menschen suchen Freundschaft aus den seltsamsten Gründen. Dieser will jemanden zum Freund haben, weil er reich ist, oder begabt, oder weil er eine schöne Tochter hat, jener, weil der andere hässlich, arm und krank ist. Einen kannte ich, der sich nur mit einem Menschen befreunden konnte, der bald sterben würde. Ich hatte Jekaterina Chomjakowas Freundschaft gesucht, weil sie ein ungewöhnlich guter Mensch war.

Als sie krank wurde, besuchte ich sie täglich. Ich sah, wie es ihr immer schlechter ging. Schließlich starb sie.

Ich war nicht in der Lage, zur Beerdigung zu gehen. Stattdessen hielt ich für mich selbst eine Messe zu ihrem Gedenken ab. Ich dachte an die Toten, die ich geliebt hatte. Viele kamen zu mir. Geister sind verrückt nach Gerechtigkeit.

Nicht alle Menschen erscheinen wieder, aber die zu früh Gestorbenen tun es, und jene, die getötet wurden. Sie kommen zurück, um zu berichten.

Erscheinen diejenigen wieder, die nicht wissen, was sie

tun sollen? Diejenigen, die voller Angst sind, die Einsamen, die Verrückten? Mit Jekaterina starben so viele meiner Freunde noch einmal. Ich hatte oft gedacht, sie seien statt meiner gestorben. Jetzt dachte ich: An wessen Stelle werde ich sterben?

Nichts ist feierlicher als der Tod. Das Leben wäre nicht so wunderbar, wenn es ihn nicht gäbe …

Eines Abends, als ich von einem Spaziergang zurückkam, erwartete Tolstoi mich im Salon. »Du solltest nicht ausgehen, ohne Bescheid zu sagen. Du bist unausgeglichen. Die Leute reden.«

Es ging das dumme Gerücht um, dass ich den Verstand zu verlieren begann. Nur weil man traurig und einsam ist, ist man noch lange nicht verrückt.

»Ich habe nur einen kurzen Spaziergang gemacht.«

Ich ärgerte mich darüber, dass ich ihm so gehorsam antwortete. Das Haus, in dem ich wohnte, gehörte ihm, aber mich besaß er nicht.

Ich kannte Tolstoi seit acht Jahren. Trotzdem gab es vieles, das ich von ihm nicht wusste. Aksakow sagte, Tolstois Askese sei schädlich für mich. Aber Aksakow war viel zu vernünftig. Religion hat nichts mit Vernunft zu tun.

»Und jetzt gehen wir schlafen«, sagte Tolstoi.

Aus kindlichem Trotz blieb ich sitzen.

Vor sehr langer Zeit hatten Iwan und ich manchmal gewettet, wer am längsten wach bleiben kann. Wir hatten in unseren Betten gesessen und nichts gesagt, weil wir uns einbildeten, dass es dem anderen dann leichter fiele, wach zu bleiben. Schließlich war Iwan eingeschlafen. Ich hatte immer gewonnen, manchmal gegen meinen Willen. Ich wollte diese Macht nicht.

Tolstoi und ich saßen uns gegenüber und schwiegen. Er betrachtete mich unter halb geschlossenen Lidern. Er wollte nicht nachgeben, wollte vollkommene Kontrolle über sein Haus haben, und über mich. Tolstoi hatte sich verändert. Er hatte keinen Respekt mehr vor mir. Er glaubte genau zu wissen, wer ich war!

»Ich habe um die Hand einer Frau angehalten«, sagte ich.

Tolstoi erschrak.

»Nicht heute Abend«, fügte ich hinzu.

»Als du in St. Petersburg warst?«

Woher wusste er, dass ich nach St. Petersburg gefahren war? Ich hatte nichts gesagt.

»Nein, dort nicht, absolut nicht!«

Ich lachte. Es war lustig, Tolstois Miene zu sehen.

»Willst du nicht wissen, um wen ich angehalten habe?«, fragte ich.

»Doch, natürlich.«

»Um Anna Wielgorskaja«, sagte ich.

»Die Schwester von Josef Wielgorski ...«

Das war nur eine Feststellung. Ich nickte. »Aber es wird keine Hochzeit geben«, sagte ich.

Was blieb jetzt noch? Die Beute teilen? Es gab keine Beute zu teilen. Ohne Tolstoi anzusehen, sagte ich gute Nacht und ging in mein Zimmer.

Ich legte mich auf das Bett mit dem Blick auf die Mutter-Gottes-Ikone. Mein Kopf zersprang vor Fragen, die neue Fragen in sich bargen, die in sich ... wie jene Puppen. Hob man eine hoch, erschien noch eine, zum Schrecken des Kindes!

Annas Vater, Graf Michail Wielgorski, hatte mich angestarrt wie einen Geist. Annas Mutter, Luise Karlowna, hatte einen Anfall bekommen, als sie begriff, dass ich es ernst meinte.

Sie erklärten sehr deutlich, dass eine Ehe zwischen Anna und mir ausgeschlossen sei. Russlands größter Schriftsteller war nicht gut genug. Meine Familie war nicht fein genug. Mein Vater, meine Mutter waren nicht gut genug. »Bester Nikolai Wassiljewitsch, wie sind Sie auf diese verrückte Idee gekommen?«

»Einen anderen Titel als den eines Menschen habe ich natürlich nicht.«

Sie waren zu fein, um mir ins Gesicht zu spucken. Aber sie betrachteten mich angeekelt, als hätten sie einen wollüstigen Tattergreis vor sich. Ich versuchte zu erklären, welche Form von Ehe ich wünschte.

»Wollen Sie nicht noch eine Tasse Tee, Nikolai Wassiljewitsch?« fragte Gräfin Wielgorskaja.

Und Graf Wielgorski fragte: »Wie geht es mit der Fortsetzung von ›Tote Seelen‹?«

Was hatte das mit meinem Antrag zu tun? Ich ging. Wie schäbig ist doch der Mensch, und blind!

Was war da noch? Schuld war da, die nicht gesühnt werden konnte. Die Scham war groß, sehr groß.

Liebe Mutter, sie haben deinen Sohn verstoßen. Diese auch!

Ich wurde zum verbotenen Raum geführt. Ich hatte gesucht, aber nicht gefunden!

Ich war nicht aufgebracht. In größter Ruhe, im größten Vertrauen: Gib dem Schuldigen den ersten Stein. Beobachte seine Bewegungen genau, den Arm, der sich senkt, den Kopf, der sinkt. Sieh, wie sein Blick flackert. Niemand weiß, was sich in einem anderen verbirgt, außer dieses Menschen eigener Geist. Wer sein Leben findet, wird es verlieren.

Was versuchte Tolstoi gegen mich zu richten? Meine eigene Angst? Nein. Aber warum war es ihm so wichtig, mich in seinem Haus zu haben?

Ich betete im Dunkeln, dankte Gott, dass Vater Matwei kommen sollte. Besser wäre es gewesen, er wäre zu einer anderen Zeit gekommen, in der ich nicht so krank und schwach war. Aber auch jetzt würde ich in der Lage sein, seine heiligen Worte aufzunehmen. Mit seiner Hilfe würde ich fähig sein, den zweiten Teil von »Tote Seelen« zu vollenden.

Ich konnte nicht schlafen, die Stunden vergingen. Durch das Fenster erblickte ich einen dünnen, weißen Rand am Himmel. Die Dämmerung trieb ihr Licht vor sich her. Ich schlich aus dem Zimmer.

Im Haus war kein Geräusch zu hören, es gab auch keine Spuren der Nacht. Im Salon waren nur tote Dinge, versammelt in großer, stiller Einsamkeit, ohne Menschen.

Ich sah plötzlich mich selbst auf mich zukommen, einen alten Mann. Ich starrte in den Spiegel. Die Augen klein, müde, aber wachsam. Und lasterhaft! Das Gesicht war ohne deutliche Konturen. Was für ein einsames und merkwürdig kleines Geschöpf!

Das war nicht ich, es war ein Fremder ... Natürlich, denn Gogol war ja nur derjenige, der mir helfen sollte zu leben.

In einem kleinen Haus auf einer kleinen Insel in einem kleinen Teich hockt ein kleiner Mensch. Der mystische Zwerg, ist er es? Ein ängstlicher, armer Kerl, der fragt, ob das Leben einen Sinn habe.

Das Leben hat einen Sinn, auch ohne dich.

Was für eine unheimliche Antwort!

Ich stand allein in Tolstois Haus. Nichts war zu hören. Alle schliefen, aber ich war wach. Ich war frei zu tun, was mir beliebte. Ich konnte in Tolstois Zimmer schleichen, dort still stehen bleiben und ihn beobachten. Dann wäre er ganz in meiner Gewalt.

Er bildete sich ein, ich sei gestern Abend zur Ruhe gegangen und er habe den Sieg davongetragen. Aber ich war zurückgekehrt. Gesiegt hatte ich. Ich war der Herrscher des Hauses, ich allein.

Was würde geschehen?

Es war keine Seele im Zimmer, aber der Blick aus dem

Spiegel verfolgte all meine Bewegungen. Ich versuchte, das seltsame Wesen im Spiegel fortzuschicken: Das musste ich sein. Aber ich war nicht sicher.

Niemandsland

Eine grosse Sünde

Es gibt die Geschichte von einem Künstler, der ein Porträt des Bösen gemalt hatte. Der Künstler war in seinem Beruf tüchtig und außerdem ein guter Mensch. Während der Arbeit an dem Porträt aber veränderte er sich. Unruhe und Trübsinn bemächtigten sich seiner. Er war nicht in der Lage, das Gemälde zu vollenden, obwohl es nahezu fertig war.

Der vorher so gute Mann war jetzt ein anderer Mensch, kleinlich und tückisch, richtig boshaft war er geworden.

Eines Tages holte er das Porträt hervor. Es war ein außerordentliches Gemälde, vielleicht das beste, das er gemalt hatte. Vor allem der Blick war ihm gelungen. Es war, als sehe man in ein Paar wirkliche Augen, so unglaublich lebendig waren sie. Der Blick des Bösen bohrte sich in seine Seele und ließ ihn erzittern.

Es war so schrecklich, dass er das Porträt schließlich wegwarf. Nun wurde der Künstler wieder er selbst und versuchte in jeder Weise wiedergutzumachen, was er anderen vorher Schlechtes getan hatte.

Eines Tages wurde ihm von einem Porträt erzählt, das all seinen Besitzern großen Schaden gebracht hatte. Er begriff, dass es sein Porträt war, jemand musste es gefunden haben, und so versuchte er, es zurückzubekommen, um es ein für alle Mal zu zerstören, aber er konnte es nicht finden.

Nun geschah es, dass der Künstler von einer Reihe von Unglücksfällen betroffen wurde. Seine Frau starb, und dann auch sein jüngster Sohn. Er sah darin eine Strafe Gottes und beschloss, sich aus der Welt zurückzuziehen. Er hatte das Porträt in der besten Absicht gemalt, um die Menschen vom Bösen abzuschrecken. Stattdessen hatte er es erst lebendig gemacht. Er hatte das Böse in der Welt gefördert. Doch trotzdem hatte er so viel Vertrauen in das Gute in der Kunst, dass er, bevor er sich auf den Weg aus der Welt machte, seinen Sohn in einer Kunstschule anmeldete.

Viele Jahre vergingen. Durch Zufall landete das Porträt des Bösen beim Sohn des Künstlers, der sich zu einem ungewöhnlich begabten Maler entwickelt hatte. All seine Zeit widmete er der Entwicklung seines großen Talents und zuckte die Schultern, wenn er hörte, dass weniger tüchtige Künstler als er mit ihren Bagatellen viel Geld verdienten. Auch dass sie für ihre eilig zusammengeschusterten Werke Ehre einheimsten, bekümmerte ihn nicht weiter.

Aber von dem Tag an, als das Porträt in seinen Besitz kam, wurde alles anders. Schnell tuschte er nun Bilder in dem Stil zusammen, der gerade in Mode war. Er verkaufte viel und wurde zu feinen Veranstaltungen eingeladen, man gab ihm zu Ehren Essen. Er knüpfte Kontakte, man schrieb über ihn in den Zeitungen. Man bot ihm die Mitgliedschaft in verschiedenen Komitees an. Er hatte sich einen Namen erworben.

Anfangs versuchte er trotz allem, ein wenig von seiner Seele in das zu legen, was er schuf, aber mit der Zeit scherte er sich immer weniger darum.

Eine lange Zeit verging. Der Künstler war jetzt reich und

berühmt. Wie schlecht er auch malte, seine Werke wurden von fast allen mit großer Wertschätzung aufgenommen. Wer sich weigerte, ihn ein Genie zu nennen, den verfolgte er mit all seiner Macht – und die war groß! Er hasste die echte Kunst so sehr, dass er alles tat, um sie zu vernichten. So besinnungslos war seine Wut auf sie, dass er sie schließlich nicht nur im bildlichen Sinne, sondern auch wirklich zerriss!

Der Maler, der das Porträt einst malte, hatte sich aus der Welt in ein abgelegenes Kloster zurückgezogen und war Mönch geworden. Doch der Prior des Klosters erfuhr, dass er Künstler gewesen war, und bat ihn, ein Altarbild für die Kirche zu malen. Der Mönch antwortete, er sei seines Talents unwürdig. Erst wenn er seine sündige Seele durch große Opfer gereinigt habe, könne er es versuchen.

Da ihm das Klosterleben nicht streng genug war, begab er sich in die Einöde, um einsam und in größter Askese zu leben. Im Wald baute er sich eine kleine Laubhütte. Darin wohnte er viele Jahre. Er aß fast nichts. Er schlief wenig. Tag und Nacht betete er.

Eines Tages kehrte er zum Kloster zurück. »So Gott will, male ich jetzt das Altarbild«, sagte er.

Als das Altarbild fertig war, verwunderten sich alle sehr darüber. Es war von so erstaunlicher Schönheit, dass es von einem menschlichen Wesen allein nicht erschaffen worden sein konnte. Gott musste ihm den Pinsel geführt, der Himmel sein Werk gesegnet haben.

In diese Kirche, in der das Altarbild hing, kam eines Tages der berühmte Künstler, der die echte Kunst hasste. Er hatte von dem erstaunlichen Altarbild gehört und kam, es zu zerstören. Unter seinem Rock hielt er ein Messer verborgen.

Er blickte sich um, niemand war da. Da zückte er das

Messer, hob die Hand. Aber dann blieb er vor dem Bild stehen und starrte es an, unfähig, die sündige Tat auszuführen.

Das Bild stellte die Geburt Jesu dar. Das Seltsamste daran war das Gesicht der Jungfrau Maria. Es leuchtete von einem inneren Lächeln, so warm und groß, dass ihr Blick die ganze göttliche Liebe und Harmonie ausstrahlte.

Wessen Seele rein ist, der ist in der Lage, etwas zu schaffen, das höher steht als alles andere in der Welt. Ein solches Werk hat eine Kraft, die sogar größer ist als die Macht des Bösen. Aber wie viele solche Werke gibt es?

Das Porträt des Bösen wechselte viele Male den Besitzer. Alle, die in seine Nähe kamen, Künstler oder nicht, waren von ihm betroffen. Der Böse lebt, und das Bild seines Gesichts, seines abscheulichen Blicks ist in der Welt und bringt viel Schlechtigkeit.

Wo das Porträt jetzt ist, weiß niemand. Vielleicht in St. Petersburg, vielleicht in irgendeinem abgelegenen Dorf in unserem riesigen Reich. Vielleicht hängt es an der Wand der Dachkammer eines armen Kunststudenten, vielleicht im Salon eines vornehmen Grafen. Vielleicht gibt es auch mehr als nur ein solches Porträt, vielleicht gibt es viele davon.

Vater Matwei ist klein und gedrungen. Seine Nase ist breit, das Gesicht gleichsam zusammengedrückt, und sein Haar ist lang und grau. Er ist nicht schön, die Augen sind bleich, fast farblos. Aber sie durchschauen alles!

Wenn er spricht, brennen diese Augen. Sein Bauerngesicht verwandelt sich, es strahlt vor Heiligkeit.

Vater Matwei ist sechzig Jahre alt, und er hat viel Wissen angesammelt. Den größten Teil seines Lebens hat er in kleinen Dörfern verbracht. Er kennt das russische Volk. Er weiß, was die Kirche sagt.

»Du musst weniger essen, weniger schlafen, mehr beten. Einen anderen Weg gibt es nicht.«

Wir beten zusammen. Seit Jahren habe ich mich nicht mehr so von Frieden erfüllt gefühlt. Es ist das Verdienst Vater Matweis. Schwäche und Angst schwinden, wenn er mich ansieht. Ich fühle mich von heiliger Wärme durchströmt.

Bei Vater Matwei gibt es kein Zögern, keine Halbheit, keine feigen Kompromisse. Er sagt die Wahrheit, auch wenn sie schmerzt. »Du bist ein sündiger Mensch«, sagt er zu mir.

Er sagt mir die Wahrheit. Es gibt so viel Unreinheit in mir. Er sagt die Wahrheit um meinetwillen, damit ich werden kann, was ich noch nicht bin.

Vater Matwei hört zu, wenn ich frage, aber er weiß bereits alles über mich. Er sagt, was ich tun soll. Dann spricht nicht der Mensch Matwei, sondern der Vater. Er ist der wahre Führer der wahren Religion in ihrer wahren Unverletzlichkeit. Er ist die reine Lehre selbst. Mit seiner Hilfe werde ich rein und wahr werden. Werde wissen, wer ich bin. Werde mich selbst erkennen, werde mein Werk vollenden.

Der Tag vergeht mit Gesprächen und Gebeten.

Am Abend, als ich auf dem Weg zu meinem Zimmer bin, begegne ich Tolstoi. Er sieht mich freundlich an. »Du siehst schon viel gesünder aus«, sagt er. »Du bist sehr krank gewesen. Wenn du mir nicht glaubst, frage Doktor Haas.«

Ich nicke abwesend.

»Du solltest mehr an Gott als an deine Dichtung denken.«

Seine Stimme ist bestimmter als sonst, fast befehlend. Was er sagt, gefällt mir nicht, auch nicht, dass er versucht, Vater Matweis Stimme nachzuahmen. Das ist gottlos.

Tolstoi fragt plötzlich, ob ich Geld brauche. Warum werde ich so wütend? Ich beschimpfe ihn, sage, er habe keine Liebe zu Gott. Wenn er sie hätte, würde er das Gesinde auf der Stelle zusammenrufen und vor ihm alle seine Banknoten verbrennen. Dann würden auch die Geringsten verstehen, dass er sie nur arbeiten lässt, weil Gott befohlen hat, dass sie arbeiten sollen. »In der Bibel steht, wer seine Reichtümer nicht vernichtet, der ist ein Dieb!«

»In der Bibel steht nichts dergleichen«, sagt Tolstoi und lächelt.

Ich komme nicht davon los, ständig kehrt der Gedanke daran wieder, wenn ich in meinem Zimmer sitze und an Gräfenberg denke: Wie Tolstoi und ich gerade noch rechtzeitig zum Fluss kamen, um mit anzusehen, wie der arme Narr fast ertränkt wurde. Mein Gedanke ist, dass das, was geschah, um meinetwillen geschah! Damit ich gesund würde?

Das war ein Traum! Ich bin mir dessen nicht mehr sicher.

Ich weiß, dass Tolstoi vor einiger Zeit heimlich zu Vater Matwei nach Rschew gefahren ist. War das der Grund, weshalb Vater Matwei so plötzlich hierher kam? Hat Tolstoi womöglich noch andere Gründe gehabt als den, zu meiner Gesundheit beizutragen, als er Vater Matwei bat, gerade jetzt zu kommen?

Ich weiß nichts! Man soll niemandem misstrauen. Ich möchte, dass Tolstoi mein Freund ist, nicht mein Feind. Morgen werde ich Vater Matwei alles erzählen. Er wird mich lehren, klar und rein zu denken.

Ich bin ein schlechter Christ. Warum deute ich die Absichten der Menschen immer falsch? Warum glaube ich immer, dass mir jemand, der gut zu mir ist, etwas Böses will?

Ich setze mich an den Schreibtisch und schreibe einen Brief an meine Schwester Elizaveta. Ich danke ihr dafür, dass sie die Bäume gepflanzt hat. Sie wird denken, das sei doch lange her. Ich schreibe, dass ich ihr Gemüsesamen schicken werde, sobald es wärmer wird.

Es ist schwer zu leben. Vater Matwei wird mir helfen, aber glücklich kann mich niemand machen. Dafür fehlt mir jedes Talent. Wer es hat, soll es pflegen und entwickeln, wie jeder Mensch das Talent pflegen und entwickeln soll, das ihm gegeben ist. Aber glücklich zu sein, kann nicht der Sinn des Lebens sein. Auch nicht, unglücklich zu sein ...

Ich bete für Elizaveta, Anna, Maria und Olga. Ich bete für Mutter. Betet für mich! Der Abend ist lang und die Nacht ist lang und der Morgen in weiter Ferne.

Schlafe, mein Söhnchen, schlaf ein,
du bist so schwach und klein,
bald wirst du ein großer Held,
schlägst alle Feinde aus dem Feld.
Schlafe mein Söhnchen, schlaf ein.

»Sag dich von Puschkin los! Er ist ein großer Sünder!«

Ich bin sehr erregt, aber ich muss Vertrauen haben! Ich muss mir die Güte Vater Matweis verdienen.

»Verleugne Puschkin!«

»Ich kann einen Menschen nicht verleugnen, der als Schriftsteller so viel für mich bedeutet hat. Puschkin zu verleugnen würde bedeuten, all die wunderbaren Werke zu verleugnen, die er geschaffen hat. Es würde bedeuten, alles künstlerische Schaffen zu verleugnen!«

»Was hat er geschaffen? Was hast du geschaffen?«

»Ich weiß, dass viel Unreines in meinen Werken ist. Davon sage ich mich los, aber wie könnte ich mich von Puschkin lossagen?«

»Vergiss nicht, dass du vor Gott zu verantworten hast, was du sagst! Puschkin war ein Sünder! Ein großer Sünder!«

Ich weine. Ich spüre Vater Matweis Blick. Suche seine Augen. Klammere mich an ihn und bekenne meine Angst, meine große Angst und meine große Einsamkeit.

»Die Gesetze der Kirche gelten für alle«, sagt er. »Alle müssen sie befolgen!«

»Bin ich nicht so gut wie andere, Vater?«

»So gut wie andere? Darf man sich damit begnügen? Sollte man nicht etwas mehr anstreben?«

»Ich versuche es, mehr kann ich nicht tun.«

»Doch!«

Was für eine schreckliche Wahrheit! Der Mensch muss immer mehr tun, als er kann.

»Ich bin so schwach und müde. Ich habe nur ein paar Löffel Kohlsuppe gegessen. Ich habe keine Kraft.«

»Der Körper wird geschwächt, was macht das schon? Soll uns das vom Fasten abhalten? Was sind das für unnötige Sorgen? Wozu brauchen wir Kraft? Viele sind berufen, aber wenige sind auserwählt.«

Ich will mich Vater Matwei beugen. Ich beuge mich, um mich im nächsten Augenblick gegen ihn aufzulehnen. Was er wünscht, das will ich wünschen. Aber was ist sein Wunsch?

Ich sehe das leidende Gesicht der Fürstin Wolkonskaja vor mir und habe große Angst. Damals in Josef Wielgorskis Sterbezimmer. Sie wendet sich an den katholischen Priester. »Es ist Zeit, ihn zu bekehren!«, sagt sie. »Beeilen Sie sich!«

Ich sehe alles vor mir, sehr deutlich.

Dunkle Erinnerungen steigen immer öfter in mir auf, aus dem halb eingestürzten Erdkeller der Vergangenheit. Dort huschen große Ratten über morsche Regale. Widerliche Blutegel kriechen über die tropfnassen Wände. Alles, was geschieht, kommt irgendwann dorthin, um zu vermodern wie Erinnerungen im Dunkeln. Ekel und Schrecken erfüllen mich. Trotzdem muss ich dorthin, immer wieder, wie ein alter geiziger Gutsbesitzer, um mich zu vergewissern, dass nichts gestohlen worden ist. Alles ist da. Ja, Gott weiß, dass alles da ist!

»Als du Schaffenskraft hattest, hast du Gott vergessen. Erst als du sie verloren hast, begann deine Suche nach Gott.«

Ist das wahr? Dann gibt es kein selbstsüchtigeres Wesen auf dieser Erde!

»Ich frage dich«, sagt Vater Matwei, »muss ein Schriftsteller nicht leiden?«

Ich schweige. Er wiederholt seine Frage.

»Doch«, antworte ich. »Das Schaffen ist Leiden, ist Lust und Grauen.«

»Für einen wahren Christen«, sagt Vater Matwei, »ist alles Leiden die größte Sünde!«

Es ist spät. Ich bin in meinem Zimmer und denke an Puschkin. Er hat mir anfangs geholfen, aber dann? War er neidisch auf meinen Erfolg? Er hat sich nicht von mir verabschiedet, als ich Russland verließ. Er hat mich verraten, als er den Artikel änderte, den ich ihm gegeben hatte.

Viele haben mich ausgenutzt und verraten. Pogodin, Jasykow, Beloussow, mein Lehrer in Neschin ... Er hat mir sehr geschadet. Und Belinski, als ihm klar geworden war, dass ich ein anderer war als der, für den er mich ausgegeben hatte. Und Puschkin?

Nein!

Es gibt Menschen, die nicht in die Wirklichkeit hinabsteigen können. Sie muss stattdessen zu ihnen hinaufsteigen, in ihren Himmel.

Draußen sind Geräusche zu hören. Ich gehe hinaus.

Ich sehe niemanden, spüre aber einen Blick auf mir ruhen. Tolstoi steht auf der Treppe zum oberen Stockwerk. In der Hand hält er eine Kerze. Ich begegne seinem mitleidigen Blick. Dass er Mitleid mit mir hat, macht mich unruhig. Aber dann spüre ich seine Angst. Er fürchtet mich!

Ich gehe schnell zurück in mein Zimmer, verriegele die

Tür. In mir zeigen sich schattenhafte Gestalten. Gesichter aus einer fremden Welt kommen zu mir. Sie sind ohne Konturen, nehmen aber langsam Form an und werden deutlich. Da ist das leidensfreie Gesicht Tolstois, das unschuldige des Narren aus Gräfenberg, und da ist mein eigenes, von Sünde und Schlechtigkeit verzerrt! Dieses allein bleibt, lange nachdem die anderen wieder verschwunden sind. Herr, gib mir die Augen der Unschuld wieder!

Im oberen Stockwerk höre ich Tolstoi hin und her gehen. Manchmal hat er diesen mühevoll schleppenden Schritt ... Jetzt erzähle ich, was ich sah, als sich die Unschuld und die Freude über die Unschuld begegneten. Es war an dem Tag, als Tolstoi erfuhr, dass einer der erwachsenen Söhne Sergei Aksakows immer noch unschuldig war. Da kniete Tolstoi vor ihm nieder, verneigte sich so tief, dass sein Kopf den Boden berührte. Dann bat er um die Erlaubnis, ihn zu küssen. Als er den Unschuldigen küsste, konnte er den Ausdruck des Leidens in seinen Augen nicht verbergen! Und ich sah sehr deutlich: Er weiß, was er tut! Aber ich sah auch sein angstvolles Fragen: Wer bin ich?

Habe ich es nicht die ganze Zeit geahnt? Aber wessen Wille ist das? Hör auf zu schreiben! Vater Matwei sagt es nicht so, aber es ist vollkommen deutlich, was er meint, es ist offenbar.

Lähmendes Erschrecken befällt mich bei seiner Forderung, das Schreiben zu lassen und die Erlösung meiner Seele in einem Kloster zu suchen.

»An jedem Ort kann man Christus in sich haben«, wende ich ein. »Auch wenn ein Künstler etwas erschafft. Warum soll ich die Aufgabe, die ich habe, in einem Kloster besser erfüllen können? Kann ich dort der gottlosen Welt entkommen? Es gibt keinen Ort auf der ganzen Welt, an dem man der Welt entkommen kann ... Und nicht alles in der Welt ist ein Werk des Teufels!«

Als ich verstand, wie nahe das Schaffen der Lüge und dem Betrug ist, hatte ich mich an Gott gewandt, um mit seiner Hilfe die Wahrheit sagen zu können. Wer nur Dichter ist, verbreitet Gerüchte und falsche Vorstellungen, lügt und tut viel Schlechtes.

»Vater, ich will die Wirklichkeit göttlich machen.«

»Lästere nicht, Nikolai Wassiljewitsch!«

»Vater, ich weiß nicht, ob ich aufhören will zu schreiben.«

»Doch, und ich werde dir helfen, deinem innersten Wunsch zu gehorchen! Gott wird dir helfen!«

»Ich weiß nicht, ob ich will, weil ich nicht weiß, ob es Gottes Wille ist.«

Vater Matweis Wut ist fürchterlich. Dieser unreine, sündige Gogol wollte sich gegen Vater Matwei auflehnen und dem heiligen Glauben trotzen!

»Ich weiß nicht, was Gottes Wille ist. Ich weiß es nicht!«

Jetzt richtet er seinen furchtbaren Blick auf mich, den Blick, der vernichtet und zu einer eigentlich falschen Identität verurteilt: Mensch.

Was kann ich tun, um Vater Matweis Blick zu entgehen? Nichts. Ich muss mich in Demut unterwerfen. Ich sinke zu Boden, bitte Vater Matwei um Gnade.

Er sieht mich an. »Bekenne deine Sünden! Bitte Gott um Vergebung! Bete, Nikolai Wassiljewitsch, bete!«

»Vater, bete für mich!«

»Wie Abraham bereit war, seinen Sohn zu opfern, so sollte der Mensch in der Lage sein, das Liebste zu opfern, das er besitzt!«

Mein Dichten. »Aber warum?«

»Es ist Gottes Wille!«

Was hatte ich über Abraham gedacht, als ich auf dem Berg des heiligen Franziskus war?

Mein Traum ist es immer gewesen, den Schriftsteller mit dem Verkünder zu vereinigen. Sollte das nicht möglich sein?

Von dem, was geschieht, weiß man weniger als von dem, was geschehen wird.

»Am Jüngsten Tag werden die Sünder zum Feuer verurteilt. Und brennen, brennen um ihrer Sünden willen!«

Ich weine stundenlang, während Vater Matwei von den Schrecken des Jüngsten Gerichts spricht. Danach ist er freundlich und mild, tröstet und beruhigt mich. Er ist allmächtig, gut und gerecht. Aber seine Wege sind unergründlich. Mit einem Wort kann er alles zurücknehmen, was er gegeben hat.

Ich werde Vater Matwei geben, was er von mir will. Was habe ich für eine Wahl?

Schreiben oder nicht mehr schreiben. Als Abtrünniger leben, oder nicht leben. In Gott leben bedeutet, außerhalb des Körpers zu leben. Werde ich sterben?

»Wer nicht an den Tod denkt, denkt nicht an Gott«, sagt Vater Matwei.

Als Vater starb, begann Mutters Leben ohne Mann und meines ohne Vater. Vater hatte mir eine Aufgabe gegeben. Mit seinem Tod bestätigte er sie. In meiner Unschuld habe ich nicht verstanden, wie groß meine Schuld ist. Der Tod bedeutet immer ein Opfer. Ein Opfer verlangt Buße.

Oft habe ich an Vaters Versprechen gedacht, er werde nach dem Tod zurückkehren. Ich habe gewartet. Er ist nicht gekommen.

Mein Kopf zerspringt. Es ist kein Versprechen gegeben worden! Habe ich je etwas anderes anerkannt als meine eigenen Möglichkeiten? Mein Gott, lege Satan wieder in Fesseln! Ich kann nicht klar denken. Wer verbirgt sich in mir? Jedes Wort deute ich als ein falsches, nicht nur meine eigenen. Wer verbirgt sich in Vater Matwei? Wer spricht aus ihm? Ich habe nicht versprochen, mit dem Schreiben aufzuhören!

Als wir uns für diesen Tag trennen, sagt Vater Matwei etwas Merkwürdiges: »Du benutzt mich. Du benutzt mich für deine Zwecke, um deiner Erlösung willen. Du willst, dass ein anderer dich zwingt, dir deinen eigenen Wunsch zu erfüllen. Worin besteht er? Darin, weiter in Sünde schaffen zu können.«

Welche Wahl habe ich?

Ich knie vor der Mutter-Gottes-Ikone in meinem Zimmer und bete vor Maria, ich, ein sündiges Geschöpf, dem alle Liebe verwehrt ist. Weinend will ich heute Nacht beten, lange und inständig um Gottes Gnade bitten.

Gedanken schwirren durch meinen Kopf, wie Laub im Wind, scheinbar ziellos. Auch Belinski hat mir einmal vorgeworfen, ich wende mich der Religion zu, wenn meine Schaffenskraft versiegt. Was hat ein Gottesleugner wie Belinski mit einem heiligen Mann wie Vater Matwei gemeinsam? Die Fähigkeit, sich der Menschen zu bedienen, um ihres eigenen Glaubens willen?

Viele böse Gedanken kommen mir in den Sinn. Was hat Tolstoi mit Vater Matwei gemeinsam? Was ist es, das ich nicht erfahren darf? Ich kenne die Art, wie sie Blicke wechseln, wie sie mit vermeintlich unmerklichen Zeichen über mich sprechen. Ich tue so, als sehe ich nichts.

Ich tat, als sähe ich nichts, als Vater und Mutter mich genauso ausschlossen, aber ich grübelte viel darüber nach, was sie verbergen wollten. Ich wollte alles wissen, auch das Verbotene. Ich wollte das Geheimnis des Lebens erfahren.

Wer fragt, erhält Antwort ... Es geht nur darum, dass der, der die Antwort geben soll, die Absicht nicht bemerkt. Dann ist er auf der Hut. Dann erfährt man nichts. Sitzt man aber still, blickt vor sich hin, als sähe man nichts, und macht ein Gesicht, als sei man mit seinen eigenen Dingen beschäftigt, dann kann man viel erfahren. Dass die Mutter viel mächtiger ist, als man je geahnt hat. Dass sie sogar mächtiger ist als der Vater. Einmal, als Mutter sich unbeobachtet glaubte, sah ich die Macht in ihrem Gesicht: Was vermagst du, Wassili Afanasjewitsch? Nichts vermagst du, nichts ohne mich!

Was wollen Vater Matwei und Tolstoi von mir? Was bedeute ich Vater Matwei? Was bedeutet er mir! Ich brauche ihn. Bin ich wirklich einer derart berechnenden Schlauheit fähig, dass ich ausnutze, dass er sich meiner bedient? Vater Matwei braucht mich, er braucht solche wie mich. Noch eine schmutzige Seele, die erlöst werden muss. Für mich wird er reich belohnt, denn ich bin ein sehr sündiges Geschöpf.

Bin ich hier derjenige, der am meisten dabei gewinnen kann? Wenn ja, dann wie ein Spieler, der alles auf eine Karte setzt: Er kann auch alles verlieren.

Eines ist sicher: Gelingt es mir, mit »Tote Seelen« das russische Volk zu bekehren, dann hat Vater Matwei keine Funktion mehr zu erfüllen, noch weniger Tolstoi. Was hat Tolstoi gesagt, als er Vater Matwei besuchte? Dass Gogol im Begriff sei, den zweiten Teil von »Tote Seelen« zu vollenden, und das müsse um jeden Preis verhindert werden? Dass Gogol krank und völlig ratlos sei und dass der richtige Augenblick gekommen sei, ihn zum Aufgeben seines Schreibens zu veranlassen? Ist Vater Matwei deshalb nach Moskau gekommen?

Was für abstoßende Phantasien! Ich versuche, meine Schlechtigkeit auf andere zu übertragen, das ist es! Auf gute Menschen, die mir wohl wollen. Was bin ich für ein erbärmlicher Mensch! Ich bin nicht verrückt, wie man mir nachsagt, aber ich bin krank und überspannt.

Aber mein Verdacht könnte doch richtig sein … Wieder beginnt alles von vorn: Sie quälen mich, indem sie mir mit ewiger Verdammnis drohen! Wenn Russlands größter Schriftsteller das Schreiben aufgibt und ins Kloster geht, ist ihr Sieg vollkommen. Dann können sie sagen, sie hätten das Hindernis für meine Erlösung beiseite geräumt.

Dann brauchen sie nicht zu befürchten, dass das russische Volk von »Tote Seelen« statt von der Kirche erlöst wird. Sie haben meinen Namen für ihre Sache gewonnen und ihre politischen und religiösen Feinde besiegt, die ihrerseits meinen Namen für sich haben wollten.

Ich hatte mich geweigert, ihre Feinde öffentlich zu verurteilen. Durch meine Bekehrung würde ich jedoch indirekt bezeugen, welche Ansicht ich wirklich vertrat. Vater Matwei und Tolstoi haben alles sehr gut durchdacht. Fast alles, denn eines haben sie nicht verstanden und konnten es also nicht in ihre Rechnung einbeziehen!

Jemand ruft meinen Namen

Ich betrachte mich im Spiegel und bemerke, dass mein mageres Gesicht geschwollen ist. Die Spuren sind zu sehen: Falten und tiefe Furchen. Die Angst der Nacht hat sich deutlich eingeritzt.

Es ist mein Gesicht, aber auch das eines anderen. Wer hat sich meiner Seele bemächtigt? Oder wessen habe ich mich bemächtigt?

Niemand kann ich nicht sein. Ich will vor Gott bekennen, dass ich Mensch bin. Erst muss ich es vor mir selbst bekennen, in Demut und Wahrheit. Aber es gibt einen Menschen, dem ich nicht vertrauen kann. Das ist Nikolai Gogol.

Ich gehe in den Garten und setze mich auf die Bank, auf der Anna Gruzinskaja an warmen Sommerabenden zu sitzen pflegt. Wenn Tolstoi seiner Frau Gesellschaft leistet, sprechen sie mit milder, freundlicher Stimme miteinander. Aber sie ist nichts anderes als eine Haushälterin in seinem Dienst!

Plötzlich wird mir bewusst, dass die Vögel singen. Laut und rein tönt der Gesang an diesem Wintertag.

Ich denke immer öfter an Wassiljewka. Vielleicht deshalb, weil ich mit meinen zweiundvierzig Jahren den größten Teil meines Lebens in Erinnerungen eingeschlossen habe?

Ein schönes junges Mädchen geht am Ufer des Psiol entlang. Sie hört die schönen Klänge, sie bleibt stehen und lauscht. In der Ferne sieht sie den Mann, der spielt. Und er sieht sie am Ufer des Flusses stehen, ein lauschendes Mädchen mit halb abgewandtem Gesicht.

Langsam wendet sie sich ihm zu und lächelt.

Es ist das Jahr 1804 im Gouvernement Poltava in der riesigen Ukraine. Das Mädchen, das meine Mutter sein wird, ist dreizehn Jahre alt. Mein zukünftiger Vater ist siebenundzwanzig. Wassili schickt Maria einen Brief. Sie ist sehr jung, sie zeigt den Brief ihrem Vater. Er liest ihn allen laut vor. Hat Mutter mir das erzählt oder Vater?

Als Maria vierzehn ist, heiratet sie Wassili. Dann wird sie schwanger, aber das Kind stirbt unmittelbar vor der Geburt. Sie wird wieder schwanger, und wieder stirbt das Kind unmittelbar vor der Geburt. Dann wird sie zum dritten Mal schwanger.

Sie begibt sich in ein Dorf namens Dikanka und sucht dort die Kirche auf. Vor der wundertätigen Ikone des heiligen Nikolaus betet sie lange und inständig. Sie gelobt, ihr ungeborenes Kind, wenn es ein Junge ist, auf den Namen des Heiligen zu taufen. Das ist der Anfang der Geschichte ...

Mutter und Vater waren zwanzig Jahre lang verheiratet. In dieser Zeit bekam Mutter zwölf Kinder. Sie hat einmal gesagt, eine Mutter könne alle ihre Kinder sehen, auch die, die nicht zur Welt gekommen sind. So ist es auch mit den Geschichten eines Schriftstellers.

Sieben von Mutters Kindern durften ihr Leben nicht leben, darunter mein Bruder Iwan. Und wir anderen? Leben wir unser Leben? Wer kann das sicher wissen. Warum hat Vater sich mir nie gezeigt? Ich höre eine Stimme in meinem Inneren. Sie spricht mit großer Sicherheit, als könne man ihr vertrauen. Lange habe ich geglaubt, es sei Vaters Stimme. Das ist sie nicht. Es ist meine eigene – oder etwas noch Schlimmeres.

Ich lausche dem schönen Vogelgesang in Tolstois Garten. Ich empfinde Hass auf mich selbst, auf meine ständigen Zweifel und mein Misstrauen. Auf meine krankhafte Einbildungskraft, die ständig dunkle Zusammenhänge schafft, mir bedrohliche Zeichen vor Augen führt. Finstere Dämonen lauern überall. Der Unsterbliche lacht höhnisch. Er hasst die Menschen und alles Gute. Denke ich an den Tod, dann denke ich nicht an Gott, sondern an die Vergänglichkeit aller Dinge. Was hat es für einen Sinn zu leben?

Aber ich frage trotzdem, ich suche noch immer! Und ich weiß, dass ich eines Tages ein großes Opfer bringen werde. Etwas Bedeutungsvolles bleibt noch zu tun. Es gibt einen Sinn, es bleibt noch etwas zu tun! Ich muss leben. Ja, es gibt sie noch, die Zukunft, das rätselhafte, reiche Leben, diese unendliche Möglichkeit!

Höre, Nikolai, höre den glücklichen Gesang der Nachtigall! Spürst du den Duft der neu erblühten Rosen? Die Sonne leuchtet, der Tag ist warm. Sieh das Leben, wie Gott es gemalt hat! Gott lächelt, wenn er seine wunderbare Schöpfung betrachtet. Du lebst, Nikolai, und kannst erzählen!

Es war einmal ein Junge, der Sohn eines Schmieds, der das Talent seines Vaters geerbt hatte. Er war ein guter Sohn, ehrte seine Eltern und bereitete ihnen große Freude. In jeder freien Stunde zeichnete und malte er. Er nahm, was ihm in die Hände fiel, ein Stück Kohle, den Stängel einer Pflanze, was auch immer, und er zeichnete und malte auf allem. Alles Mögliche bildete er ab, vor allem aber liebte er es, Blumen zu malen, Blumen verschiedener Art, von jeder Sorte, die es in unserem ausgedehnten Reich gibt.

Zeit verging, vielleicht lange Zeit. Aber wie es so geht, kaufte eines Tages der Vater seinem Sohn Farbe, einige Pinsel und zwei Leinwände zum Malen! Der Junge starrte die Geschenke an und war so unendlich glücklich, dass er eine ganze Stunde lang kein Wort des Dankes über die Lippen brachte. Das ist nicht verwunderlich, denn wie oft geschieht so etwas? Es geschieht so selten, dass man sich darüber wundern muss, dass es überhaupt jemals geschieht ...

Nun, jetzt stand der Sohn vor dem Vater und fragte ihn, was er malen solle.

»Was du malen sollst? Danach hast du mich noch nie gefragt.«

Doch jetzt war alles anders. Der Junge hatte von seinem Vater ein großes Geschenk bekommen. Er hatte bekommen, was er sich insgeheim lange gewünscht hatte. Das machte einen großen Unterschied.

»Was du malen sollst? Ich weiß nicht.«

»Vielleicht könnte ich ein Porträt von dir malen?«

»Tu das«, lachte der Vater. »Tu das. Aber ich habe keine Zeit, Modell zu sitzen, du musst es aus der Erinnerung malen.«

Eine Woche verging, zwei Wochen vergingen, dann aber bekam der Vater das Bild zu sehen, das der Sohn gemalt hatte. Selbst einer, der kein Kunstkenner aus St. Petersburg ist, konnte deutlich sehen, dass es ein erbärmliches Porträt war.

Nun grämte sich der Vater, wegen des Geldes, das er aus dem Fenster geworfen hatte, und weil er sich im Talent seines Sohnes so vollständig getäuscht hatte. Er hatte geglaubt, seine Begabung sei groß und einzigartig ... Nun ja, geglaubt ist geglaubt und getan ist getan!

Zeit verging, vielleicht lange Zeit. Eines Tages aber entdeckte der Vater unter alten Lumpen, die auf dem feuchten Boden des Geräteschuppens lagen, die zweite Leinwand. Was wird das diesmal für eine Schmiererei sein?, dachte der Vater, zog das Bild hervor und betrachtete es. Er starrte, er staunte, er starrte wieder. Selbst einer, der kein Kunstkenner aus St. Petersburg ist, konnte deutlich sehen, dass dies ein Meisterwerk war. Es stellte einige Rosen dar, die Blumen, die der Junge am meisten liebte. Der Vater hatte viele schöne Rosen gesehen, aber die Rosen auf dem Bild waren tausendmal schöner.

Als der Vater das Bild des Sohnes betrachtete, erfüllte ihn ein wunderbarer Friede, eine himmlische Harmonie, ja, das Bild machte einen solchen Eindruck auf ihn, dass er eine ganze Stunde lang davor stehen blieb.

Der Vater rief den Sohn zu sich, lobte ihn und fragte, wo er diese wunderbaren Rosen gesehen habe.

»Nirgends«, antwortete der Junge.

Natürlich, er konnte sie aus der Phantasie gemalt haben, aus sich selbst heraus. Der Vater sah den Sohn an und fragte, ob es sich so verhielt. Der Sohn antwortete, ganz so sei es auch nicht.

»Es ist nicht möglich, etwas aus nichts zu erschaffen«, sagte der Vater, »aus dem, was es nicht gibt!«

Der Sohn schwieg lange. »Vielleicht aus dem, was es geben müßte«, sagte er schließlich.

Der Vater schüttelte den Kopf, forschte aber nicht weiter. Sein Blick wanderte zwischen dem ernsten Gesicht seines Sohnes und dem Bild hin und her. Er sagte nichts. Auch der Sohn sagte nichts, aber schließlich lächelte er. Sein Gesicht öffnete sich zu einem sanften, glücklichen Lächeln.

Wie still es in Tolstois Garten ist! Ich schaue mich um, denn es ist jemand da, der mich beobachtet. Beim Teich ist niemand, bei der großen Eiche auch nicht. Aber an einem Fenster des oberen Stockwerks entdecke ich Tolstoi. Er versucht nicht, sich zu verstecken, aber er hebt auch nicht die Hand zum Gruß, nichts dergleichen. Er steht nur da, reglos, und bewacht meine Bewegungen. Ich sitze vollkommen still.

Was ist es, das Tolstoi fehlt?, überlege ich. Heiligkeit fehlt ihm! Aber seine Seele ist so, dass er auch nicht Mensch werden kann, niemals! Dieser schlurfende Gang am Abend, der kommt davon, dass er insgeheim Fußfesseln trägt. Ohne sie kann er schleichen wie eine Katze.

Wie sehr ich mir wünsche, dass mich Vater Matwei zu sich ruft und sagt: Nikolai Wassiljewitsch, ich habe mich geirrt. Sieh hier, Feder und Papier. Schreib! Erzähle!

Tolstoi steht noch am Fenster. Er handelt im Interesse eines anderen. Das ist seine Art und Weise, einen Sinn in seinem Leben zu finden. Er klammert sich an den, der ihn führt. Kann man auf diese Weise zur Wahrheit gelangen?

In wessen Interesse handelt er? In meinem ... Das ist Vater Matweis Vorwurf. Ein törichter Gedanke.

Ich höre einen Schrei.

Ich drehe mich um, sehe aber niemanden. Ein entsetzlicher Schrei. Ich schaue mich in alle Richtungen um, aber es ist niemand da. Es ist windstill, ein klarer Tag, die Sonne scheint, keine Seele ist im Garten. Es ist still. Eine fürchterliche Stille, das Geräusch der Zeit, die in der Ewigkeit verschwindet.

Jemand zischt, jemand ruft meinen Namen.

Tolstoi öffnet das Fenster. Er kann es nicht sein, der gerufen hat.

»Bist du wahnsinnig geworden! Warum schreist du? Komm herein, es ist zwanzig Grad unter Null!«

Tolstoi schließt das Fenster und verschwindet. Dann war das eine Erinnerung.

Ich bin allein und kann von der Bank aufstehen.

Ich glaube, es gibt Menschen, die jemanden so sehr lieben, dass sie bereit sind, ihn umzubringen, um ihn für sich behalten zu können. Sie versorgen die Leiche so gewissenhaft, als führten sie einen Ritus aus. Es muss kalt und dunkel sein. Es darf nicht in einem Raum mit vielen Lichtern geschehen. Dort wird es so warm, dass der Körper verwesen würde und man ihn nicht wieder erkennen könnte. Das ist mit Zar Alexanders Körper in Taganrog passiert. Es entstand das Gerücht, dass ein anderer im Sarg liege und der Zar in der Verkleidung eines heiligen Narren in seinem Land umherwandere.

Wenn der Körper versorgt ist, lassen sie ihn allein. Aber sie sind so schlau, dass sie die Seele schon vorher versteckt haben, vielleicht in einem Schrei. Nicht immer bedarf es des Totschlags. Es gibt viele Arten, sich der Seele eines Menschen zu bemächtigen.

Ich blicke mich um. Niemand ist im Garten, nicht das geringste Zeichen von Leben. Ich eile zum Haus. Ich sehe keinen Jungen draußen vor dem Zaun stehen und keiner steht am Tor und keiner steht halb versteckt hinter dem großen Torpfosten. Keiner verfolgt meine Bewegungen mit dunklen ernsten Augen. Keiner lächelt mir zu.

Als ich den Hauseingang erreiche, drehe ich mich um. Niemand ist da. Ich gehe hinein, ziehe die große Eichentür hinter mir zu.

Kinder haben mich immer gern gemocht.

Ich gehe in mein Zimmer. Ich hole mein Manuskript hervor, den zweiten Teil von »Tote Seelen«. Darf es ihn geben?

Bald werde ich Vater Matwei sehen. Was soll ich ihm sagen?

Ich habe noch etwas hinzuzufügen.

Ich wünschte, ich hätte über den Jungen, der die wunderbaren Rosen malte, alles erzählt, aber das ist nicht der Fall. Fast alle, die die Geschichte erzählen, lassen sie damit enden, dass der Sohn glücklich lächelt. Warum kann ich es nicht auch tun? Was bin ich für ein Mensch, dass ich das Leben nicht in Ruhe lassen kann? Ich verstehe es nicht!

Ich muss vollenden, muss wiederholen, was mir einmal erzählt worden ist. Dass der Vater an einem Regentag das wunderbare Bild nahm, es zusammen mit einigen Lumpen auf einen Haufen warf und alles anzündete. Und als der Sohn versuchte, ihn daran zu hindern, drehte sich der Vater um und schlug ihn mit der ganzen Kraft des erwachsenen Mannes. Er schlug in rasender Wut, schlug und schlug, bis der Junge nicht mehr lebte.

Ich will nicht, dass Vater Matwei abreist. Er ist ein unbeugsamer Mensch von großer Härte, aber auch von großer Heiligkeit. Er wollte mir helfen. Übermütig und verwirrt habe ich viel Schlechtes über ihn gedacht. Habe ihn verletzt und beleidigt. Ich habe gesagt: »Das Schreiben werde ich nie aufgeben!«

Als ob das nicht genügte … Ich habe ihm mein ganzes Misstrauen ins Gesicht geschleudert, den Zweck seines Besuchs, den Zeitpunkt, die Pläne, die er und der Graf verfolgten. »Für euch ist nichts gut, nichts auf der Welt«, sagte ich. »Alles ist schlecht, die Menschen, das Leben, alles! Aber wenn es so ist, wie ihr sagt, hätte Gott einen großen Fehler gemacht. Das glaube ich nicht!«

Vater Matwei wurde so furchtbar wütend, dass ich einen Augenblick lang dachte, er würde sich auf mich stürzen. Da schrie ich, dass ich als Toter nichts für sie wert sei, im Gegenteil, man würde ihnen meinen Tod vorwerfen. Sie müssten mich also gut behandeln … Ich weiß nicht mehr, was ich alles sagte. Wie würde eine Welt aussehen, die sich aus all dem zusammensetzt, was ich vergessen habe?

Reist Vater Matwei heute ab, weil ich das alles gesagt habe?

Er stand lange schweigend am Fenster und schaute hinaus. Dann begann er wieder seinen Zorn über mir zu entladen. Er sah mich mit unbarmherzigen Augen an und malte die Schrecken der Hölle und mein künftiges Schicksal so grauenhaft lebendig aus, dass ich schrie und ihn anflehte, aufzuhören.

Jetzt fährt er. Ich bringe ihn zur Station, gehe still neben ihm: So vieles, für das es jetzt zu spät ist?

Einige Menschen erkennen mich wieder, blicken uns lange nach. Einer ruft einen Gruß, ein anderer kommt und nötigt uns, stehen zu bleiben. »Wann kommt die Fortsetzung von ›Tote Seelen‹?« Ich murmele etwas.

»Wir warten alle so sehr!«

Einige gehen uns nach, andere schließen sich uns an. Ich sehe Vater Matwei von der Seite an. Er merkt nichts oder tut so, als merke er nichts. Ein neugieriges Palaver ist im Gange. Jetzt sind es viele, die uns begleiten. Ich höre freundliche, bewundernde Zurufe. Es ist ein Ehrenzug, ein Triumphmarsch ... Ich höre jemanden vorschlagen, ein Hoch auf Russlands größten Dichter auszubringen. Es ist mir sehr unangenehm. Sie huldigen mir, der ich ihrer Bewunderung tausendmal weniger würdig bin als der Mann, neben dem ich gehe.

Einzelne Hochrufe ertönen, aber zu meiner Erleichterung können sie sich zu keinem gemeinsamen Rhythmus sammeln. Doch ihre Blicke sind unersättlich. Ich frage mich, was Vater Matwei denkt.

Wir sind angekommen. Ich falle auf die Knie und küsse Vater Matwei die Hand. Er schlägt ein Kreuz über mir. Ich weine.

»Du weißt, was du zu tun hast!«, sagt er.

Er schweigt, wartet. Die Zeit ist gekommen, das Gelöbnis abzulegen.

Als ich nichts sage, geht er, und das ist das Urteil über mich.

Ich laufe durch die Menschenmenge. Jemand ruft, ich solle stehen bleiben, aber ich laufe weiter, ohne mich umzusehen. Ich eile durch die Straßen. Nach Hause?

Das Opfer

Ich versenke mich ins Gebet. Ich bete, ich bin Gebet. Ich bin Einsamkeit und Grübeln.

Was soll ich glauben? Ich wage nicht mehr, dem Guten ins Auge zu sehen. Es ist wie das Aufscheinen eines Augenblicks, der Licht auf die Wirklichkeit wirft und bestätigt, wie schlecht sie ist. Schäbig, hässlich und schlecht. In dieser Zeit hat kein Mensch das Recht, sich zu freuen. Gott schaut mit bösen Augen auf die Welt.

Bete unter Tränen und Schluchzen, Nikolai! Bete wie ein Ertrinkender, bete, Nikolai! Kann man beten, wenn Gott es nicht will? Betet für mich!

Als Tolstoi mich zum Essen zu bewegen versucht, schütze ich meinen kranken Magen vor. Aber ich leide an der gleichen Krankheit wie Vater. Tolstoi sagt, ich solle Medizin nehmen. Das werde ich nicht tun. Ich sage, mein Vater habe es getan und sei gestorben.

Ich gehe zum Abendmahl. Ich falle auf die Knie und weine. Mein Körper ist sehr schwach. Ich esse nichts ... doch! Wie ich das Brot des Abendmahls verschlang! Ein schrecklicher Genießer bin ich!

Wie soll je Licht in meine kalte, schwarze Seele scheinen? Dass Gott mich nicht schon lange vernichtet hat!

Ein Künstler kann nur in der Welt etwas schaffen, nicht außerhalb. Schaffen ist die äußerste Möglichkeit. Noch klammere ich mich an die Trümmer des Traums.

Aber wenn nun meine Begabung nur dazu ausreicht, Schelme und Schurken darzustellen, alles Schlechte! Und ich zu nichts anderem fähig bin, als die Wirklichkeit zu schildern!

Unheimliche Visionen verfolgen mich. Was ist der Sinn meines Lebens? Nicht das Opfer suche ich, sondern die Aufgabe und den Sinn.

Wer in die Welt hinausgeht, braucht einen Helfer, einen, der ihn führt. Es gibt einen Mann namens Iwan Koreischa. Er sitzt im Tollhaus. Er ist ein heiliger Narr, vor dem alle großen Respekt haben. Viele suchen Iwan und die Seinen auf. Durch seine Jünger, die sein Murmeln deuten, erhalten die Menschen göttliche Botschaften und Ratschläge. Iwan steht in Verbindung zu Gott. Er kann Menschen heilen, kann sie auf den rechten Weg bringen. Er kann in die Zukunft schauen.

Ich schleiche mich hinaus und mache mich auf den Weg. Das Tollhaus heißt »Verklärung Christi«, also genauso wie die Kirche Vater Matweis in Rschew. Was bedeutet das?

Ich zögere vor dem Tor. Ich kehre um, beobachte meine Schritte, gehe dann wieder zum Tor. Was ist der Wille Gottes? Der Kutscher im Schlitten beobachtet mich. Ich stehe lange vor dem Tor.

Ich gehe aufs Feld hinaus, bleibe stehen. Der Wind weht, treibt den Schnee. Ich denke, ich sollte barfüßig sein. Es ist sehr kalt. Es ist still. Ich warte. Ich bin allein.

Einen ganzen Tag lang standen die Dekabristen auf dem Senatsplatz. Sie froren, sie warteten. Herrschten auch dort Stille und Einsamkeit?

Ich verstehe nicht, warum ich an sie denke. Ich hatte gedacht, ich sei fertig mit diesem Aufstand. Ich lebe in einer anderen Welt.

Ich warte auf diesem weiten, leeren Feld, diesem abgeschiedenen Begräbnisplatz im klaren Licht. Hier kann ich Ausschau halten. Es werden Menschen kommen, in ein ruhiges Gespräch vertieft. Dann kann ich ins weiße Bett kriechen, in die warme Ruhe, die ihre Stimmen bereiten. Aber sie kommen nicht.

Der Priester fordert mich auf, den Toten zu küssen. Der Mensch hat etwas gesucht, das er nie hätte zu verlieren brauchen. Er hat das Leben verraten, seinem Suchen getreu. Der Tod kann niemandem einen anderen Wert verleihen.

Trauern ist eine Pflicht. Auch auf der eigenen Beerdigung?

Der Sarg wird herabgelassen. Der Priester wirft Erde darauf. Der Diakon und die Kirchendiener singen. Die Totengräber treten vor. Der Sarg wird mit Erde bedeckt.

Die Glocken läuten. Christus ist auferstanden. Nun dürfen die Tränen kommen. Auf der ganzen Welt achten die Menschen auf alles, was auf Leben hinweist.

Ihr versteht, ich habe gesiegt.

Heiligkeit wünsche ich, vielleicht heilige Narrheit, aber nicht Aberglauben! Ich bin nicht verrückt!

Ich kehre nicht zum Tor zurück. Ich setze mich in den Schlitten und weise den Kutscher an, mich zurückzufahren. Ich habe es eilig, denn niemand erwartet mich.

Die Dämmerung ist hereingebrochen. Der Kutscher treibt die Pferde an. Die Glocken klingen. Der Schnee stiebt auf, die Abdrücke menschlicher Schritte werden bald verwischt sein.

Jenseits eines gewissen Landes in einem gewissen Reich liegt ein Land ohne Vernunft und ohne Wahnsinn. Niemandsland heißt dieses heilige Land, jenseits aller Grenzen. Jenseits von Gut und Böse, Liebe und Hass, dem Erlaubten und dem Verbotenen, Allem und Nichts. Es ist ein Land, in dem geängstigte, einsame Menschen sich zwischen den Fragen vortasten.

Dort gibt es alle Fragen. Die Fragen, die Gesellschaft, Religion und Moral betreffen. Die Fragen zur Berufenheit und zu Verantwortung, Aufruhr und Versöhnung. Dort gibt es das heilige Rätsel vom Sinn des Lebens, von Leben und Wahrheit, Leben und Schaffen. Ausfahrt und Heimkehr.

Das Wasser des Lebens und das Wasser des Todes fließen als breiter Strom um das Niemandsland. Der Weg dorthin führt über eine Brücke aus drei Geschichten. Ich möchte glauben, dass auch der Weg von dort weg über diese Brücke führt.

Herr, erbarme dich aller, die fremd sind auf der Welt! Steht mein Leben in deinem Buch geschrieben? Waren alle meine Tage bestimmt, noch ehe einer von ihnen anbrach? Habe ich gesagt, dass ich Nikolai Gogol bin? Nikolai Gogol, der ist ich, eine selbst aufgesetzte Maske.

Gott wünscht nicht nur das Opfer, das der Mensch darbringt, er wünscht den Menschen selbst. Nähert sich so der Tod? Ist der Tod der äußerste Preis der Demut? Wer Gottes Wort nicht folgt, dem kann nicht einmal Gott helfen. Meine Hand ist nachts ausgestreckt. In den Bäumen schlafen die Vögel. Unter dem Schnee wachen weiße Geister.

Wie sehr ich mir einmal wünschte, dass Vater sagte: Nikolai, hiermit übergebe ich dir die Nachtigall. Von jetzt an ist sie dein Vogel … Aber das hat Vater nicht gesagt, und wieso hätte er es auch sagen sollen?

Ich friere. Also muss ich aufstehen und gehen. Ich habe keine Kraft. Ich versuche es trotzdem, mache ein paar stolpernde Schritte, vor, zurück. Meine Beine sind geschwollen. Ich kann nicht mehr.

Ich setze mich hin und werde steif. Frostschauer erschüttern meinen Körper.

Steh auf, Nikolai, steh auf, du bist sehr krank!

Nicht einmal der Weg und die Reise können mich noch locken. Müde und schwach ist meine Seele.

Aber ich bete, bete mit unverminderter Kraft. Ich bete in der kleinen Kirche des heiligen Simon, stundenlang im Dunkeln. Ich bete die Nächte hindurch. Ich bete in meinem Zimmer, vor der Ikone Marias, der Mutter Gottes. Ein paar Stunden schlafen darf ich. Aber ich stehe früh auf und gehe immer zur Morgenmesse in Tolstois Haus.

Wenn ich nicht bete, höre ich Vater Matweis befehlende Stimme: Du sollst nicht erzählen!

Alles Schreckliche scheint sich nur zu ereignen, damit ich mich dessen würdig erweise, worum ich gebetet habe. Ich glaube nicht daran, deshalb denke ich so.

Sie sagen, ich solle essen. Darauf erwidere ich, es sei Fastenzeit. Sie sagen, ich ginge zu weit. Alle sagen, ich esse zu wenig. Ich esse, was ich brauche.

Der Gemeindepriester kommt jeden Tag. Auch er bittet mich zu essen. Er sagt, der Mensch könne in Geist und in Fleisch zugleich leben. Dann löffelt er Sagosuppe und stopft sich den Mund mit Pflaumen voll. Ich glaube, es ist Tolstois Idee.

Tolstoi hat bei den Kirchenobersten um Hilfe gebeten. Der Metropolit Philaret schickt Priester. Sie kommen mir mit geistlichen Worten. Ich höre ihnen zu. Doch als sie sagen, ich solle das Fasten abbrechen und anfangen zu essen, fordere ich sie auf, mich in Ruhe zu lassen. Noch habe ich kein Wissen.

Ich weine. In meinen Händen zittert das Licht.

Ich schlummere in dunkler Nacht. In der Stille des Dunkels ist ein Flüstern zu hören. Und jetzt, aus der ältesten Stille: Wer lauscht hier?

Der schwache Lichtschein reicht nicht bis zu der dunklen Gestalt an der Tür. »Vater«, rufe ich, »Vater Matwei!«

Der Mann steht auf, tritt ein paar Schritte vor. Sein Gesicht erscheint im Licht. Es ist nicht Vater Matwei. Ich weiß nicht, wer der Mann ist. Er ist alt und hat einen bleichen, schütteren Bart. Er spricht ruhig und freundlich mit mir. Er sagt, ihm sei Gottes Wort gegeben. Er sagt auch, er trage ein furchtbares Geheimnis in sich. Und er sagt, er habe sich lange gefragt, warum Gott ihn auserwählt habe.

»Warum mich?«, sagt er. »Deshalb, weil ich mich immer bemüht habe, die Wahrheit zu sagen? Oder weil ich oft die Unwahrheit gesagt habe? Weil ich ein mutiger Mensch war oder ein armer Feigling? Weil ich ein guter Christ, oder weil ich ein großer Sünder war? Warum hörst du nicht zu?«

»Ich höre zu!«

Der Mann sieht sehr traurig aus. »Ich frage mich, wie viel Güte es in der Welt gibt ... Du verstehst, ich stehe vor einer furchtbaren Wahl. Wenn ich Gottes Wort wiedergeben kann, wenn ich richtig nacherzählen kann, was Gott mir gesagt hat, wird ein Wunder geschehen. Dann wird die Erde ein himmlisches Paradies, ohne Neid und Hass, ohne Schlechtigkeit und Kampf. Aber wenn ich es nicht schaffe ... Es ist unheimlich!«

Ich sage zu dem Mann, dass Gott meines Erachtens nicht so viel Gewicht darauf legt, wie etwas erzählt wird. Es kann ja doch kein Mensch das Vollkommene wiedererschaffen. Der Mann sieht mich irritiert an. »Gott will keine vollkommene Geschichte, darum geht es nicht! Man muss Mensch sein, um richtig erzählen zu können!«

Ich schweige beim Anblick seines verzweifelten Gesichts.

Er fährt fort: »Oft habe ich Gottes Wort für mich allein wiederholt, habe seine Geschichte viele Male schweigend mir selbst erzählt. Aber ich habe verstanden, dass ich zu jemand anders sprechen muss. Und ich glaube, es muss zu einem bestimmten Zeitpunkt und an einem bestimmten Ort geschehen. Nur dann und dort!«

»Einen solchen Ort gibt es auf der Erde nicht«, sage ich. »Oder eine solche Zeit …«

»Jetzt erinnerst du dich an alles?«

Ich schweige, aus Angst vor dem, was ich sagen könnte.

»Denn wenn es so ist wie ich glaube, haben alle Menschen diese wunderbare und furchtbare Möglichkeit, die Welt zu erlösen oder zu vernichten. Du weißt, was das ist, die Welt vernichten?«

»Nein!«

»Das heißt, dass die Welt bleibt, wie sie ist, dass nichts anderes geschieht als das, was geschieht. Und vor allem, dass nichts anderes geschehen kann, niemals geschehen kann! Und ein jeder, jeder weiß, dass es niemals etwas anderes geben wird als Wirklichkeit … Soll ich erzählen?«

Ich blicke den Mann entsetzt an. Warum sollte Gott die Menschen vor eine so unheimliche Wahl stellen? Das konnte nicht Gottes Wunsch, es musste der Wunsch eines anderen sein. Der des Bösen? Aber womit lockt er?

»Gehe nicht!«, sagt der Mann, seltsamerweise. Seine Stimme ist sanft und eindringlich.

Wohin sollte ich gehen?

»Erzähle mir alles, was du weißt!«, sagt er.

»Ich weiß nichts!«

Der Mann ist plötzlich verschwunden, aber seine Stimme höre ich. »Dann erzähle ich dir!«

»Nein!«, schreie ich.

»Du weißt alles …« Die Stimme ist schwächer. »Du weißt alles, weißt alles …« Wie ein gemurmeltes Gebet oder das Brabbeln eines Narren. Die Worte werden wiederholt! Es sind jetzt mehrere Stimmen, aber sie werden alle leiser und leiser, bis sie schließlich nicht mehr zu hören sind. Sie sind verschwunden. Der Mann ist verschwunden. Geblieben sind die Worte Gottes.

Ich wache auf, schweißnaß, aber kalt. Ich lasse den

Gemeindepriester holen, sage ihm, dass mit dem letzten Abendmahl etwas nicht stimmte, dass er es mir sofort noch einmal geben müsse. »Und die Letzte Ölung.«

»Aber lieber Nikolai Wassiljewitsch, warum sollte ich Ihnen die Letzte Ölung geben?«

»Weil ich mich heute Nacht selbst als Toten gesehen habe.«

Er weigert sich. Er spricht lange mit mir. Als er geht, bin ich ruhiger.

Ich fürchte den Tod nicht. Tolstoi dagegen fürchtet, dass ich sterben werde. Alle ihre Pläne wären dann vereitelt! Was sie nicht verstehen ist, dass das Leben, wenn ich nicht erzählen kann, jeden Sinn verliert.

Man übersieht immer etwas. Ich meinte, genau genug geplant zu haben. Alle meine Papiere, alles, was ich geschrieben hatte – der zweite Teil von »Tote Seelen« und die Notizen, die ich für den dritten Teil gemacht hatte –, sollten dem Metropoliten Philaret übergeben werden. Er sollte über ihr Schicksal entscheiden. Ohne Erbarmen streichen, was er ungeeignet fand, zur Not alles!

Aber als ich Tolstoi bat, dem Metropoliten die Papiere auszuhändigen, weigerte er sich. An diese Möglichkeit hatte ich nicht gedacht!

Ich selbst kann dem Metropoliten nicht geben, was ich geschrieben habe. Denn das würde bedeuten, Vater Matwei offen zu trotzen, und das wäre eine große Sünde. Wenn ich mir seiner Absichten absolut sicher wäre, würde ich es tun. Aber ich bin es nicht. Was ich über Vater Matwei gedacht habe, sind vielleicht nur die schmutzigen Phantasien eines kranken und schlechten Menschen. In meiner Seele ist viel Schlechtigkeit!

Ich schreibe an Mutter, sie solle für mich beten und gut auf sich Acht geben.

Ich habe eine Erinnerung. Eines Abends vor langer Zeit

stand Mutter am Fenster und hielt mich auf dem Arm. Und zum ersten Mal sah ich den unendlichen schwarzen Raum, in dem tausend und abertausend Sterne leuchteten ... Wie soll ich die Erzählung meines Lebens retten?

Vater, erbarme dich des sündigen Menschen, der ich bin! Lege Satan in Fesseln!

Es ist drei Uhr morgens. Ich habe gebetet, lange und inständig.

So sei es.

Ich rufe den Diener herbei, frage ihn, ob es kalt ist im Haus. Er sagt, es sei ziemlich kalt. Ich ziehe den Rock über.

Wir gehen leise. Alle schlafen. Das Licht flackert. Ich habe etwas auszuführen. Wir schleichen durch die kalten Räume. Ich bekreuzige mich.

Ich befehle dem Jungen, die Ofenklappe und den Abzug zu öffnen. Es gibt viel zu verbrennen. Zuerst lege ich meine Notizbücher hinein. Sie sind zu einem dicken Bündel zusammengeschnürt. Dann einige lose Blätter, einige Briefe.

Ich wiege den ungeöffneten Brief in der Hand. Ich erhielt ihn in Neschin einige Zeit nach dem Tod meines Vaters. Ich weiß, wer ihn geschrieben hat. Ich selbst. In dem Brief stand nichts davon, dass Vater tot sei oder dergleichen. Wie sollte das auch möglich gewesen sein? Es stand überhaupt nichts darin.

Im Umschlag liegt ein leeres Blatt. Ich werfe es in den Kamin.

»Was haben Sie vor?«, fragt der Junge.

Hat er denn keine Augen im Kopf? Ich antworte nicht. Mein erstes Werk habe ich verbrannt. Ich habe vieles verbrannt, kürzere Abschnitte, ganze Werke. Mit Recht. Ich habe verbrannt und von vorn angefangen. Ich erinnere mich an alles. Ist es jetzt anders? Ich gehorche einem inneren Befehl. Aber wer befiehlt?

Kann man so handeln, dass man die Wahrheit für immer in sich bewahrt? Nur eines weiß der Mensch mit absoluter Sicherheit, nämlich dass er sterben wird.

Ich darf nicht beerdigt werden, ehe mein Körper deutliche Anzeichen der Verwesung zeigt. Alles, was ich besitze, sollen meine Mutter und meine Schwestern bekommen. Mein Wunsch ist, dass sie von der Hälfte der Einkünfte aus meinem Werk eine Kirche im Dorf bauen lassen. Ich will, dass mein Körper dort – wenn nicht in der Kirche, so auf dem Kirchhof – beerdigt wird. Mögen die Messen für meine Seele nie aufhören!

Unser Dorf kann ein Zufluchtsort für Waisenkinder werden. Wassiljewka könnte mit der Zeit ein Kloster werden, wenn meine Schwestern im Herbst ihres Lebens Nonnen werden wollen.

Erst wenn jeder einzelne Mensch als Christ zu leben beginnt, kann die Gesellschaft besser und die Menschlichkeit befördert werden. Seid keine toten, seid lebendige Seelen!

Auf meinem Grab soll kein Denkmal errichtet werden. Wer mich betrauert, soll ein Monument in sich selbst bauen, indem er zu geistiger Reife gelangt. Das geschieht, indem er sich meiner Worte erinnert. Ihr werdet vieles besser verstehen, wenn ich tot bin. Haben meine Worte erst einmal den Weg in euer Inneres gefunden, können sie nicht mehr daraus gelöscht werden. Sie sind unsterblich und wissen selbst, was sie zu tun haben!

Ich halte die Kerze ans Papier. Jetzt brennen heilige Worte. Sie hätten viel Rätselhaftes offenbart.

Ist der Kampf vorüber? Vater Matweis Wille erfüllt? Ich habe das Schreiben aufgegeben. Zur Bestätigung brennt mein Werk. Der Junge weint.

Das Feuer wird fahl, plötzlich erstirbt es. Von den Notizbüchern sind nur die Ecken verbrannt. Alles ist noch da! Ist das ein Zeichen, dass ich mein Werk doch nicht verbrennen soll? Wozu hätte Puschkin mir geraten? Oder Belinski? Ich selbst?

Kann man etwas töten, das schon tot ist?

Der Erzähler in mir sagt, dass es für mich als großen Schriftsteller nur eines zu tun gibt: Mein Werk zu opfern. Eine Geschichte ist wichtiger als das Leben. Der zweite Teil von »Tote Seelen« ist erbärmlich, eine künstlerische Katastrophe. Verbrenne ihn!

Es ist die Arbeit von zehn Jahren.

Er ist unwahr. Verbrenne ihn! Nur so wirst du siegen!

Ich löse die Schnur von den Notizbüchern, breite sie einzeln aus, lege sie so ins Feuer, dass es schnell Nahrung findet. Ich zünde die Bücher mit der Kerze an. Jetzt brennt alles! Und jetzt ist es nicht Vater Matweis Wille, der ausgeführt wird.

Ich sitze vor dem Feuer und sehe zu, wie meine Geschichten in Flammen aufgehen.

Die Sünder brennen im Feuer der Hölle. Der Narr hat die Maske abgeworfen. Es liegt ein göttlicher Sinn darin, dass ich nicht so bin wie andere.

Es ist vorbei. Ich bekreuzige mich, von Weinen geschüttelt. Dieses Mal kann ich nicht von vorn anfangen. Wo sind die heiligen Worte hin? In ein gewisses Land in einem gewissen Reich, jenseits des Wassers des Lebens und des Todes, im Niemandsland, bei Gott?

Nun habe ich mir mein Leben genommen.

Ich will mich nicht sehen. Was habe ich wiederhergestellt?

Pogodin publizierte einmal ein Porträt von mir, das ich ihm als persönliches Geschenk gegeben hatte. Es war abscheulich! Erst als ich es in der Zeitung sah, erkannte ich, wie abstoßend es war. Ich zerreiße es. Alle, die dieses Porträt besitzen, müssen es ebenfalls vernichten! Ich habe darauf einen so scheußlichen Blick.

Mein letzter Wille soll gleich nach meinem Tod veröffentlicht werden, damit niemand sich versehentlich gegen mich vergeht und dadurch großes Leiden verursacht. Im Namen des Vaters, des Sohnes und des Heiligen Geistes.

Tolstoi schaut mich an, als ob ich wahnsinnig wäre. Ich handle nicht vernünftig, aber ein Wahnsinniger bin ich auch nicht. Es ist nicht Sünde und nicht Heiligkeit. Als Wahnsinniger wäre ich nichts wert für sie, es sei denn, sie deuten meine murmelnde Rede als göttliche Botschaft.

Ich weine heftig.

Nun muss ich gestehen, dass es das Werk des Bösen war. Aber ich weiß nicht, ob es stimmt.

»Es ist nicht das erste Mal, dass du etwas verbrennst«, sagt Tolstoi. »Dann hast du es noch einmal geschrieben, und es war viel besser ...«

Heuchler! Jetzt begreife ich, dass Tolstoi schließlich verstanden hat, was er und Vater Matwei die ganze Zeit übersehen haben. Dass das Erzählen meinem Leben Sinn gibt.

Wenn ich sterbe, wird es sie hart treffen.

Tolstoi sagt, ich solle nicht an den Tod denken. »Du kannst dich doch erinnern, was du in den verbrannten Papieren geschrieben hast?«

Das ja, ich erinnere mich an alles. Es ist alles in mir.

Ich höre auf zu weinen. Friede erfüllt mich. Tolstoi glaubt, er habe mich beruhigt mit dem, was er gesagt hat. Aber das ist nicht der Fall!

Irgendwo in der Welt steht ein kleiner Junge vor einem Spiegel. Erschrocken blickt er in das einsame Gesicht.

Aber in der Ferne leuchtet der Himmel. Jetzt sitzt der Junge am Feuer und hört einem zu, der erzählt.

Ich habe heute Nacht ein großes Opfer gebracht. Du fragst, wem? Du fragst nach dem Sinn. Mein Suchen ist vorbei. Niemand kommt an mich heran. Ich bin befreit und versöhnt. Ich sehe das Leben, wie es sein könnte. Ich habe mich selbst aufgegeben und gesiegt. Ich sehe mein Angesicht. Ich sehe das Lächeln Gottes.

Es ist vollbracht.

Ich bin still und schweige.

Ich habe alles erzählt.

Epilog

Nachdem Gogol sein Manuskript verbrannt hatte, wurde er immer schwächer. Er schloß sich in seinem Zimmer ein und lehnte es ab, Besuch zu empfangen. Er aß nicht, trank nur ein bisschen Wasser. Tagsüber saß er reglos in einem Sessel und starrte ausdruckslos vor sich hin.

Er weigerte sich, Medizin zu nehmen. Wenn Gott will, dass ich lebe, werde ich leben!, erklärte er.

Er ließ einen Priester holen, um die Letzte Ölung zu empfangen. Der Priester versuchte, ihn zum Essen zu bewegen, aber Gogol weigerte sich. Er, der gutes Essen immer geliebt hatte, war nun im Begriff, sich zu Tode zu fasten. Tolstoi sprach mit ihm über Dinge, die ihn zu interessieren pflegten. Gogol sagte, er bereite sich auf »den furchtbaren Augenblick« vor, und wolle Tolstois Gerede nicht hören.

Am Montag, dem achtzehnten Februar, verschlechterte sich Gogols Zustand. Seine Hände waren kalt und der Puls ging schwach und schnell, aber er atmete noch regelmäßig. Er lag in seinem Zimmer, in seinem Morgenrock, das Gesicht zur Wand gedreht, zur Mutter-Gottes-Ikone. In der Hand hielt er einen Rosenkranz.

Als der Priester Gogol nicht zum Essen überreden konnte, wandte Tolstoi sich an die Ärzte. Sie diskutierten über

Gogols Zustand, ohne sich einigen zu können, welche Behandlung der Kranke bekommen müsse.

Am Mittwoch, dem zwanzigsten Februar, beschlossen die Ärzte, Gogol gegen seinen Willen gründlich zu untersuchen. Der Puls war schwächer geworden, im Übrigen war sein Zustand unverändert. Während der Untersuchung stöhnte er ununterbrochen. Die Fragen der Ärzte beantwortete er nicht.

Trotz seiner Proteste wurde Gogol entkleidet und zu heißen Bädern gezwungen. Über seinem Kopf wurde Spiritus ausgegossen, an seine Nasenflügel Blutegel gesetzt. Gogol fürchtete, sie würden ihm in die Nase oder in den Mund kriechen, und versuchte sie wegzuwischen. Da hielten die Ärzte seine Hände fest.

Am Abend wurden weitere Blutegel angesetzt. Ätzende Senfpflaster wurden an seine Beine geklebt, kalte Kompressen auf seine Stirn gelegt. Die Ärzte öffneten ihm gewaltsam den Mund, um ihn zum Essen zu zwingen. Sie beugten sich über ihn und brüllten ihn an, er solle ihnen sagen, wo er Schmerzen habe. Gogol wimmerte nur.

Zwei Wochen lang hatte Gogol wenig geschlafen und fast nichts gegessen. Nun lag er mit geschlossenen Augen da, ununterbrochen stöhnend. Die Ärzte versuchten ihn aufzurichten, aber sein Kopf fiel ständig herab auf die Brust. Er lallte unzusammenhängend. Plötzlich rief er laut: »Die Leiter! Schnell, die Leiter!«

Sein Atem wurde schwer. Um die Augen bildeten sich dunkle Ringe. Seine Haut war kalt und feucht. Man packte heiße Brote um seinen Körper, machte einen Einlauf. Passanten auf dem Boulevard Nikitschki hörten aus Graf Tolstois Haus laute, anhaltende Schreie.

Am Morgen des einundzwanzigsten Februar 1852 starb Nikolai Gogol.

Zitatnachweis

Die Zitate aus Gogols Werk stammen aus:

– Nikolaj Gogol, *Sämtliche Erzählungen*. Aus dem Russischen übersetzt und mit Anmerkungen und einem Nachwort versehen von Josef Hahn. München (Winkler Verlag) 1961

– Nikolaj Gogol, *Die toten Seelen*. Aus dem Russischen übersetzt von Fred Ottow. München (Winkler Verlag) 1949.

Der Brief Belinskis (übers. von Alfred Kurella) wurde zitiert aus:

– Nikolai Gogol, *Aufsätze und Briefe*. Berlin und Weimar (Aufbau-Verlag) 1977 (= Nikolai Gogol, Gesammelte Werke in Einzelbänden).

Der Sonnengesang des Franz von Assisi wurde zitiert nach:

– *Franz von Assisi in Selbstzeugnissen und Bilddokumenten*, dargestellt von Ivan Gobry, Reinbek bei Hamburg (Rowohlt Verlag) 1958 (= Rowohlts Monographien 16).

Inhalt